国际工程
招投标与合同管理

周正祥　张成全◎主编

GUOJI GONGCHENG
ZHAOTOUBIAO YU
HETONG GUANLI

经济管理出版社
ECONOMY & MANAGEMENT PUBLISHING HOUSE

图书在版编目（CIP）数据

国际工程招投标与合同管理/周正祥，张成全主编 . —北京：经济管理出版社，2023.2
ISBN 978-7-5096-8949-3

Ⅰ.①国…　Ⅱ.①周…②张…　Ⅲ.①国际承包工程—招标—教材 ②国际承包工程—投标—教材 ③国际承包工程—经济合同—管理—教材　Ⅳ.①F752.68

中国国家版本馆 CIP 数据核字（2023.4 重印）第 029046 号

组稿编辑：魏晨红
责任编辑：魏晨红
责任印制：黄章平
责任校对：曹　魏

出版发行：经济管理出版社
　　　　　（北京市海淀区北蜂窝 8 号中雅大厦 A 座 11 层　100038）
网　　址：www.E-mp.com.cn
电　　话：（010）51915602
印　　刷：北京市海淀区唐家岭福利印刷厂
经　　销：新华书店
开　　本：720mm×1000mm/16
印　　张：18.25
字　　数：348 千字
版　　次：2023 年 2 月第 1 版　　2023 年 4 月第 3 次印刷
书　　号：ISBN 978-7-5096-8949-3
定　　价：68.00 元

前　言

　　国际工程承包是一项综合性的国际经济合作方式，是指从事国际工程承包的公司或联合体通过招标与投标的方式，与业主签订承包合同，取得某项工程的实施权利，并按合同规定，完成整个工程项目的合作方式。通过国际工程承包可以实现技术、劳务、设备及商品等多方面的进出口，不仅能多创外汇、进出口商品，而且具有重大的政治经济影响。国际工程招标与投标作为跨国行为，是指一项工程的筹资、咨询、设计、招标、投标、缔约、施工、物资采购、工程监管及竣工后的运营、维修等全部或部分地在国际范围内进行。通常将国际工程业务分为两个主要领域：一是国际工程咨询和管理；二是国际工程承包。在国际工程市场上，并没有严格地划分工程承包公司和工程咨询公司的业务范围，一些有实力的咨询公司涉足的往往不是单纯的管理咨询业务、设计咨询业务或技术咨询服务，而大部分承包公司的发展方向是向工程项目提供全过程咨询服务。国际工程咨询和管理是以高水平的智力劳动为主的服务领域，涉及多个学科，运用现代科学技术和管理理论、管理方法为业主进行投资决策与实施提供咨询或管理服务。国际工程管理的内容包括传统项目管理模式、建筑工程管理模式（CM 模式）、设计—采购—施工（EPC）交钥匙工程模式、设计—管理模式、项目管理模式、管理承包模式、建造—运营—移交模式。国际工程承包是在国际范围内，以工程建设为对象，业主通过招标与投标或议标洽谈的方式，委托具有法人地位和工程实施能力的承包商，完成建设任务的经济活动。

　　国际工程承包活动离不开国际工程招标与投标。随着改革开放政策和"一带一路"建设的逐步深入，越来越多的国内企业和承包商承接了大量的国内外市场的各类国际工程业务。同时，大量外国企业和外国承包商也快速涌入国内市场。这既对国内项目业主和承包商的招标与投标以及投标报价提出了新要求，也对走向国际市场的业主和承包商提出了新的挑战。本书以国际咨询工程师联合会（FIDIC）编制的《土木工程施工合同条件》(红皮书)、《中华人民共和国民法典》、《中华人民共和国招标投标法》、《中华人民共和国政府采购法》以及其他国内外招标与投标政策法规为基础，以实际案例为载体，结合招标与投标专业教学的需要和招标与投标从业人员的要求，强化素质与能力模块，启发学生对国际招标与投标问题的思考，为国际招标与投标实践提供借鉴与指导。本书既是编者近 30 年从事国际工程招投标理论教学与研究的总结，也是博采众长的结果。本书在编写过程中参考了国际工程招标投标的相关书籍及文献，选择典型案例将理论与实践相结合。在此，编者对本书主要参考书目的作者以及为本书的编写提供指导和帮助的专家及领导表示深深的敬意和衷心的感谢。

本书以国际工程项目招标与投标为主，兼顾工程咨询招标与投标、政府采购招标与投标等，反映最新的国际工程招标与投标惯例和实践做法。全书共九章。第一章绪论，介绍了国际工程的有关概念、国际工程当前的市场形势、我国国际工程招标与投标的发展现状。第二章国际工程市场环境调查与风险，对国际工程环境进行了调查，并对可能遇到的风险进行了分析，提出了相应的辨别方法与应对措施。第三章和第四章分别介绍了国际工程的招标与投标，对国际工程招标与投标的相关问题进行了详细的分析，并介绍了世界银行和亚洲开发银行对招标采购活动的相关规定。第五章国际工程投标报价，主要从投标报价角度介绍了国际工程报价的计算程序、具体计算方法及报价决策技巧。第六章国际工程开标、评标和定标，介绍了国际工程开标、评标和定标相关流程及注意事项。第七章国际工程承包合同，主要从承包商的角度详细介绍了国际工程承包的法律基础、承包合同的谈判与签约、承包合同的履行、承包合同的解除与争议解决。第八章国际工程承包合同条款，介绍了国际上应用较多的国际工程承包合同条款，具体介绍 FIDIC、AIA、ICE 和 JCT 的合同条款。第九章国际工程承包中的争端裁决，介绍了 FIDIC 编制的《土木工程施工合同条件》（红皮书）特别强调的国际工程承包中的争端裁决方式，详细分析了和解、调解、仲裁与诉讼四种解决争端方式，特别分析了争端裁决委员会的裁决方式和流程。

本书在研究和写作的过程中，得到了孙久文教授、陈耀教授、李国平教授、薛领教授、高志刚教授、吴亚中教授、王耀中教授、谈传生教授、彭新宇教授、钱俊君教授、刘茂松教授、柳思维教授、曾剑光教授、夏飞教授、贺正楚教授、甘应龙研究员、黄维教授、唐常春教授、梁向东教授等的大力支持、指导和帮助；研究生戴红梅、凌征武、魏红倩、袁武、刘妍娜、阮璐、田华、王鹏恭、褚韬、欧阳愧林、王延明、熊瑛、肖广平、陈艳、路清泉、杨杰、俞翔、罗珊、李华彬、程咏春、张平、蔡雨珈、李俊忠、李林英、黎兴松、张秀芳、黄文婷、向天清、汤巍、王维宇、龚新爱、黄国先、李攀、曹蓓、张桢镇、张文苑、王喆、刘琴红、洪清填、刘海双、胡凌霜、许睿琦、刘瑶、毕继芳、黄静宇、蔡雨珂、王雨涵、胡励、唐蕾、张萌、陈曦薇、袁浩、蔡燕、柯玲娟、付媛媛、康甜、涂巧柔、杨钰卓、余欢、银星、查嫣媛、刘灿、王科、黄静远、曹伟龙、周灿、龙霜贤、余磊、谭星驰等进行了大量的资料收集、案例分析和调查研究工作，付出了辛勤的劳动。特别是研究生杨钰卓、戴红梅、袁浩、蔡燕、杨志浩、查嫣媛、王科对书稿的整理做了大量的工作，在此对他们表示衷心的感谢！我们还得到了国内外一些知名专家的支持和帮助，无法一一列举，在此一并表示感谢！

　　本书既可为国际工程招标与投标教学工作提供教学参考资料，也可为国际工程招标与投标从业人员提供参考和借鉴。由于编者水平有限，书中的疏漏与错误在所难免，恳请广大专家、学者不吝赐教。真诚地希望使用本书的师生批评指正。谢谢！

周正祥

于柳月湾

2023 年 1 月 22 日

目　录

第一章 绪论

第一节 国际工程

一、国际工程的概念

国际工程是指一个工程建设项目从咨询、融资、设计、采购、施工、试运、管理及培训等阶段的参与者来自国际上若干个国家或地区，并且按照国际通用的工程项目管理模式进行管理的工程。

作为跨境行为，国际工程承包是指一项工程的筹资、咨询、设计、招标、投标、发包、缔约、工程实施、物资采购、工程监理及竣工后的运营、维修全部或部分地在国际范围内进行。从交易角度来看，国际工程承包是技术、资金、劳务和物资的综合输出。与普通国际贸易不同的是，国际工程承包合同的标的物是固定不动的，且在买方境内，由承包商派出人员，带着资金、技术在买方境内实施工程，分批分期收取酬金，而普通的商品贸易则是在卖方境内生产产品，销售至买方境内，一次性或按规定次数收取价款。

二、国际工程的特点

与从事国内工程相比，从事国际工程具有以下特点。

（一）合同主体的多国性或多地区性

国际工程签约的各方通常属于不同的国家或地区，受多国不同法律的制约，而且涉及的法律范围较广，如招标投标法、海关法、建筑法、劳动法、会计法、公司法、投资法、外贸法、金融法、社会保险法以及税法等。

一个大型的国际工程项目建设可能涉及多个国家或地区。例如，业主、承包商、咨询、设计、物资采购、设备制造、设备订货、工程施工及各专业工程的分包商、贷款银行和劳务等可能属于不同的国家或地区，由多个不同的合同来规定它们之间的法律关系，而这些合同条款并不一定都与工程所在国的法律、法规一致，因此各参与方对合同条款的理解极易产生歧义，当出现争议时，处理起来也较为复杂和困难。

（二）影响因素多，风险不宜控制

国际工程不仅受工程本身特有的诸多因素的影响，而且受政治、经济因素的影响，例如，国际政治经济关系变化可能引起的制裁和禁运；某些来源于国外的资金不到位或减少或中断；某些国家对承包商实行地区或国别限制、歧视政策；工程所在国与邻国发生战争；由于政治形势失稳而可能发生的内战或暴乱；由于经济状态不佳可能出现的金融危机等。因此，从事国际工程不仅要关心工程本身，还要关注工程所在国及其周围地区和国际大环境。

（三）严格按照合同和国际惯例管理工程

国际工程的参与者不能完全按照某一国的法律、法规或靠某一方的行政指令来管理，而必须采用国际上多年形成的严格的合同条件和国际惯例进行管理。为保证一个国际工程项目的顺利实施，参与各方必须严格地履行合同规定的责任和义务。合同的未尽事宜通常受国际惯例的约束，使因经济利益产生矛盾的各方尽可能地达成共识。

（四）技术标准、规程和规范庞杂

国际工程合同文件中需要详尽地规定材料、设备、工艺等各种技术要求，通常采用国际上被广泛接受的标准、规程和规范，如英国国家标准（BS）等，但也涉及工程所在国使用的标准、规程和规范。也有些国家经常使用本国尚待完善的"暂行规定"。技术标准等的庞杂性会给工程的实施造成一定的困难。

（五）货币和支付方式的多样性

国际工程承包要使用多种货币，包括承包商使用本国货币支付国内应缴纳的费用和总部的开支、使用工程所在国的货币支付当地费用、使用多种外汇支付材料设备等的采购费用。国际工程承包的支付方式除现金和支票外，还有银行信用证、国际托收、银行汇付、实物支付等。由于业主支付的货币和承包商使用的货币不同，而且费用是在漫长的工期内按工程进度逐步支付的，因此承包商时刻处于货币汇率浮动和利率变化的复杂的国际金融环境中。

（六）建设周期长，环境错综复杂

通常情况下，国际工程从投标、缔约、履约到合同终止，再加上维修期至少也要2年以上，大型或特大型工程周期在10年以上。长时间的施工期会出现诸多不可预测的变化，国际工程涉及的领域广泛、关系人多，加之合同期限长，常使承包商面临诸多难题，如资金紧张、材料供应脱节、清关手续烦琐等。国际工程承包合同实施要涉及多方的关系人，有些大型工程项目的实施从纵向和横向关系来看，不仅涉及业主和承包商，有时甚至涉及几十家公司，需要签订几十份合同。因此，总承包商不仅要处理好与业主、监理工程师之间的关系，而且要花很大的精力去协调各方关系人彼此之间错综复杂的关系。例如，澳门国际机场工程参与实施的各种规模的国内外公司有20余家，令总承包商中国港湾公司感到最棘手的问题就是协调各分包商之间的关系。

三、国际工程的两大领域

国际工程业务通常可以分为两个主要领域：一是国际工程咨询和管理；二是国际工程承包。在国际工程市场上，工程咨询公司和工程承包公司可从事的业务范围并没有严格地划分，一些有实力的咨询公司从事的往往不是单纯的管理咨询业务、技术咨询服务或设计咨询业务，许多承包公司都给工程项目提供全方位的服务。

1. 国际工程咨询和管理

国际工程咨询和管理是以高水平的智力劳动为主的服务领域，运用多学科知识和经验、现代科学技术和管理理论、管理方法为业主的投资决策与实施提供咨询或管理服务。国际工程咨询包括建设项目投资机会研究、可行性研究、项目评估、项目实施的前期工作。国际工程管理模式包括传统项目管理模式（DBB）、建筑工程管理模式（CM）、设计—采购—施工（EPC）交钥匙工程模式、设计—管理模式（DM）、管理承包模式（MC）、项目管理模式（PMC）、建造—运营—移交模式（BOT）。

2. 国际工程承包

国际工程承包是以工程建设为对象，在国际范围内，由业主通过招标与投标或议标洽谈的方式，委托具有法人地位和工程实施能力的承包商，完成建设任务的经济活动。

国际工程承包是一种国际经济交易活动，是国际经济合作的一个重要组成部分，但又不同于一般的货物贸易，其特点为：建设工程的固定性，跨国的经济活动，严格的合同管理，建设周期的长期性，履约过程的渐进性和连续性，高风险和高利润，进入和占领市场的艰巨性，业务范围的广泛性，资金渠道多，竞争激烈，费用支付的多样性，受国际政治、经济因素的影响较大，选用的法律公平合理。

四、国际工程承包的业务范围

国际工程承包的业务范围相当广泛，几乎涉及国民经济的所有部门。国际工程承包项目有工业项目、农业项目、商业或服务项目、民用项目和军事项目，可分为成套项目或单项工程、技术咨询服务等。一般来讲，各国承包公司的能力代表一个国家的经济实力、工业技术水平和经营管理水平。国际工程承包按生产要素的集中程度可分为两大类：一是劳动力密集型工程；二是资金技术密集型工程。世界上发达国家的承包公司主要承接资金技术密集型工程或大型工程中的核心部位，如核电站、海底隧道、光纤通信、航天、航空、电子、海水淡化及综合性的石化项目等工程，承建时需要较高的科技水平、经营管理水平和资金实力。发展中国家的承包公司主要承接劳动力密集型工程，如公路、桥梁、民用住宅等，承建时需要大量的劳务。国际工程承包的内容在工程的性质、规模、范围、技术要求、资金需求等方面有很大差异，但也存在着共同点：

（1）工程设计。包括概念设计（国内称初步设计）、基本设计（国内称技术设计）、详细设计（国内称施工图设计）。

（2）提供技术。包括工程项目所需要的专利发明和专有技术等。

（3）供应机器设备。

（4）供应材料、能源、动力。

（5）施工与安装。

（6）人员培训。

（7）试车、试生产及维修。

（8）资金的筹集。

五、国际工程承包的工作程序

国际工程的业主通常通过招标的方式选择他认为最佳的承包商。招标是以工程业主为主体进行的活动，投标则是以承包商为主体进行的活动。由于两者是招标与投标活动中及招标结束工程实施过程中不可分割的两个方面，因此可以将两者的程序合并在一起（见图1-1）。

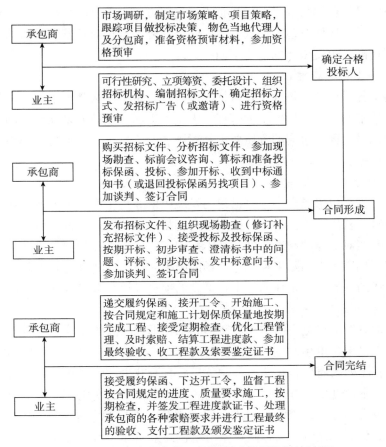

图1-1 国际工程承包的工作程序（招标投标的过程）

由图1-1可以一目了然地了解国际工程承包的工作过程。由于国际工程承包都要严格按照合同进行，因此可以把国际工程承包的全部过程分为彼此联系的三个部分，即合同的准备、合同的签订、合同的执行。其中，前两部分是招标（以业主为主）与投标（以承包商为主）的工作，最后一部分是实施招标的结果。

国际工程承包招标与投标业务的具体工作将在以后的章节做详细的介绍。

六、国际工程承包行业的发展趋势

受国际经济和政治环境的影响，国际工程承包市场呈现出新的发展趋势。

1. 工程规模大型化

国际工程承包市场发包的单项工程规模正在朝着大型化的方向发展。究其原因，一方面是发包项目的投资规模扩大，另一方面是项目总承包可节省业主的成本和时间，所以导致发包的形式发生变化。此外，承包商经营和管理大型项目的能力不断提高，也使服务的范围不断扩大。

2. 科技革命与标准化

国际工程承包的科技开发投入加大，科技含量成为国际竞争的新的杠杆；同时，信息技术的广泛应用使工程管理技术日益提高。预计未来几年，国际服务贸易的标准化对工程承包商的资质要求和对服务的质量标准要求将成为市场准入的新的技术壁垒。

3. 产业分工体系深化

国际工程承包市场在半个多世纪的发展中已经初步形成了独特的产业分工体系。以美国为首的欧美国家基本控制了高科技含量的工程；日本由于工业制造技术的发达和相对低廉的制造成本，基本控制了与建筑工程相关的设备供应；韩国和土耳其等早期进入国际工程承包市场的国家，在大型项目的施工总承包市场已经占据优势的基础上，正在向技术含量高的项目设计和咨询服务发展。

4. 承包和发包方式发生变化

由于世界经济总量不断增加，对国际工程承包服务的需求也日益扩大，因而全球国际工程承包市场的投资者主体结构正在发生变化。国际金融机构的投资增长缓慢，各国的政府项目在亚洲金融危机后有所减少，而伴随国际直接投资的增加，私人资本对基础设施的投资明显增加。业主结构的变化，也使承包和发包方式发生了重大的变化，带资承包成为普遍现象，项目融资在 21 世纪将呈现不可阻挡的发展势头，这将大大提高业主对承包商素质和能力的要求。

5. 国际承包商之间的兼并与重组愈演愈烈

国际承包和发包方式的变化，使承包商的角色和作用都在发生变化，承包商不仅要成为服务的提供者，还要成为资本的运营者和投资者，尤其是在大型和超大型项目的运作方面，一般企业很难独立承担。近年来，国际工程承包商的兼并和重组不断发生，最大的国际工程承包商在兼并中获得了新的金融和技术支持，竞争力不断提高。

6. 为工程服务的金融业日益发达

国际工程服务作为国际服务贸易的重要内容，正在得到世界各国政府和商界的重视。金融服务国际化和自由化的发展为工程服务提供了日益增多的跨国金融服务，包括跨国银行和保险公司等机构的服务。另外，由韩国、美国、日本和英国等国家发起的国际工程担保联盟正在酝酿中，将为国际工程承包业的发展增添新的推动力。

第二节　国际工程市场

从我国的角度来看，国际工程既包括我国工程建设单位（包括设计单位、设备供货商、施工单位、材料供货商、咨询单位等）在海外参与的工程建设，即国外市场，也包括大量的国内涉外工程，即国内市场。

一、国外市场

国际工程的国外市场是指国外的地区、国家或国际组织允许外国公司参与投标承包工程建设的市场。例如，东南亚市场、海湾市场、非洲市场、亚洲市场、欧洲市场、中东市场等。国际工程承包市场较大规模的发展是在第二次世界大战之后。二战后，许多国家着力于医治本国的战争创伤，建设需求巨大，建筑业得到了迅猛的发展。然而，对国际工程承包市场带来最大刺激和推动的是20世纪70年代中东的石油开采和发展。1973年，世界石油价格大幅度上涨，使中东产油国外汇收入剧增，石油美元的积累使中东国家有了充足的资金用来改变其长期落后的面貌。20世纪70年代的中东和北非地区，特别是海湾地区的产油国，每年的对外工程承包发包合同金额达数百亿美元，使这一地区成为国际承包商角逐的中心，出现了国际工程承包史上的黄金时代。1982年以后，随着石油价格的回落，加上受两伊战争、海湾战争、伊拉克战争的影响，中东市场逐渐衰退。此时亚太地区由于经济的快速发展，逐渐开始吸引外商，成为热点市场。受全球经济增长缓慢、国际石油和矿产金属资源价格长期保持低位、英国脱欧等的影响，国际工程承包市场整体表现不佳。美国《工程新闻记录》揭晓的2015年250家企业海外营业总额为5000.1亿美元，较2014年下降了4.1%；新签合同额共计5189亿美元，同比下降10.7%，连续两年双双出现萎缩（2014年营业总额下降4.1%，新签合同额下降7.6%）。50%的上榜企业国际营业额出现下降，为近五年来的最高比例（2014年45.1%的企业业务下滑）。上榜企业的国内营业额共计8973.3亿美元，同样出现了萎缩，较2014年下降了1.3%。从业务增速来看，国际承包商仅在拉丁美洲及加勒比海地区的业务实现了小幅增长（2.7%），其他地区市场均略显颓势，业务量平均下降7.3%。亚洲和大洋洲市场的业务额同比下降12.1%，其中美国承包商在该市场的业务下滑27.4%，欧洲承包商的业务收缩24.2%。德国、西班牙、法国承包商在亚太地区的业务也出现了下滑，仅中国企业在该市场海外业务同比增长 7.1%。撒哈拉以南非洲地区业务降幅也较大，达 9.1%，意大利、法国等欧洲承包商在该地区市场的业务下滑显著。

二、国内市场

国际工程的国内市场是指一个国家允许国际组织或国外公司到本国来投资或实施工程建设的市场，也就是我们所说的"涉外工程"。我国加入世界贸易组织后，建设市场对外开放，所以研究国际工程不仅是走向国外市场的需要，也是巩固和占领国内市场的需要，同时还是我国建筑业加强管理、提高建设水平以及与国际接轨的需要。

国际工程承包市场是发展变化的，受外部环境及内部行业发展趋势的制约。国际工程承包市场的总态势与世界经济发展的态势紧密相关，在经济全球化背景下，国际工程承包市场呈逐年上升趋势，使国际承包商对世界市场持十分乐观的态度。同时也应该看到，政治和经济形势的变化，使各地市场产生较大的起伏、震荡和不平衡性。在全球经济总体下滑、国际工程市场萎靡、半数承包商国际业务减少的大背景下，整体看"中国军团"的业务仍取得了进步。2016 年，65 家中国企业上榜国际承包商 250 强榜单，与 2015 年总数持平，上榜企业数量依然蝉联各国榜首。上榜中国企业总营业额为 946.2 亿美元，较 2015 年增长了 4.5%。国际承包商必须在不平衡发展的格局中，及时了解和掌握市场的外部环境和内部行业的发展趋势、调整自己的布局和策略、选择最适合自己特点的地区市场和项目，才能在激烈的市场竞争中占有一席之地。

第三节　国际工程招标与投标

20 世纪 90 年代以来，随着科学技术的进步和各国经济的飞速发展，国际工程招投标市场遍及世界各地。就目前来看，世界上已形成了亚太、中东、欧洲、非洲、北美和拉美六大地区工程承包市场。其中，亚太、欧洲、北美地区市场规模较大，集中了大部分的国际承包商。

一、中东市场

中东市场是 20 世纪 70 年代中期随着该地区石油美元收入的不断增加而发展

起来的一个新市场。进入 20 世纪 80 年代后，由于中东各产油国石油收入锐减，以及受两伊战争和海湾战争的冲击，该承包市场出现明显萎缩。战争结束后，战后重建及其他中东国家基础设施建设的大规模展开给中东市场带来了活力。

1998 年，中东市场是世界第四大市场。但是，2000～2004 年，中东市场出现许多不确定性因素：一是社会稳定问题；二是地区冲突，特别是以色列和巴勒斯坦的冲突使该地区局势持续动荡，经济和投资都受到严重冲击；三是美国对伊拉克的大规模军事行动和占领给中东市场带来很大的不利影响。

2007 年，全球 225 家较大的工程承包商在中东地区的营业额为 629 亿美元，较 2006 年增长 52.0%；2008 年中东地区工程承包市场几乎不受金融危机的影响，全球 225 家较大的工程承包商在该地区的营业额为 774.7 亿美元，较 2007 年增长 23.2%，成为世界第二大工程承包市场。

在中东，最令承包商担忧的是加沙西岸和以色列日益升级的紧张关系导致政局不稳，影响了外国的投资。以色列国内政局不稳定直接影响其本国和周边国家的承包市场。另外，土耳其爆发金融危机，使其承包市场受到很大影响。

面对金融危机和主权债务危机，中东地区经济发展迟缓，迫于恢复经济的需要，为中国企业进入该地区带来了机遇。我们要借助当前的政策支持，通过新的模式，努力争取到更多的工程项目。

二、亚太市场

亚太市场是指亚洲和太平洋地区，包括东南亚、西北亚、东亚、南亚和澳大利亚、新西兰等国家和地区。1996 年，亚太地区成为世界第一大市场。但受 1997 年东南亚金融危机的影响，1998 年全球 225 家较大的工程承包商在该市场的营业额减少了 86 亿美元。1999～2000 年，亚太市场明显复苏，其中马来西亚、新加坡、菲律宾、泰国的石化工程市场尤为活跃，韩国的建筑业投资增长较快，南亚工程承包市场呈发展趋势。由于 2001 年美国对阿富汗反恐军事打击以及 2002 年印度尼西亚巴厘岛恐怖袭击事件，亚太工程承包市场再度受到一定的影响。

近几年，亚太地区工程承包市场增长较快，特别是中国、印度、韩国、越南等国家经济持续增长，成为亚太地区建筑业增长较快的国家。2007 年，全球 225 家较大的工程承包商在亚太地区的营业额为 554 亿美元，较 2006 年增长了 37.9%；2008 年继续保持 23.7% 的年增长率，全球 225 家较大的工程承包商在该地区的营业额增至 685.3 亿美元。

德国对亚太地区工程承包市场贡献最大，在 2008 年亚洲地区工程承包市场前十大国际工程承包商中，前两名均为德国的工程承包商。

在未来较长时间内，由于亚太地区持续高速发展的经济和这种高速发展对基础设施的迫切需求，将使该地区成为世界较重要的工程承包市场之一。

亚太地区的承包市场呈现以下特点：①亚太地区的工程资金来源多样化。发展中国家在利用国际金融机构信贷的同时，也在积极地吸引外商投资，如中国的电信网络工程，就利用了大规模的外资。②亚太地区总承包项目较多，且多有外资参与项目建设。如中国山东菏泽、聊城电站项目由英国 Weir 集团 PLG 总承包、泰国东部工业园的电站项目由日本 Sumitomo 公司总承包。③重视环境保护，加大环保工程投资。印度于 1999 年 9 月 18 日推出两个污水处理项目，分别获得国际复兴开发银行和国际开发协会的信贷支持；越南也利用国际开发协会的贷款对三个城市的环保项目进行了投资。环保项目在亚太地区受到普遍欢迎。④亚太地区的国家多为劳务输出国。除个别国家外，由于当地的建筑施工力量并不短缺，所以该地区的工程承包方式将以要求提供资金、技术、成套设备供应和工程项目咨询总管理为主。

中国地处亚洲，与亚太地区国家有良好的友谊合作关系，加之该地区的工程项目比较适合我国公司的技术和资金能力等条件，又有地理位置的优势，是我国公司需要认真对待的重点市场。

三、非洲市场

非洲市场近 20 年来一直处于比较消沉的状态，目前，非洲各国政府都采取促进经济发展和吸引外资的政策。非洲的承包市场具有资源丰富、工业基础薄弱、承包项目风险较小、竞争相对不激烈、可以带动设备材料出口等特点，不仅吸引了发达国家的承包商，对发展中国家的承包商也有很大的吸引力。美国"9·11"事件爆发后，作为全球经济增长"火车头"的美国经济陷入了衰退，殃及发展中国家，其中非洲遭受到的打击尤为沉重。但是，落后的基础设施、低私人投资以及非常有限的外国投资使非洲工程承包市场具有巨大的发展潜力。

近年来，非洲国家加大经济建设力度，调整经济结构，渴望引进外资，发展非洲经济。非洲大陆除沿海地区和大城市的交通和通信等基础设施比较发达以外，其内陆地区的基础设施非常落后，各国政府致力于城市建设、能源及其他公共设施的建设。

2008 年，非洲市场规模达到 509 亿美元。其中，中国工程承包企业对非洲地区工程承包市场的贡献最大，来自中国的 46 家工程承包企业在非洲地区的营业额约达 216 亿美元，占整个市场份额的 42.4%，远高于排名第二的意大利 16.3% 的市场份额。同时，在非洲地区开展工程承包业务的前十强承包商中，中国就占据了五个席位。

　　尽管非洲地区的经济形势有所好转，但由于许多历史遗留问题造成其工程承包市场持续低迷。不过，非洲市场仍是较有潜力的市场之一。除南非的留尼旺，北非的摩洛哥、阿尔及利亚、埃及和西非的尼日利亚外，其他非洲国家对外发包项目很少。非洲地区工程主要集中在交通、电力和供水上，并且多由国际金融机构提供贷款。非洲开发银行、国际开发协会、非洲开发基金、欧洲开发基金、欧洲投资银行、世界银行、德国复兴开发银行等为非洲的大量基建项目提供了贷款。

　　非洲市场不仅潜力很大，而且风险也大。非洲中部和南部拥有巨大的矿产资源，尼日利亚和安哥拉因油价上涨、收入增加而成为主要市场，岸上和海上的石油工程都较多，但是政局的不稳定是影响这一地区发展的一个几乎难以克服的问题。尽管要冒一些风险，承包商还是将目光紧紧盯住非洲这个市场。因为，随着人类社会日益发展，人们对资源的需求越来越大，而许多资源由于不可再生，使非洲这块尚未完全开发的土地上的自然资源比任何时候都显得更加重要，人们甚至愿意承担风险来开拓这些重要的资源。

　　非洲市场的新特点主要是私有化进程方兴未艾，未来非洲将是西方经济争夺的热点地区。非洲国家已开始对经济结构进行调整，对电力、石油、天然气、交通运输业等领域进行改革，采取优惠措施，吸引外资，推动国家的经济发展。

　　在非洲地区由私人资本参与的工程项目有：加拿大 Triviene 矿业公司和 Rcbex 资源开发公司承包的几内亚钻石矿项目和尼日尔金矿项目；丹麦 Fi·工程公司总承包的尼日利亚水泥厂项目；加拿大公司负责的布基纳法索金矿项目；法国 Sogen 公司总承包的喀麦龙和加蓬的两条公路项目，工程资金由欧洲开发基金提供。

　　中国公司在非洲地区有良好的援外基础和声誉，在某些技术要求不是很高的项目上有能力和西方公司竞争。因此，我们对非洲市场应给予适当的关注。非洲当前为工业化的起步阶段，经济处于发展期，基建市场潜力巨大。在当前的国际形势下，中国对非洲投资呈上升趋势，我们要发挥传统优势，积累经验，占据有利市场，实现共同发展。

四、欧洲市场

　　欧洲市场历来是全球较大的工程承包市场之一，随着经济一体化和区域经济集团化浪潮的推动，欧盟统一大市场的建成和东欧新成员国的加入，欧洲市场在很长时期内一直保持较好的发展势头。1996 年，欧洲市场是世界第二大市场。

受东南亚金融危机的影响，欧洲工程承包市场也出现下降趋势，1998 年全球 225 家较大的工程承包商在该市场的营业额减少了 45 亿美元。2001～2002 年，由于美国、日本经济下滑和国际恐怖事件不断爆发，欧洲工程承包市场持续疲软。2003 年后，随着欧盟东扩和东欧新成员国的加入，欧洲工程承包市场恢复增长势头。

目前，欧洲工程承包市场呈现东移的态势。2004 年 5 月 1 日，欧盟实现历史上最大规模的扩大，新增 10 个成员国，带动了东欧和中欧的投资活动，从而也带动了工程承包市场的兴旺昌盛。尽管受 2008 年经济危机影响，西欧国家的房屋建筑业新开工项目急剧减少，有些在建项目甚至停工搁浅，但由于在中东欧地区的捷克、匈牙利、斯洛伐克、波兰等国家工程承包市场增长较快，受金融危机的影响较小，因此 2008 年全球 225 家较大的工程承包商在欧洲地区的营业额为 1141.1 亿美元，仍占它们在国际市场营业总额的 29.3%。欧盟地区国家的工程承包商对欧洲地区的工程承包市场贡献最大，占 78.8% 的市场份额，其中法国、奥地利、西班牙和瑞典分别占 22.1%、14.5%、13.1% 和 6.9% 的市场份额；美国是欧盟地区以外的第二大市场，占 8.9% 的市场份额；土耳其占 5.8% 的市场份额；其他国家的市场份额均不超过 2%。

五、北美市场

北美市场主要是由美国和加拿大两个发达国家组成，工程项目的技术含量较高，因此，该市场历来被美国、英国、法国、澳大利亚、日本等发达国家的大型工程承包公司垄断。就目前发展中国家的公司的技术和资金实力而言，在未来很长一段时间内很难大规模地进入该市场。以美国工程承包市场为例，2008 年美国国际工程承包市场营业额约为 418 亿美元，其中德国、瑞典、澳大利亚、英国和日本五个国家的 19 家承包商包揽了 76.6% 的市场份额，特别是德国、瑞典、澳大利亚和英国的 9 家承包商就占据了 67.2% 的市场份额，而来自其他国家和地区的 42 家承包商仅占 23.4% 的市场份额。此外，加拿大的工程承包市场同样被欧美地区发达国家的承包商垄断，仅美国的工程承包商就占据了 74.1% 的市场份额，美国、法国、德国、英国和意大利以外的市场份额仅占 2.5%。

六、拉美市场

就总体而言，拉美地区国际承包市场虽有增长势头，但长期以来处于落后状态，在全球各大承包市场中一直处于末位。由于拉美与美国的经济关系极为密切，因此拉美经济受美国"9·11"事件的影响也最大，2001年拉美地区几个主要国家的经济增长率下降。

但是，经过对经济发展战略、经济政策和经济结构的调整，拉美经济逐渐开始复苏，许多国际承包公司对拉美持乐观态度，拉美经济的恢复性增长无疑带动了该地区工程承包市场的发展。2008年，全球225家较大的工程承包商在拉美地区的营业额为238亿美元，较2007年增长12.2%。西班牙和意大利对拉美地区工程承包市场的贡献较大，两者占地区市场份额的比例分别为26.1%和17.5%，巴西和美国的市场份额也均达到10%以上。

对于承包商而言，拉美地区的项目固然是一个潜在的大市场，但是这里的不确定性因素很多，如政局不稳等易造成的较大风险，使承包商望而却步。拉美地区工程承包市场长期以来受到沉重的外债压力，经济一直比较萧条。近年来，拉美国家采取一系列措施如大力吸引外资、推行私有化政策、拓展多元化的海外市场、调整财经政策，使拉美的经济有明显好转，特别是南方共同体市场国家实行服务业的开放并取消控制，使拉美地区工程承包市场增长较快，外国直接投资大量增加，其中巴西和墨西哥吸收的外资最多。以美国为基地的跨国公司对拉美地区的投资占据统治地位，欧洲公司的参与度也在增加。拉美地区工程承包市场比较活跃的主要国家有墨西哥、巴西、智利、阿根廷、波多黎各等。在未来几年内，拉美工程承包市场将有较大的发展。

我国过去对拉美市场重视不够，主要由于距离远、成本高，还需要先行投资，使大多数中国公司不敢贸然涉足。随着我国与拉美的贸易活动的增加，会逐步加深了解，有进一步开展合作的可能，特别是在石油、天然气的开发以及基础设施建设等方面的合作机会较多。

随着中国与拉美地区的友好发展，当地工程承包增长速度加快，我国在该地区的市场份额不断增加，经济贸易关系呈现多元化趋势，但其政治环境动荡、金融货币风险和汇率不稳，都是我们值得警惕的风险。

第四节　中国国际工程招标与投标

一、我国对外承包工程的现状

随着国家综合实力的不断提升，行业信息化、现代化进程的不断加快，在激烈的国际市场竞争环境下，我国的国际承包业务正朝着多样化模式发展，同时国家也加大了对国际工程承包业务的支持力度，积极鼓励国内企业参与国际承包项目工程，以此来提升国家在国际工程承包市场的竞争力。可以预计，在未来十多年的时间里，我国的国际工程承包业务将会呈现快速增长的发展态势。

改革开放以来，我国国际工程承包行业发展迅速。2020 年，我国在全球 184 个国家和地区新签合同额共计 2555.4 亿美元，完成营业额 1559.4 亿美元，业务涉及基础设施建设的各个领域，且越来越多的企业开始尝试政府和社会资本合作（PPP）、建设—营运—移交（BOT）等合作模式。在我国，国际工程承包行业已经成为"走出去"战略的重要构成部分。

整体来讲，我国国际工程承包业务分布的区域特点是：亚洲与非洲市场是我国国际工程承包的主要阵地，其中亚洲市场所占份额最大；欧洲市场份额基本上呈不断增长趋势，虽然近年有所下降，但仍占据了重要地位；拉美及大洋洲（包括太平洋岛屿）市场营业额保持了高速增长，发展潜力较大；北美市场营业份额在 2006 年之前（包括当年）呈高速增长之势，但 2007 年以来市场份额下降幅度较大。

中国处于城市化加速和工业化时期，投资是推动中国经济增长的重要因素之一。受益于固定资产投资和房地产投资的持续快速增长以及城市化进程的加快，"十三五"期间，以中西部地区、二三线城市为代表的城镇化加速，"十二五"期间，我国城镇化率提高 4 个百分点，年均提高 0.8 个百分点。中国工程承包行业在较长时期内保持快速发展，具体表现为：

（1）对外工程承包高速增长，项目规模逐年扩大。2017 年中国对外承包工程完成营业额 1853.7 亿美元，同比增长 6.2%；新签合同额 2300.7 亿美元，同比增长 6.5%。项目立项也逐渐从单一项目向项目群发展，项目规模逐年增加。目前工程市场的状况就是多家公司组成联合，共同谋求发展。在当前形势下，每家公司要认清自己的优势并发展自己的长处，抓住机会，才能使自己在国际竞争的大舞台上立于不败之地。

（2）新模式的增加对融资能力的要求提高。新能源、房地产开发等项目近年来发展迅速，传统工程承包向前端的规划、设计、资讯，以及后期的运营维护等领域快速发展。所有这一切都要以很强的融资能力作为基础，从而在运行得到保障的同时，提高化解风险的能力。因此，企业一定要根据自身的情况准确定位，由此来适应社会市场的需求，获得更好的发展。

（3）中国企业迎来发展机遇。随着国家"走出去""三网一化"等政策的大力扶持，中国企业面临转型和升级。国外市场为中国企业提供了机遇，中国企业要"走出去"，实现经济的新发展。

（4）国际原油价格对国际市场的发展影响深远。原油价格的波动，给一些产油国带来了巨大冲击，致使一些国家生产原油缓慢甚至停工。

由于工程承包与全社会固定资产投资密切相关，因此，工程承包的发展与所处区域的经济发展和城市化水平相关，区域特征较为明显。中国建筑市场最大的地区为长三角、环渤海和珠三角三大区域。从总体上看，中国建筑工程市场上占据较大市场份额的是具备技术、管理、装备优势和拥有特级资质的大型建筑企业。发达地区建筑强省的大中型建筑企业也占有一定的市场份额，它们主要承揽地区性大中型工程，其他中小企业则主要承担劳务分包、部分专业分包业务及小型工程。中国国际工程承包企业在国际工程承包领域的影响不断扩大，工程承包范围由传统房建工程扩大至冶金、港口、电力、通信、机械、石油化工和水利等多个领域，由相对简单的劳动密集型项目开始向技术密集型项目和知识密集型项目渗透，已经在劳动力成本和电力成套装备等部分装备领域形成比较优势。

中国对外承包工程及劳务合作的范围逐步扩大，已遍布六大洲、180多个国家和地区。中国公司从开始进入国际工程承包市场就认真贯彻"守约、保质、薄利、重义"的经营原则，其工程质量、承包劳务人员的工作作风均受到了工程所在国和各合作方的赞赏，在国际市场上初步树立了较好的声誉，同时也增进了我国与工程所在国及人民之间的友谊，推动了对外贸易和其他领域的合作，也使我们学习了一些国外工程设计和工程管理的经验，培养了一些技术和管理人才，为国家创收了一定外汇，为国家经济的发展做出了很大的贡献。虽然我国的对外承包业取得了较好的成绩，但仍需冷静地、客观地看待其在国际承包市场上的总体位置，从以下几个方面可见一斑：

（1）中国企业国际市场占有率有所提高，但业务仍主要集中在亚太和非洲地区。从市场占有率来看，2016年中国企业的总体市场占有率高于其他国家承包商，达19.3%，同比提高了2.1个百分点，为历史新水平。中国企业在多个地区的市场占有率均有不同程度的提高。除了提升市场份额外，中国企业2015年业务相较2014年也呈现了增长态势，总体营业额增幅4.5%，中国企业业务仍然集中在亚洲和非洲市场，高端市场业务规模小。从地区业务表现来看，中国企业在撒哈拉以南非洲、亚洲和太平洋市场的业务分别占中国企业业务总量的37.8%和32.3%，远高于所有上榜企业平均13.3%和24.9%的占比，而在中东、欧洲、北美和拉美地区市场，中国企业业务仍有一定的开拓空间。

（2）国际化水平仍存有较大差距。2015年中国企业的国际平均营业额为14.4亿美元，增长了4.3%（2014年为13.8亿美元，2013年为12.8亿美元），进一步缩小了与榜单平均水平（19.5亿美元）的差距，相当于所有上榜企业平均营业额的72.5%。领军企业的国际业务量仍与国际领先水平存在较大差距，上榜的前十家中国企业平均完成国际营业额 62.85 亿美元，但整个榜单的前十家外国国际承包商平均国际营业额高达 169.4 亿美元，业务总量上的差距仍不可小觑。从各国承包商国际业务占比来看，中国承包商的国际业务占比仅 14.4%，与外国同行差距较大，远远低于其他国家上榜承包商 56.2% 的平均水平。

（3）中国对外承包工程范围有所扩大，但是实行工程总承包的项目较少，大量工程仍然是从事劳务分包，而且勘察设计、工程咨询、项目管理、BOT 项目等方面的国际市场开拓能力依然较弱。

造成以上现象的主要原因是：

（1）缺乏应有的资金扶持。在对外承包中通常需要较多的流动资金，而我国的自有资金少，不能满足承包大型国际项目流动资金需要。要求带资承包的项目不断增加，而我国银行对企业的信贷额度不能满足承接国际工程的需要，加之国家控制信贷规模，审批程序复杂、时间长，出口信贷利率比一些发达国家的贷款利率高、还款期短，这些都影响了我国企业在带资承包国际工程项目上的竞争力。

（2）缺乏复合型的国际工程承包管理人才。人才缺乏一直是影响我国对外工程承包的主要因素，也是我国企业与国际大承包商之间存在较大差距的重要原因。目前，我国企业十分缺乏的人才主要有：有丰富经验的国际工程项目经理；设计、采购、施工各阶段的核心管理人员，通晓国际工程法律的人员，项目风险评估人员，国际工程合同管理人员，国际工程财务人员，国际工程融资人员，国际工程造价估算和报价人员，国际工程索赔人员，等等。此外，语言障碍也是一个突出的问题，影响工作的正常开展。目前即使是我国对外工程承包实力最强的企业，其最大的问题仍然是人才问题。

（3）技术与管理上仍然有较大差距。技术与管理上的差距主要表现在对国际通行的技术标准不熟悉、一些专业领域存在技术差距，如机电安装、使用先进设备的大型高难度土木工程等。缺乏通行的项目管理经验，如石油化工、电力建设等大型国际工程项目往往采用项目管理（PMC）模式，而我国只是近年来随着外国承包商的进入才部分参与了 PMC 模式建设的项目，缺乏先进的计算机工程项目管理系统和国际承包系统，缺乏国际采购网络系统和国际采购经验，在项目中标后，往往要采用发达国家的材料设备，而我国的机电设备和建筑材料不易进入国际市场。

（4）市场准入壁垒。一些发展中国家对外国建筑公司的市场准入条件苛刻，有的不准许设立独资公司，有的不准许外商控股。多数发展中国家不准许一般劳务进入，对技术管理人员的签证控制也很严格。尽管大部分发达国家和地区建筑市场对外资企业给予国民待遇，但其普遍实施的专业执照或企业许可、人员注册资格制度仍对我国企业的进入有很强的技术性壁垒。例如，美国从事上下水、消防、电气、暖通、电梯等专业的公司一律要有专业执照，对建筑师、工程师等个人职业资格的考试十分严格。一些国家在专业人员的资历认可方面，不承认中国工程技术人员的学历和专业资历。目前，在我国的大型建筑企业和设计院中，取得了美国、欧洲或日本的建筑师、工程师执业资格的人很少。如果雇用当地有专业执照的公司或职业资格的人员，则成本过高，且缺乏对当地人员的管理经验，很难获得利润。

（5）企业抗风险的能力较差。对外承包工程是投资大、周期长、风险大的行业。目前，我国对外承包尚未建立政治风险担保制度，企业难以独立面对政治风险，如因伊拉克战乱而造成的损失至今令一些公司还背负着沉重的债务负担；在应对金融风险方面，很多公司显得力不从心，东南亚金融危机使其得到了深刻的教训；在项目管理中没有建立起一套适应国际市场要求的管理规范，经营风险较大。

（6）国外市场经营秩序混乱，中国公司的无序竞争严重。由于缺乏有力的组织、管理和协调机制，造成在国外有时一个项目十几家中国公司参与竞标，标价一压再压，利润微薄。中国公司之间的竞争多于合作，影响了整体经济效益。

二、中国对外承包业开拓国际市场的对策

中国加入 WTO 为对外承包业提供了新的机遇，主要表现在以下几个方面：

（1）非歧视原则可促使我国对外承包市场的扩大。加入 WTO 后中国享有了最惠国待遇和国民待遇等权利，一些国家对非 WTO 成员的市场准入限制取消，更多的国家和地区的工程承包市场对中国企业开放。

（2）关税壁垒的减少使我国对外承包工程成本降低。加入 WTO 后，在 WTO 成员国和地区可以享受最惠国待遇的关税，中国企业的材料及产品出口的关税壁垒相应减少，有利于中国企业降低国际工程承包成本，获得更多的中标机会。同时，还可带动更多的材料、设备和机电产品的出口。

（3）WTO 成员间的信息资源互享可使我国获得更多的国际工程承包信息。我国对外工程承包的较大阻碍之一是了解和掌握国际工程信息不及时。加入 WTO 后，由于其成员之间信息资源互享，我国可以通过 WTO 的有关机构及时了解各缔约方贸易政策的新动向等，为企业提供更多信息。

（4）企业可以更好地学习和积累国际工程承包的经验。由于国内工程承包市场进一步开放，国际招标的工程项目将会增多，中国企业可以通过与外资企业的合作，包括设立中外合资、合作公司或联合承包、分包等方式，了解和熟悉国

际工程管理经验，在国内市场上积累国际工程承包的经验，为开拓国际市场奠定基础。

（5）我国企业的"准出"制度更加宽松。按照世贸组织的贸易自由化原则，我国有关政府主管部门将减少对外承包工程的各项审批或许可，实施鼓励企业"走出去"的发展战略，为有条件开展对外工程承包的企业创造良好的"准出"政策保障。因此，今后有实力的企业都将有机会获得对外工程承包的权利。

为开拓国际承包市场，中国政府及主管部门采取了一系列措施：

（1）为支持和鼓励我国企业积极开拓国际市场，制定相应的政策。2019年8月29日，商务部等19部门发布了《关于促进对外承包工程高质量发展的指导意见》，加快形成对外承包工程发展新优势具体有以下几点：

第一，积极鼓励设计咨询"走出去"。引导有实力、有条件的工程设计咨询机构开展国际化经营，积极参与境外项目的勘察、规划、设计、咨询、造价、监理、项目管理等，加快与国际接轨步伐，不断提升国际竞争力，推动对外承包工程发展向产业链高端延伸。发挥工程设计、全过程工程咨询"走出去"对中国技术和标准以及建设施工"走出去"的引领带动作用，增添对外承包工程发展新动力。

第二，积极促进投建营综合发展。增强企业参与项目投融资和建成后运营管理的能力，鼓励金融机构按照市场化原则对有条件的建设—运营—移交（BOT）等政府和社会资本合作（PPP）类项目提供项目融资；鼓励企业以建营一体化、投建营一体化等多种方式实施项目，提高产业链参与度和在国际分工中的地位，逐步实现由建设施工优势为主向投融资、工程建设、运营服务的综合优势转变。

第三，积极依托国内优势产业支撑。推动对外承包工程与制造业"走出去"、境外经贸合作区建设等其他对外投资合作有机结合、相互促进。鼓励企业依托我国信息通信、电力、交通、化工、冶金、建材等行业的产业优势，特别是发挥上述行业在技术研发、装备制造等方面的全产业链优势，以及产品价格合理、服务高效快捷的比较优势，推动对外承包工程领域不断拓宽、层次逐步提高。

第四，积极培育创新发展动能。坚持创新引领，鼓励企业开展对外承包工程的管理创新、模式创新，注重新理念、新技术、新材料在对外承包工程领域的应用，把握数字化、网络化、智能化发展机遇，探寻对外承包工程新的增长动能与发展路径。推动企业加强跨国创新合作，增强创新能力，适应国际承包工程合作和竞争新趋势。

第五，积极提升可持续发展能力。按照国际普遍接受的规则标准，将可持续发展理念融入对外承包工程的项目选择、实施、管理等各方面，做优做精项目，促进资源节约和高效利用，确保项目经济、社会、环境可持续性，创建以高质量、可持续、技术先进、绿色环保等为核心的中国建设品牌。引导企业加强同项目所在国政府、企业和民众的沟通和利益融合，尊重当地风俗习惯，开展属地化经营，促进当地就业，注重环境保护，履行社会责任，实现持久发展。

第六，积极提高国际合作水平。坚持开放包容，鼓励在对外承包工程的设计咨询、造价咨询、投融资、工程建设标准化、建设施工和运营管理等方面与有意愿的国家、国际组织、大型跨国企业、国际金融机构等开展三方合作、多边合作。通过多方参与，充分发挥各方潜能，实现优势互补、共赢发展。为企业以收购、参股、合资等方式与国际承包工程企业合作，在更高水平参与国际竞争创造便利化条件。

（2）加强对外承包工程的促进和服务。

1）加强规划和引导。与相关国家政府和区域性组织共同做好对外承包工程合作的顶层设计和规划引导。对接当地经济社会发展战略、具体合作需求以及发展援助的作用，聚焦设施联通、产业促进、民生改善、绿色发展等主要领域，共同商定合作规划、政策措施、重点项目，提高对外承包工程合作的科学性和有效性。

2）打造良好外部环境。推进多双边政府间协调机制建设，与重点国家和区域性组织成立对外承包工程合作工作组等交流平台，加强沟通协调，解决困难和问题，稳步推进合作。与相关国家和地区商签或更新自贸区、投资保护、基础设施合作、避免双重征税等协议，打造透明、稳定、可预期的合作环境。采用多样化媒体传播方式，让国际社会及时了解我国对外承包工程发展的相关信息，讲好中国故事，展现中国建设品牌良好形象。

3）增强金融服务能力。鼓励金融机构在依法合规、风险可控、商业可持续的前提下，创新和丰富服务对外承包工程发展的金融产品和投融资模式，提供更优质的融资融智融信服务。鼓励符合条件的企业通过发行股票、债券等直接融资方式募集资金用于开展对外承包工程。完善出口信用保险政策，更好地发挥风险分担和融资促进作用。拓展人民币结算和人民币金融产品在对外承包工程领域的使用。鼓励金融机构增强融资风险事前预防和事后化解能力，提升金融服务对外承包工程的可持续性。

4）完善公共信息和便利化服务。丰富促进对外承包工程发展的各类公共服务产品，加强政策宣传解读，及时提供有关国家营商环境、项目合作需求等信息，定期发布行业发展报告。按照国际通行规则和我国法律法规，在人员出入境、货物通关、税收、本外币结算等方面为对外承包工程企业和人员提供更加精准有效的便利化服务。

5）充分发挥行业组织作用。继续支持相关商（协）会、境外中资企业商（协）会发展，健全自律体系，促进企业间合作，避免无序竞争和恶性竞争，维护行业整体利益。提供培训、会展等专业化服务，搭建促进平台，协助企业开拓国际市场，推进市场多元化。在政府、企业和国外同业组织间发挥桥梁纽带和行业支持作用，积极主动参与国际规则和标准制定，推动标准和资格互认。

6）强化人才支撑和智库建设。支持相关领域、相关学科人才进入对外承包工程行业，引进国际人才，打造具有国际化经营管理能力的人才队伍。创新人才培养机制，鼓励高等院校结合自身办学实际，设置与对外承包工程发展需要相匹配的学科专业，培养国际化人才。支持对外承包工程行业专家智库建设，加强行业发展的研究分析，为政府和企业提供决策咨询和智力支撑。

7）加强综合性专业服务。支持我国国际商事争端解决机构在对外承包工程争端解决中发挥更加有效的作用。引导企业运用多元化纠纷解决机制，依法妥善化解对外承包工程领域的各类争端。鼓励我国法律咨询、投资顾问、工程设备质量安全监理、造价咨询、风险管理、财务税务等中介机构加快与国际接轨步伐，为对外承包工程发展提供更加有效的专业服务。

（3）完善对外承包工程的监管和保障。

1）完善管理机制。落实《对外承包工程管理条例》，加强对外承包工程管理的统筹协调，不断完善国务院有关部门宏观指导和联合监管、地方政府属地管理、行业组织协调自律、与项目所在国政府密切协作的管理体系，推动形成职责清晰、协同有效、约束有力的工作机制，打造对外承包工程高质量发展的良好制度环境和政策环境。

2）改革管理方式。进一步深化对外承包工程"放管服"改革，建立"备案+负面清单"管理方式，减少政府核准范围和环节。完善对外承包工程违法违规行为处罚规定，加强事中事后监管，强化统计分析和运行监测，用好重点检查和"双随机、一公开"抽查，加大对外承包工程行政执法力度，对违法违规行为实施联合惩戒，有效维护公平竞争和市场秩序。

3）督促企业合规经营。推动企业不断提高合规管理能力，切实规范对外承包工程经营行为，在项目招投标、合同履约、劳工权益保护、环境保护等关键环节严格遵守我国和项目所在国法律法规、相关国际规则标准，自觉抵制商业贿赂，严禁工程项下外派人员参与涉赌等活动。推进对外经济合作信用体系建设，完善对外承包工程失信行为认定和信息记录规定，督促企业守法诚信经营。

4）强化风险防范。构建服务对外承包工程发展的综合性风险防控体系和突发事件应急处置机制，完善境外企业和对外投资联络服务平台，及时分析、研判和预警境外政治、经济、社会、安全、舆论等重大风险。督促企业完善安全管理制度、落实风险防范措施，提升突发事件处置能力。做好预防性领事保护，与相关国家合作、共同保障我国境外企业和人员的安全及合法权益。

（4）充分利用 WTO 成员的权利，清除有关国家和地区对我国的不合理贸易、技术壁垒。加大市场开拓力度，与主要国家建立双边联系和磋商机制，加强谈判力度，为我国企业进入国际市场排除障碍，特别是歧视性待遇和技术性壁垒；利用与重新申请加入 WTO 的国家和地区谈判的权利，促使其对我国开放市场，并在新一轮的 WTO 谈判中研究制定有利于我国国际贸易的新规则。

开拓国际承包市场，企业应采取的措施有：

（1）加强对国际市场的调研和信息收集，尽快使我国的咨询企业打入国际市场，以适应国际承包市场的新特点，中国公司要加大技术投资，建立自己的信息网络，及时捕捉和掌握市场信息并制定相应的策略。一方面，我国公司的信息收集和反馈系统很不完善，信息不灵通、反馈速度慢。为此，应尽快建立官方、民间、企业相结合的信息共享系统，使中国公司在国际竞争中处于主动出击、有的放矢的地位。另一方面，工程承包与工程咨询有着密切的联系。从一些统计数据可以看到，国际工程承包大国首先应该是工程咨询大国，如果不能打入国际工程咨询市场，那么本国的承包公司也很难在国际市场上获得大型项目的总包权。中国的咨询公司有这样的实力，但由于起步较晚及其他方面的原因目前尚未真正打入国际市场，阻碍了我国对外承包的发展，因此，大力开拓国际工程咨询业务是当务之急。

（2）对外承包企业要走规模经营和规模效益的道路。由于国际承包市场竞争激烈，利润率大幅度下降，高技术难度的大型项目逐渐增加，所以很多中国对外承包公司普遍感到自己规模小、力量单薄、资金有限、缺少竞争优势，导致承包工程的效益下降，这要求中国公司扩大规模，提高竞争能力。规模经营是指企业在力所能及的范围内，有意识地在某一行业或市场优化配置生产要素，增强市场开拓和市场占有能力，扩大经营规模，使其生产要素的配置在数量上和质量上均有所提高。规模效益是对外承包经营达到一定规模时所产生的效应，这个效益趋于企业成本的最低化和利润的最大化。虽然扩大规模可以增加效益、提高竞争能力、增强风险防范的能力，但规模和效益的关系不是无限呈正比上升的，超出限度就可能造成浪费和损失，在具体操作中应注意：

1）扩大规模与企业人、财、物配套能力相匹配。

2）在扩大规模的同时应提高企业的技术水平。

3）在扩大规模的同时，制定相应的规章制度，使各部门之间的衔接与配合能够做到及时与协调。

4）根据公司的特点和承包工程的主要行业类型，具体决定其最佳的规模，以争取最理想的规模经营效益。

5）根据不同的市场指向和目标市场的特点，对公司规模做适应市场需要的相应调整。

（3）加强承包商之间的横向联合。目前，中国的对外承包公司很多都成立了集设计、咨询、供货、施工等于一身的集团公司或松散的联合体，但承包商之间的联合体却很少。综观国际承包市场，联合经营成了大承包商增强市场占有能力、扩大经营规模、分担风险的一种有效手段。无论是合资、合作、企业兼并还是战略联盟，都有各自独到的优势。联合经营的最大优点是优势互补、风险共担、克服壁垒、挤占市场、扩大规模，从而获得效益。因此，要加快我国公司的发展步伐，应该走联合经营的路子，这样才能在承揽大项目时凸显优势。

（4）提高企业的技术竞争力。在加大承包企业科技投入的同时，要积极与科研院所实行多种形式和内容的联合，积极尝试设计、咨询与施工的一体化经营，不断提高企业的整合经营能力和承包工程的科技含量，降低综合成本。尝试科研院所与承包工程企业联袂走出国门，在国际市场最前沿实践产、学、研相结合，有助于加速缩短我国企业与国际知名承包商之间的距离。

（5）培养和提高承包企业的融资能力。今后，国际工程承包市场的趋势是越来越多的项目将以总承包的方式发包，带资承包、BOT 等方式的承包普遍流行。融资能力大小将成为衡量一个承包公司实力的重要标准，也是能否获得项目的关键。因而，加强国内承包公司与国内外金融机构的合作，逐步培养承包企业的融资能力是提高企业竞争能力的当务之急，也是企业取得项目和实施项目的基本保证。

（6）加强与国际大承包公司的合作。加入 WTO 后，更多的外国承包公司将进入中国市场，竞争无疑将日趋激烈，但国内外公司合作的机会也将增加。我国承包企业可利用劳动力成本低的相对优势，积极与拥有新技术、新材料，且有资金实力的国际知名承包商合作，努力学习新技术，尽快掌握先进的管理经验。低成本与新技术、新材料组合经营是未来我国承包工程企业以新的经营方式拓展新兴市场、挖掘新经营增长点的关键途径。

（7）提高承包企业设备供应和采购能力。国际大承包商除了具备设计和施工能力外，还必须具备设备供应能力，而采购能力不足制约着我国承包企业的全面发展。为此，提高我国承包企业的设备供应和采购能力（包括国际采购能力）刻不容缓，主要通过扩大公司国内和国际的采购网络来实现。另外，运用电子商务系统也是一种有效方式，可以减少中间环节，降低成本。

（8）建立科学的用人机制，加强人才培训。人才是企业的生命。国际工程发包方式的变化，多媒体、电子商务的普遍应用以及科技进步对工程方面的人才要求日益提高，培养懂技术、会外语、熟悉相关法律、精通国际商务、会管理的复合型人才成为企业发展的趋势。为此，企业必须舍得投入，一方面从学校和社会招聘人才；另一方面对有发展潜力的职工进行在职培训，包括送到国内外高等院校、国外工程公司和项目上进行学习和实践。在实践中大胆选用有创新精神的年轻人，给他们压担子，使他们能够在实践中早日成才。把物质奖励和精神鼓励结合起来，留住人才、用好人才。

复习与思考

（1）在学习之前，你对"国际工程招标与投标"课有什么感觉？

（2）计划怎样学好这门课程？

第二章 国际工程市场环境调查与风险

第一节 国际工程市场环境调查

一、宏观环境调查

宏观环境即外部环境。宏观环境的变化会明显地影响市场需求的变化，影响企业的生存、发展和营销活动。因此，企业必须重视宏观环境的调查，分析宏观环境对企业经营的影响，主动地适应甚至超前引导宏观环境的变化。

宏观环境调查主要包括以下几个方面：

（1）政治因素调查。主要是对政治制度、政治形势、政策、法律等因素进行调查，考察目标市场的政治制度如何、政局是否稳定、政策是否具有连续性等。考察法律方面的情况，企业不仅必须了解与自己的营销活动有关的法律，还必须了解正在建议制定的影响企业经营的有关法律，如提出的有关定价、分销渠道、人员推销、广告传播等方面的立法议案。企业对法律因素进行调查，还要求在了解法律条文的基础上，努力具备解释法律条文的能力。有关政治因素方面的内容，可从报纸、杂志或实地考察中得到。

（2）经济因素调查。主要是对经济形势、工农业生产情况、自然资源和能源的储量及开发、国民生产总值和国民收入的增长情况，以及对社会购买力变化的影响、消费结构的变化、景气循环的指标等进行调查，充分了解这些方面的信息有助于安排企业的营销活动。

（3）科技因素调查。就是对科技的发展、进步以及在社会生活中的应用情况进行调查。

（4）自然地理因素调查。是指对企业与目标市场的地理位置、气候条件、地形地貌、交通运输及其他相关的自然地理环境的调查。

（5）社会文化因素调查。是指对现实和潜在的目标市场的社会文化因素进行调查，考察这些居民的职业、受教育程度、民族特点、宗教信仰、道德、风俗、生活习惯、价值观念等。

二、竞争形势调查

竞争形势调查包括以下内容：

（1）竞争者的性质。企业要了解竞争者是哪些公司，与本企业属于何种形式的竞争，是愿望竞争者、一般竞争者还是产品形式竞争者、品牌竞争者。企业要密切注意后两种形式的竞争关系，要了解这些同行竞争者的数量与规模。

（2）竞争者的营销因素。企业要了解竞争者的产品品种、数量、成本，了解竞争者的价格、利润、分销渠道、促销方式，了解竞争者在新产品开发和现有产品改进方面的新动向。

（3）竞争者的竞争策略和手段。企业要了解竞争者的竞争策略和手段，了解竞争者的营销策略，了解竞争者的优势和劣势，了解竞争者的市场占有率及变化趋势，了解竞争者在企业组织上的变化。

三、市场需求调查

市场需求调查就是通过调查、研究、考察市场需求情况，把产品的市场需求情况用数量表示出来。企业进行市场需求调查包括现实需求和潜在需求的调查，前者的数量比较容易掌握，后者则需要认真地进行考察。

市场潜在需求量是指在一定时期、一定地区内估计从所有企业可能购买某种产品的总量。市场潜在需求量的调查可以帮助企业估计在某一具体市场内究竟应该投放多大的营销力量（如广告和推销力量）。市场潜在需求量可以用各种资料进行预测，如考察消费结构及其变化趋势、宏观经济政策对市场需求产生的影响、竞争者的销售变化等。

中国正处于工业化中期加速阶段，各行业的投资建设力度也处于加速提高的进程中，国内工程承包行业面临巨大的市场机遇。在巨大的市场空间吸引下，大量企业进军工程承包行业，行业现有企业也正在积极向产业链的纵深方向拓展，行业间的竞争日趋激烈。因此，国内工程承包企业越来越重视对行业市场的研究，特别是对产业发展环境的深入研究。

第二节　国际工程市场风险分析

国际工程承包历来被认为是一种"风险事业"，国际工程的市场风险具有必然性和偶然性，由此造成的损失是不可估计的。风险有其自身产生、发展和消亡的过程，但规律是可以被认识和利用的，只要我们努力探索和认识规律，把风险造成的损失控制在最小范围内是可能的。我国对外承包工程与涉外工程项目在规模和数量不断增加的同时，风险也在不断增加，"走出去"企业加强风险管理建设、建立和实施全面风险管理是保证项目实现预期目标的关键管理环节。因此，在国际工程承包中如何防范和减少风险对我们尤为重要。我国企业在加强境外项目风险管理资源的投入与合理配置的同时，应加强文件管理、规章制度的实施和落地执行力，同时将风险问责作为保证企业与项目正常运作的基本制度。

一、国际工程市场风险类型

（一）政治风险

政治风险主要包括政局形势的变化以及战争因素。其中，政治形势的变化主要是指国家或政府领导人或者领导方式的变更，这种变更常常会引起政治局势的变动，政府对工程建设的态度也会有一定的转变，常常出现的情况是前一任政府首脑批准并支持的项目在首脑变更后会遭到反对甚至停止，由此给工程的建设带来了更大的阻力。另外，政治格局的变动还会引起战争或者恐怖主义，并且将暴力作为解决问题的必要手段，这也会给参与工程的人员带来十分不利的影响，严重的还会危及相关人员的生命财产安全。战争和动乱会破坏一个地区的经济发展水平，也会威胁到工程的施工建设，无论该工程建设的目的如何，战争都会制约其正常进行，而且政局的动荡也会导致政府由于高昂的战争费用和人民维稳的费用无力偿还工程款项，尽管国际中有一系列的援助手段，但是对工程企业来讲仍然存在着相当大的风险。此外，一部分国家在政府的建设工程中态度非常随意，而且常常伴随着严重的腐败问题，在这样的国家或地区进行工程建设，不仅企业的权益得不到保障，施工结束后的利益诉求也会被各种理由推脱，一旦工程当中出现问题，政府也不会有明确的协助态度和帮助，这就需要企业在招投标之前对该国家或地区的政治风向进行判断，规避一些不利因素，降低风险。

1. 主权风险

所谓主权风险是指一个国家从本国利益出发所采取的不受外来法律约束的行为关系。例如，两国关系紧张时，债务国可以冻结或没收债权国的资产，对政府工程项目宣布废弃合同，拒负债务。在一个政治上不稳定的国家，特别是一个同承包商注册国没有外交关系的国家，这种风险是很大的。

2. 战争和内乱

这类政治风险可能导致原有建设项目的终止或毁约，或者建设现场直接遭到破坏，或者中断施工而使工期延长，或者由此增加工程保护费用，给国际承包商以沉重打击。

3. 征用风险

又称国有化风险。一些国家出于本国政治经济的需要，直接占用和没收外国在本国的财产，或者采取间接方式没收外国资金，如禁止外国公司将利润汇回本国甚至汇出当地。

此外，由于工程所在国有关土地、税收、市场、产业发展等具体政策发生变化所带来的风险也属于政治风险。

（二）经济风险

经济风险是一个较为复杂的概念，一般情况下，经济方面的风险在国内企业进入国际市场时就已经存在。经济风险普遍存在于国际工程市场中的任何一个企业，由财务、市场、货币汇率和税务等方面共同构成了经济方面的风险源头。

1. 迟延付款

刁钻的业主可以采取多种方法来推迟工程付款，最终吃亏的是承包商。

2. 汇率风险

一般业主都要求工程承包合同以工程所在地的货币进行计价，如果当地汇率下跌，不仅会使合同价款贬值，而且直接影响合同价款的结算和支付，有时承包商得到的工程价款还不足以弥补工程的投入。此类风险的发生率通常较高，尤其是在软通货地区的承包工程。

汇率波动也使施工过程存在大量的支付风险。施工过程按进度逐步投入资金，购买原材料、设备，每次支付可能使用不同的外汇，如果在还款期间借入货币汇率上升，或当地使用的货币汇率下降，也会使承包商蒙受损失，增加投资成本。

3. 外汇管制风险

在发展中国家，对承包商兑换硬通货往国外或工程方面进口用汇都实行严格的控制措施，从而给承包商换回外汇带来了困难。

4. 工程所在国缺乏外部条件

有些发展中国家经济落后，基础设施、交通、通信等外部条件不能满足工程顺利进行，合同签订后，承包商不得不支付许多额外费用以改善当地的外部条件，从而造成经济上的损失。

（三）社会风险

社会风险分两个方面：一是各国市场中不同的工程标准和相关的规范。一般情况下，一个国家和地区的经济文化水平越高，对工程的要求也就越高，这就对工程施工提出了较为严苛的要求，这些要求也使验收过程中常常出现问题。相反，一些落后的国家和地区由于建设条件和发展的要求，并不需要太高要求的工程建筑，此时按照国内的标准进行也会造成一定程度的浪费。二是社会中的风俗与宗教问题。宗教问题一直存在于各个国家，在少数国家中存在复杂的历史遗留问题。社交传统方面，在有着浓厚宗教色彩的地区，必须要求员工对当地的信仰有一定的了解，充分尊重当地的宗教礼仪，否则就会引发不必要的麻烦。对宗教历史也要进行了解，并协助工程进行设计，一些工程因为不重视这方面因素的影响，导致工程在施工中被迫修改原有的设计，造成成本的损失。

此外，建设单位承担的风险还包括：①主要工程材料、设备、人工价格与招标时基期价相比，波动幅度超过合同约定幅度的部分。②因国家法律法规政策变化引起的合同价格的变化。③不可预见的地质条件造成的工程费用和工期的变化。④因建设单位原因产生的工程费用和工期的变化。⑤不可抗力造成的工程费用和工期的变化。具体风险分担内容由双方在合同中约定。鼓励建设单位和工程总承包单位运用保险手段提高风险防范能力。

高风险是高回报的前提，在进行国际项目开发阶段时，要对可能存在的风险进行积极的解决，对国际中存在的各类风险要严格把控，对风险源和风险点要逐个进行消除，确保国际工程市场开发阶段能够正常进行，同时，这也是国际工程建设利益保障的重要方式，有利于确立我国建筑企业在国际市场中的地位。

二、国际工程市场风险分担

国际工程承包合同中的风险分担历来是业主和承包商最为关注的问题，它直接影响工程的投标报价、项目实施，直至最终的争议解决。因此，合理地分配风险、最大限度地体现公平的原则是国际咨询工程师联合会（FIDIC）一直追求的目标。FIDIC 合同一直都在不断地完善和追求"将每一个风险都分配给能够更容易控制它、承受它、处理它的一方"的风险分担原则。对 FIDIC《施工合同条件》（*Conditions of Contract for Construction*）（以下简称红皮书）、《设计—采购—施工/交钥匙工程合同条件》（*Conditions of Contract for EPC/Turnkey Projects*）（以下简称银皮书）的不同适用范围、合同中风险条款的不同约定展开对比分析，力求展现 FIDIC 针对施工合同和 EPC 合同的不同特点而设计的不同风险分担机制，同时对 EPC 合同项下的风险防范提出建议。

（一） 红皮书与银皮书的不同适用范围

红皮书主要适用于传统工程承包模式。此类工程项目通常是由业主在委托设计单位完成所有工程设计后，针对项目施工工作组织招标，选择施工承包商。因此，此类合同项下承包商的工作范围较为单纯，而业主则因对整个项目的实施具有更强的主导权而承担合同项下的主要风险。

银皮书主要适用于以 EPC/交钥匙为基础的基础设施项目或其他开发项目。在此类项目中，承包商通常从设计到最终调度全面负责，业主则直接接收最终产品，承包商在项目实施中占据主导地位，承担合同项下的主要风险。

（二） 两类合同中风险条款的不同约定

基于上述两类合同所适用的工程项目的不同特点，红皮书和银皮书在合同条款的编制和设计中所采用的风险分担机制有着明显的不同。其中，银皮书中的风险分担严重向承包商倾斜，这点集中体现在两者在合同风险条款中的不同约定。

1. 不同的价格模式

由于红皮书适用于传统的施工承包工程，业主对项目设计负责，因此也就承担因工程量变化所引起的工程造价调整的相应风险。基于此种考量，红皮书约定该类合同采用单价合同的价格模式，合同价格通过单价乘以实际完成工程量来确定，并按照合同的相应规定进行调整。

在采用 EPC 合同模式的工程中，业主多数是为了获得经济效益，其投资项目的前提是基于项目的一个固定投资金额和项目开始投产的确定时间，只要在预计的投资金额和投产时间的范围内，业主就会盈利，因此，业主宁可支付相对较高的费用，也期望在合同中固定价格、固定工期，并保证项目成功建设，从而使工程的成本和自己分担的风险具有更大的确定性。鉴于此，银皮书约定采用固定总价的价格模式，除合同变更等少数情况外，合同总价不能调整。

2. 设计责任的不同

在红皮书所适用的工程类型中，设计工作主要由业主完成，设计责任也主要由业主承担。例如，红皮书约定业主要承担图纸延误的责任，承包商可以就此索赔工期、费用及合理的利润。

银皮书则没有相似的规定，其规定承包商要承担的设计责任相对于红皮书和

FIDIC《生产设备和设计—施工条件》（*Conditions of Contract for Plant and Design-Build*）（以下简称黄皮书）而言都更加繁重。承包商不仅对自身的设计负责，更要对业主要求中的某些错误负责。银皮书规定，除规定由业主负责的四类情况外，承包商应被认为在基准日期前已仔细审查了"业主要求"，并对设计和业主要求的正确性负责。业主对业主要求中的错误、不准确以及疏漏不负责任。承包商从业主处收到的任何信息，都不能解除承包商对设计和实施工程所承担的责任。

3. 关于现场数据、不可预见困难的不同约定

红皮书未明确规定业主是否为其提供的现场资料的准确性负责，银皮书则明确规定承包商应负责核实和解释所有的此类资料，业主对这些资料的准确性、充分性和完整性不承担责任。

红皮书规定，承包商可以对其无法预见的不利物质条件向业主提出工期和费用的索赔，银皮书则明确约定承包商签订合同后，就意味着其接受了圆满完成该工程的所有困难并承担所有费用，合同价格不会因任何没有预见的困难或费用而进行调整。

4. 关于业主风险的不同约定

红皮书和银皮书的另一个重要的不同点就是关于业主风险的约定。因 EPC 合同项下的设计基本由承包商完成，且不可预见的自然力作用风险由承包商承担，所以，银皮书中关于业主风险的约定相对于红皮书的相关规定而言有了较大的缩减，减少了业主占用部分工程导致的风险、业主方负责的设计、一个有经验的承包商无法预见或无法充分合理防范的自然力的作用三项风险内容。其中，一个有经验的承包商无法预见或无法充分合理防范的自然力的作用的约定在红皮书中规定由业主承担，在银皮书中则规定由承包商承担，而这项风险实际上是工程实施过程中发生可能性较大的风险之一，因此银皮书下承包商所分担的风险显著增大。

5. 关于工期索赔条款的不同约定

相对于红皮书关于允许工期延长的情形的约定，银皮书删除了"异常恶劣的气候条件"和"由于流行病或政府当局原因导致的无法预见的人员或物品的短缺"两种情形。有过工程索赔经验的人员都知道，异常恶劣的气候条件是影响工期较大的因素之一，也是工期索赔中的大项，这一情形的删除，严重增加了承包商的工期风险。

如何应对银皮书中显著增大的承包商风险？从上述分析中可以清晰地看到，银皮书规定承包商所要承担的风险显著高于红皮书。基于两类合同文本所针对的不同工程类型，应该说 FIDIC 对上述合同项下的风险分担进行了合理的分配，合

同项下的责、权、利也是较公平的。但多数情况下，我国建筑企业在国际工程承包市场中都是承包商，我们当然希望能够最大限度地降低和控制自身的风险，从而实现自身利益的最大化。

三、国际工程市场风险辨识与应对

（一）加强潜在风险的调查研究

进行工程承包风险的分析和评价应当在选择项目和投标阶段加强调查研究，以发现各种潜在风险，该项调查至少包括工程项目环境调查、工程项目情况调查（包括工程的性质、规模、招标范围、技术要求、工期、资金来源等）。

工程项目环境是指工程项目所在国的政治、经济、法律、社会、自然条件等对投标和中标后履行合同有影响的各种宏观因素。

（1）考察工程所在国家及地区的政治局势，了解国内政治派别，分析该国政治斗争发生的原因和产生的后果（如霍英东被广州番禺区政协主席梁柏楠刁难、欺压与盘剥事件），调查了解工程所在国家及地区恐怖主义活动、宗教冲突、地方武装和民族分裂势力（如 2007 年 4 月 24 日凌晨，中原油田勘探局埃塞俄比亚工地遭袭，导致 74 人遇害，其中包括 9 名中国工人，另有 7 名中国工人被掳事件）、有组织的犯罪活动、极端民族主义分子的排外行为（如印尼的历次排华风潮）、战争历史遗留的安全风险、经济利益冲突等产生的风险。

我国对外经贸行业通常根据面临的不同程度的安全威胁，将全球划分为四类风险地区：

一类风险地区（高危区）为巴基斯坦、阿富汗、中亚和伊拉克。这些地区与国家或已发生针对我国人员与机构的袭击；或是"东突"活动范围；或是该国中央政府控制乏力、地方势力割据地区。

二类风险地区（次高危区）包括中东在内的亚洲其他地区（日本和朝鲜半岛除外）。这类地区既是以伊斯兰极端组织为主体的国际恐怖势力基地及活动区域，又是中央政府控制力薄弱、跨国有组织犯罪活动（包括毒品、海盗活动）的高发区。

三类风险地区为非洲与拉美。这类地区的特点是地区冲突加剧，国家政局动荡，反政府武装众多，跨国有组织犯罪猖獗。例如，南美毒品泛滥、绑架案多发；非洲则诈骗集团多，国际恐怖活动日益向该地区蔓延。

四类风险地区包括北美、欧洲、俄罗斯。这类地区和国家风险系数较小，但美国等西方国家已成为恐怖袭击的主要目标，新法西斯主义死灰复燃；境外敌对势力主要聚集在美国、日本、欧洲等国家和地区。

各公司在开发安全风险高的国际市场时，一定要进行充分的调查和研究。

（2）考察工程所在国的经济形势，包括国家预算、财政收支、基本建设规模等，研究经济政策和货币金融政策。

（3）考察工程所在国近年来主要生产和生活资料的价格浮动趋势，了解该国进口物资和设备的基本情况。

（4）考察工程所在国近年来建筑市场的发展状况，国际承包公司和当地公司承包工程的价格水平和质量体系，了解争议的解决办法。

（5）调查了解投标项目的业主情况，了解其信誉情况。

（6）认真研究招标文件的一般合同条件和特殊条件，与国际通用合同进行比较分析，重点研究合同条件中的支付、税收、外汇和价格调整等条款。

（7）调查建设项目所在地的社会环境状况。

（8）调查投标项目的现场条件，包括外部条件、地形、地质、水文、气象等环境条件，特别是建设地区的自然灾害历史。

（9）工程项目情况调查。工程项目情况调查主要是看工程项目本身的具体情况如何，内容主要包括：工程性质、规模、发包范围；工程的技术规模和对材料性能及工人技术水平的要求；对总工期和分批竣工交付使用的要求；工程所在地区的气象和水文资料；施工场地的地形、土质、地下水位等情况；工程项目的资金来源和业主资信情况；对外国承包商和本国承包商有无差别待遇；工程价款的支付方式，外汇所占比例；业主监理工程师的资历和工作作风；等等。

需要特别注意的是，风险的危害程度是可以转化的，承包商的任何疏忽大意，都会使一般危害性的风险转化为致命性的风险。风险分析要实事求是，防止偏颇之见。

（二）风险防范

回避风险的最好方法是承包商不要介入认为存在致命危险的国际工程项目，或者干脆放弃承包机会。

1. 抑制风险

对存在一般风险的工程项目，承包商在决定投标时要考虑采取各种措施以减少风险实现的概率和经济损失的程度。

（1）认真考察工程所在国的宏观条件和外部条件。重视项目投标阶段对业主提供的现场数据、业主要求的信息资料的分析、核查，力求在投标阶段与业主就此类问题进行澄清。

（2）对投标项目进行具体调查。重视项目投标阶段对项目地质条件、水文条件、项目所在地气候条件等的调查，力求在投标阶段对上述情况有充分的了解，并在项目策划、投标报价以及设计方案中予以充分考虑。

2. 签订一个对自己有利的合同

（1）增加投标报价。充分理解总价包干价格模式可能带来的风险，在投标报价中充分考虑各种价格风险因素，即承包商通过适当地增加建筑材料价格、不可预见系数从而提高报价来弥补风险造成的损失。

（2）争取合理的合同条款。合同谈判时，在识别上述风险的前提下争取对我方最为有利的合同条件，如最大限度地争取固定总价前提下合同调价的可能性（汇率风险、物价波动风险、立法变动风险、物价等），最大限度地减少承包商所应承担的合同项下的风险（不可预见的物质条件风险、严重不利气候风险、业主提供的业主要求及信息资料不准确的风险等），在合同条款中设置风险上限（延期损害赔偿上限、合同项下承包商责任上限）等。特别是支付条款，如果当地货币属于软通货，应尽量争取较高的自由外汇支付比例，以减少外汇波动带来的不利影响。

3. 减少风险的预防措施

在工程实施阶段，积极地与各工程东道主之间进行税收合作，为了工程的正常建设，要求其提供一系列的战略合作协议作为支持。此外，承包商必须密切注意风险发生和发展的征兆，及时采取防范措施。中方的建设人员也应当对国外复杂的情况进行及时掌握，对于不能处理的问题要与各方进行积极的沟通，保障企业在经济方面的工程利益不受各方面因素的影响。

（三）风险转移

1. 投保的风险转移

承包商可以通过向保险公司投保，利用保险方式来最大限度地避免风险，将风险转移给保险公司承担。虽然以交纳保险费为代价，但保险费可以计入成本，损失是很小的。国际承包工程常见的保险有：

（1）工程保险。

（2）第三者责任险。第三者责任险以被保险人的法律责任为限，只有当被保险人依法应对其受害者承担赔偿责任时，保险公司才予以办理赔款，赔偿金额以实际损失金额和政府的规定为准。例如，投保设计责任险以降低设计工作可能导致的风险。

（3）人身意外险。合同条件一般都规定承包商对施工人员进行人身意外保险。保险金额按所在国劳工法和社会安全法确定。

（4）机动车辆险。有些国家对于各种车辆是强制实行保险的。

（5）货物运输险。凡属于离岸价（Free on Board，FOB）或成本和费用（Costand and Freight，C&F）价格条件下的进口合同，货物运输均由买方负责保险。

（6）投标保证保险和履约保证保险。投标保证保险是指投标人的义务，履约保证保险是招标人的义务，两者都是在招标进行时办理，都应有保单和银行出具的保函。

（7）社会福利保险。有些国家强制规定，承包商必须对本国和外籍雇员以及工人投社会福利保险，但承包商必须注意本国职工双重保险的损失。

2. 分包和转包

对某些无法预知的工程风险，可以在法律及合同允许的前提下采取将部分工程分包给专业分包商并要求其以提供担保的方式来转移风险。承包商通过工程分包和转包，将一部分风险转移给分包商和转包商，需注意的是"母公司中标、子公司施工"属于转包。按照国际惯例，主合同文件中的各项合同条件对分包商、转包商具有同样的约束力，同时要求他们提供履约保函、工程保险单以及扣留一定的保险金等，使分包商和转包商分担一部分相应的风险。这是国际通用的转移风险的方式。

四、国际工程市场风险案例分析

（一）项目介绍

中东地区某大型炼油化工一体化工程是我国企业作为总承包商与当地工程公司组成联合体承担的具有世界级规模的项目，工程包括1200万t蒸馏、300万t加氢裂化等10套炼油装置，200万t乙烯、80万t聚乙烯、55万t聚丙烯等8套化工装置以及公用工程。项目计划对现有炼油厂进行扩容和适应产品升级的改建，主要处理当地混合原油，使新的炼化设施比旧厂的生产能力提高70%。项目采用了世界最先进技术，炼油产品全部达到欧Ⅳ标准，化工产品大部分为高性能产品，总投资近30亿欧元，工期为52个月。通过激烈的国际竞争，包括我国企业在内的由三家公司组成的SOS联合体获得了EPC总承包，负责前端工程设计（Front End Engineering Design，FEED）完善、初步设计、详细设计、设备和材料采购、施工安装、预试车和试车服务。本案例重点介绍项目级风险管理的实施情况。

（二）项目风险管理

鉴于中东地区政治局势与经济形势的不稳定因素，项目的进度风险不断增加，承包商面临罚款与索赔的威胁。业主与合作方同时要求项目引进全面风险管理机制，对项目的全过程实施风险管理。在项目管理委员会的支持下，SOS 联合体成立了下属项目管理中心的风险管理部，以及控制部、采购部、预算部等职能部门。由于项目规模大、涉及部门多，虽然对业主而言是一个项目、一个承包商，可是按照联合体项目管理模式运作，三个公司所有人员与部门又要有三倍的无形界面。

1. 风险管理组织机构

根据图 2-1 所示的国际工程风险管理框架，SOS 项目联合体在其总体项目管理机制内嵌入了风险管理组织架构，如图 2-2 所示。

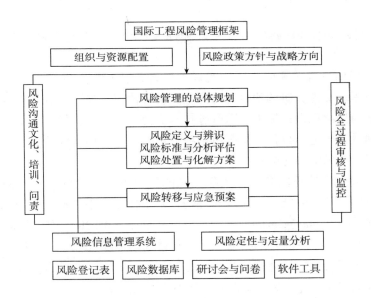

图 2-1　国际工程风险管理框架

工程风险管理的总体框架通过以下主要岗位职责与任务可以实现：

（1）风险管理与监控指导委员会。作为项目风险最高决策机构，风险管理与监控指导委员会是项目风险管理的决策层，主要负责项目风险政策方针的制定与战略决策，同时保证风险管理资源的配置与组织机构的建立。该机构由 SOS 项目联合体督导委员会任命一名主任，主任是 SOS 项目联合体成员所在公司的总裁或副总裁级别人员，成员由项目总经理、风险经理和主要 EPC 部门经理组成，直接向 SOS 项目联合体督导委员会汇报。

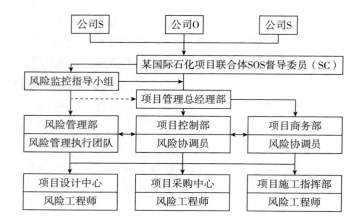

图 2-2 项目 SOS 联合体在其总体项目管理机制内嵌入风险管理组织架构

（2）风险管理部。风险管理部是风险管理的执行层，完成项目风险管理的总体规划与程序文件，协调项目各部门风险管理流程与界面，保证风险管理工作的有效实施与持续反馈；提供风险管理技术支持，监控项目风险状况与更新，整理风险管理月报与总结报告；组织协调项目重大风险评估会议等；协调风险管理的沟通、培训与风险文化的建立。

（3）风险管理执行团队。在风险经理的领导下，风险管理执行团队按照实施流程（见图 2-3）开展项目风险管理的日常工作，其中包括：以国际项目管理知识体系（Project Management Body of Knowledge，PMBOK）中的风险管理知识体系为方法论，建立风险管理指南、流程与计划的风险管理手册等风险管理实施文件，应用基于风险的安全管理技术和方法体系（Risk Based Supervision，RBS）开展风险辨识工作，建立风险管理信息系统和应用软件。

（4）风险协调员与风险工程师。作为各业务部门的风险管理专家，配合风险管理部协调风险管理工作，主要工作是辨识、分析与处置所发现的风险，确定风险提交者（Risk Submitter）与风险责任人（Risk Owner）。

2. 项目主要风险与处置

（1）汇率风险。项目谈判始于 2004 年，项目金额大、工期长，主要装置供应商来自欧美，汇率风险是工程的重大风险之一。由于项目初期充分考虑了汇率的影响，在合同中采用缓和货币模式，以欧元为主，对国内银行采用外汇贷款模式，有效地规避和缓解了因美元对于人民币贬值所带来的损失。

（2）政治风险。美国对中东地区的战争威胁导致项目面临重大的政治风险，其主要表现形式之一为供货商由于恐惧经济制裁与中东地区的战争，拖延项目供

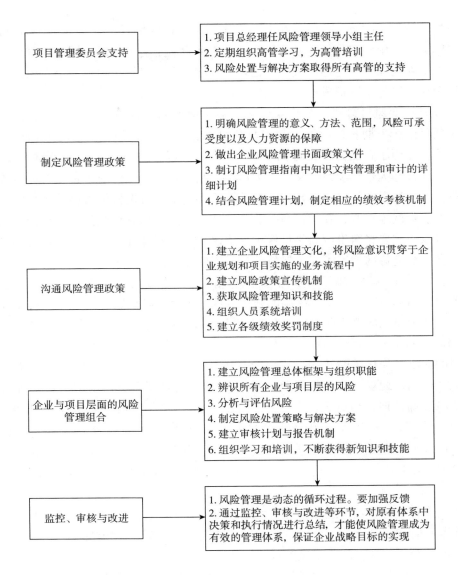

图 2-3　风险管理计划实施流程

货合同签约或提高付款条件等；投资商或其他项目合作方也担心项目资金的安全性和银行信用证的有效性等。政治风险在项目中始终存在，项目联合体通过风险分析与评估，认为采购风险增加，通过协商由业主负责部分大型设备的供应，虽然客观上减少了合同额，但是有效地规避了难以控制的设备安装与交付的风险。风险与机遇并存，项目中该风险所带来的机遇是可以充分利用的。例如，业主原来坚持首选欧美的设备，但是在欧美供应商不积极的情况下为了保证项目进度，最终同意选择中国和其他国家的供应商，不但解决了进度问题，同时也降低了成本。中国在全球性的金融危机中是比较平稳和安全的市场，项目资金也通过中资银行运作，降低了融资成本，并保证了对我国企业项目支付的安全性。

（3）主要原材料涨价与短缺风险。中东地区的工程市场比较活跃，工程总承包项目由于工期长，对原材料市场价格的依赖性比较强，受国际原油市场影响，项目经历了石油价格在每桶 140～150 美元的浮动；作为主要工程材料的钢材价格的大起大落是项目的又一重大风险。我国企业在设计中比较习惯凭经验和估算，对工程量和钢材规格与尺寸的计算不够精细，对钢材价格浮动带来的成本影响不能很好地控制，在价格高时非常被动。因此，在应对主要原材料价格风险时，可以与主要材料供应商签订保护伞协议，预付部分订金，选择多种备用渠道或者在资金允许的情况下对关键特殊材料做好储备。

（4）施工风险。施工阶段所暴露的风险主要是最能够反映企业项目风险管理能力的内部风险，详细、准确的施工管理计划是风险识别与规避的主要途径与方法。在项目入场施工阶段，其风险主要通过健康、安全与环境（Health Safety and Environment，HSE）体系管理。我国企业在项目中严格遵照业主与国际工程公司的要求，强化风险管理意识，与合作各方密切配合，建立了完善的 HSE 风险管理机制，配置了合理的资源，其中 HSE 部门管理人员占全部项目管理人员的 20%，高峰期达到 600 余人。在项目工期内，公司每年组织 50 次 HSE 培训，参加人数超过 5000 人；用于员工的个人防护装备（Personal Protection Equipment，PPE）的费用为 1000 美元/人。正是由于我国企业对风险管理意识的重视与培养，项目在一年中取得 3000 万工时零事故的优异成绩，受到业主的嘉奖。

3. 风险管理信息化

风险管理部开发了适应工程项目运作的风险管理信息系统，目的在于对潜在的风险及时辨识、上报与化解重大风险，同时引入风险管理软件 Pertmaster 对辨识出的风险进行初步的定量风险分析，从而对风险在进度与成本上的影响有更实际、更客观的判断。在推进风险管理的三年中，整个项目团队的风险防范意识显著提高，项目整体抵抗风险的能力加强，特别是锻炼了风险管理队伍，企业级风险管理的经验正在向其他境外项目推广。

（三）经验总结

在境外大型工程项目中有组织、有大量资源投入以及能系统地建立风险管理的企业与项目并不多见，案例中我国石化企业在中东地区实施的项目是一个良好的开端，企业也因成功实施风险管理而获得了欧美知名工程公司的尊重与认可。

现将该项目经验总结如下：

（1）境外工程项目风险管理应用的最佳时机是投标报价阶段，一些企业与项目不愿意承担或不能承受的风险可以通过合同形式转移，也可以通过成本价格的形式体现在合同报价中。该项目是在工程开始一段时间以后才实施风险管理的，相对资源的投入和磨合的时间又较长，所以起到的作用比较有限。

境外项目的主要风险包括企业对国外项目综合情况的生疏、对业主与合作伙伴的沟通障碍以及项目人员本身素质不高等，这些项目软竞争力远比项目管理的技术能力与资金实力更为重要，项目软竞争力是我国企业更应该重视的项目管理能力。境外项目的主要风险还有汇率风险、美国对中东地区的控制与战争威胁而导致的政治风险、主要原材料涨价与短缺风险、施工风险。

（2）境外项目风险管理必须融入项目管理体系，而细致化、准确化的项目管理是风险管理量化分析的基础。例如，项目中经常出现设备采购延期的风险，对此应该落实到具体设备型号，找出受影响的工作分解结构（Work Breakdown Structure，WBS）作业，从而分析该风险对项目进度和成本的敏感度，找到化解风险的方案与处置办法。项目风险管理只有在精细化项目管理的基础上才能够实施。

（3）项目管理软件应用复杂而且功能并不成熟，要求人力与技术资源的投入较大，将适用于金融体系的风险模拟与定量分析方法应用到工程项目中也有很大的局限性。该项目在前期过多地依赖风险管理软件的开发与信息化的实施，事实证明风险管理软件能够发挥的作用有限。

（4）项目风险管理作为一种新的管理模式，需要进行持续的培训与不断的应用反馈。该项目的风险管理经验成功地应用到了其他类似的工程项目投标报价中，并对这些项目的完成起到了积极的推动作用。

（5）风险与机遇共存，在发现与管理风险的同时也要抓住风险所带来的机遇，变不利为有利。

（四）　我国企业与国际工程公司在风险管理方面的差距

在国际市场竞争异常激烈的工程领域，我国企业在合作或独立承包工程项目的过程中与国际顶级工程公司相比，项目管理能力和总承包能力的差距体现在精细化管理与实施落地方面，风险管理方面的瓶颈与缺陷主要体现在以下几个方面：

（1）风险管理人才不足，目前仍然是边学习边工作。缺乏足够的持有职业技术认证的专业岗位人员，需要花费大量精力和时间通过国际业主或国际工程公司的认证程序。

（2）与国际工程公司的主要区别和差距体现在风险管理体系实施执行力和规章落实的深度方面，例如，在进度和成本受到特别关注与项目经理感到压力的某些阶段，价值观受利益驱使，往往忽略"安全第一"的优先原则。

（3）风险管理体系资源缺乏足够投入，主要是各业务单元和部门的风险与安全管理人员不到位，培训不能普及到每位员工，并且不能持续。

（4）风险管理体系执行力度不够，不能通过业主的验收，进而影响大型项目的收尾工作，使工期延长，合同不能关闭，款项不能及时收回。

我国企业在境外承担国际工程项目的步伐逐渐加快加大，大多数企业主观上非常重视项目风险管理技术在国际工程中的应用，然而有些企业还缺乏建立国际工程项目风险管理机制与知识体系的能力，亟须加强工程项目风险管理实用技术的引进、项目风险管理核心人才的培养与项目经验的总结。在全球化经济的大环境下，境外国际工程是高风险项目，主要体现在中国公司独立或以联合体形式承包大型国际项目时所存在的不确定性和可能带来影响项目盈利目标实现的风险。目前，国际工程的业主、金融投资机构与国际工程公司在招投标时就要求企业必须具有工程项目风险管理的机制、体系、人才团队、风险管理规程与实施执行能力。因此，驾驭国际工程项目风险的能力逐渐发展成为我国企业"走出去"的核心竞争力。

复习与思考

（1）什么是国际工程承包？它有哪些特点？

（2）国际工程市场有何新特点？

（3）你认为中国开拓国际承包市场应做好哪些工作？

（4）简述国际工程承包的工作程序，根据你的理解，在各阶段业主和承包商的核心工作是什么？

（5）国际工程的管理层次和各部分的主要工作内容是什么？

（6）国际工程承包中，承包商应处理好的主要关系有哪些？如何处理好这些关系？

（7）国际工程管理应该注意哪些问题？

第三章　国际工程招标

第一节　国际招标

国际工程招标是以业主为主从事的活动，是整个国际工程承包能否成功进行的基础。

国际工程招标根据其招标范围的不同可分为以下几种：

（1）全过程招标。这种方式通常是指"交钥匙"工程招标，招标范围包括整个工程项目实施的全过程，其中包括勘察设计、材料与设备采购、工程施工、生产准备、竣工、试车、交付使用与工程维修。

（2）勘察设计招标。招标范围为完成勘察设计任务。

（3）材料、设备采购招标。招标范围为完成材料、设备供应及设备安装调试等工作任务。

（4）工程施工招标。招标范围为完成工程施工阶段的全部工作，可以根据工程施工范围的大小及专业不同实行全部工程招标、单项工程招标、分项工程招标和专业工程招标等。

第二节　国际工程招标的相关问题

一、国际工程招标方式

（一）国际竞争性招标

国际竞争性招标（International Competitive Bidding，ICB）亦称公开招标

（Open Bidding），它是一种无限竞争性招标，是指招标人通过公开的宣传媒介（报纸、杂志等）或相关国家的大使馆发布招标信息，使世界各地所有合格的承包商（通过资格预审的）都有均等的机会购买招标文件进行投标，其中综合各方面条件对招标人最有利者可以中标。

国际竞争性招标在国际范围内采用广泛公开的公平竞争方式进行，凡是愿意参加投标的公司，都可以按通告中的地址领取（或购买）资格预审表格及相关资料。只有通过资格预审的公司才有资格购买招标文件和参加投标。在招标文件规定的日期内，在招标机构决策人员和投标人在场的情况下当众开标。各投标人的报价和投标文件的有效性均应公布，并由出席开标的招标机构决策人在各承包商的每份标书的报价总表上签字，以示有效，且在决标前任何人不得修改报价。审议投标书和报价以及决标按事先规定的原则进行，公平合理，无任何偏向，对所有通过资格预审的承包商一视同仁，根据其投标报价及评标的所有依据，如工期要求，可兑换外汇比例（指按可兑换和不可兑换两种货币付款的工程项目），投标商的人力、财力和物力及拟用于工程的设备等因素进行评标和决标。采用这种方式招标，一方招标，多方投标，形成典型的买方市场，最大限度地挑起投标人之间的竞争，使招标人有充分的挑选余地，取得最有利的成交条件。

国际竞争性招标是目前世界上最普遍采用的成交方式，凡利用世界银行或国际开发协会贷款兴建的项目，按要求都必须采用国际竞争性招标的方式，即 ICB 方式招标。世界银行认为只有通过 ICB 方式招标才能实现三 E 原则，即效率（Efficiency）、经济（Economy）、公平（Equity）。由于这三个名词的第一个英文字母均为 E，故被称作三 E 原则。采用这种方式，业主可以在国际市场上找到最有利于自己的承包商，无论在价格和质量方面，还是在工期及施工技术方面都可以满足自己的要求。由于国际竞争性招标的条件是由招标人决定的，故订立最有利于业主，有时甚至是很苛刻的合同条件也理所当然。特别是目前国际承包市场基本上是买方市场，就更是如此。

国际竞争性招标的特点是公开选标，受公众监督。总的来说，这种做法较其他方式更能使承包商折服。尽管在评标、选标工作中不能完全排除种种不光明正大的行为，但比较其他方式，国际竞争性招标毕竟因为影响大、涉及面广，当事人考虑影响不得不有所收敛等原因而显得比较公平合理。国际竞争性招标的不足之处在于工作的准备阶段耗时长，人力、物力支出较大。

国际竞争性招标的适用范围如下：

1. 按资金来源划分

根据工程项目的全部或部分资金来源，实行国际竞争性招标主要适用于以下情况：

（1）由世界银行及其附属组织国际开发协会和国际金融公司提供优惠贷款的工程项目。

（2）由联合国多边援助机构如国际工发组织和地区性金融机构如亚行提供援助性贷款的项目。

（3）由某些国家的基金会如科威特基金会和一些政府如日本政府提供资助的工程项目。

（4）由国际财团或多家金融机构投资的工程项目。

（5）两国或两国以上合资的工程项目。

（6）需要承包商提供资金，即带资承包或延期付款的工程项目。

（7）以实物偿付（如石油、矿产、化肥或其他实物）的工程项目。

（8）发包国有足够的自有资金但自己无力实施的工程项目。

2. 按工程的性质划分

按工程的性质，国际竞争性招标主要适用于以下情况：

（1）大型土木工程，如水坝、电站、高速公路等。

（2）施工难度大，发包国在技术或人力方面无实施能力的工程，如工业综合设施、海底工程、核电站等。

（3）跨越国界的国际工程，如非洲公路、连接欧亚两大洲的陆上贸易通道。

（4）超级现代规模的工程，如拉芒什海底隧道、日本的海下工程等。

（二）国际有限招标

国际有限招标是一种有限竞争性招标，与国际竞争性招标相比有一定的局限性，即对参加投标的人选有一定的限制，不是所有对发包项目有兴趣的承包商都有机会投标。限制条件和内容各有差异。国际有限招标包括以下两种方式：

（1）一般限制性招标。一般限制性招标虽然也是在世界范围内，但对投标人选有一定的限制，其具体做法与国际竞争性招标颇为相似，只是在制标时更强调投标人的资信。采用一般限制性招标方式也必须在国内外主要报刊上刊登广告，只是必须注明是有限招标及对投标人选的限制范围。

（2）特邀招标。特邀招标即特别邀请性招标，采用这种方式时，一般不在报刊上刊登广告，而是根据招标人自己积累的经验和资料或由咨询公司提供的承包商名单，从中选取承包商。如果是世界银行或某一外国机构资助的项目，招标人在征得资助机构的同意后对某些承包商发出邀请。

招标人对应邀人进行资格预审后，再通知其提出报价，递交投标书。这种招标方式的优点是经过选择的承包商在经验、技术和信誉方面都比较可靠，基本上能保证招标的质量和进度。这种招标方式的缺点在于发包人所了解的承包商的数量有限，在邀请时很有可能漏掉一些在技术上和报价上有竞争能力的后起之秀。为弥补此项不足，招标人可以编辑相关专业承包商的名录，摘要其特点，并及时了解和掌握新承包商的动态和原有承包商实力发展变化的信息，不断对名录进行调整、更新和补充，以减少遗漏。

国际有限招标是国际竞争性招标的一种修改方式，通常适合以下情况：

（1）工程量不大、投标商数量有限，或有其他不宜进行国际竞争性招标的项目，如对工程有特殊要求的项目。

（2）某些大型复杂且专业性很强的工程项目，如综合的石化项目，可能的投标者很少，准备招标的成本很高。为了节省时间和费用，还能取得较好的报价，招标可以限制在少数几家合格企业的范围内，以使每家企业都有争取合同的较好机会。

（3）由于工程性质特殊，要求具有专门经验的技术队伍和熟练的技工，以及专用的技术装备，只有少数承包商能够胜任。

（4）由于工期紧迫或保密要求及其他原因不宜公开招标。

（5）工程规模太大，中小型公司不能胜任，只好邀请若干家大型公司投标的项目。

（6）工程项目招标通知发出后无人投标或投标商的数量不足法定人数（至少三家），招标人可再邀请少数公司投标。

（三）议标

议标亦称谈判招标（Negotiated Bidding），又称委托信任标。议标属于一种非竞争性招标，严格地讲不算一种招标方式，只是一种"谈判合同"。最初，议标的习惯做法是由发包人物色一家承包商直接进行合同谈判，一般为一些工程项目造价过低，不值得组织招标；或由于其专业被某一家或几家公司垄断；或工期紧迫不宜采取竞争性招标；或招标的内容是关于专业咨询、设计和指导性服务、专用设备的安装维修；或属于政府协议工程等情况下，才采用议标方式。

随着承包活动的广泛开展，议标的含义和做法也不断地发展和改变。目前，在国际承包实践中，发包单位已不再是与一家承包商议标，而是同时与多家承包商进行谈判，最终无任何约束地将合同授予其中一家，无须优先授予合同报价最低者。

议标带给承包商的好处较多：第一，承包商不用出具投标保函，议标承包商无须在一定期限内对其报价负责。第二，议标竞争性小，竞争对手不多，因而缔约的可能性大。议标对发包单位也有好处：发包单位可以不受任何约束，可以按其要求选择合作对象，尤其是当发包单位同时与多家议标时，可以充分利用议标承包商的弱点，以此压彼；利用承包商担心其他对手抢标、成交心切的心理迫使其降价或降低其他要求条件，从而达到理想的成交条件。

当然，议标毕竟不是招标，竞争对手少，有些工程由于专业性过强，议标的承包商常常是"只此一家，别无分号"，自然无法获得较为理想的报价。

同时，我们应充分地意识到议标常常是获取巨额合同的主要手段。综观十年来国际承包市场的成交情况，在国际上 225 家大承包商（1991 年前为 250 家）中，名列前十名的承包商每年的成交额约占世界总发包额的 40%，而他们的合同 90%是通过议标取得的，可见议标在国际发包工程中占有重要地位。

采用议标形式，发包单位同样可以采取各项可能的措施、运用特殊的手段挑起多家潜在承包商之间的竞争，当然这种竞争不像招标那样必不可少或完全依照竞争法规。参加议标而未中标的承包商任何时候都不得以任何理由要求报销其为议标项目产生的费用。即使发包单位接受了某议标承包商的报价，但上级部门拒不批准并且与另一家报价更高的承包商缔约，被拒绝的承包商也无权索取赔偿。

议标合同谈判方式和缔约方式没有什么特殊规定，发包单位不受任何约束。合同形式的选择，特别是合同的计价方法，采取总价合同还是单价合同，均由项目合同负责人决定。

议标通常在以下情况下采用：

（1）以特殊名义（如执行政府间协议）缔结的承包合同。

（2）按临时价缔结且在业主监督下执行的合同。

（3）由于技术需求或重大投资原因只能委托特定承包商或制造商实施的合同。

这类项目多是由提供经济援助的国家资助的建设项目，大多采用议标形式，由受援国的有关部门委托给供援国的承包公司实施。这种情况下的议标一般是单项议标，且以政府协议为基础。

（4）属于研究、试验或实验及有待完善的项目承包合同。

（5）项目已付诸招标，无中标者或没有理想的承包商。在这种情况下，业主通过议标，另行委托承包商实施工程。

（6）出于紧急情况或紧迫需要的项目。

（7）秘密工程，国际工程。

（8）已为业主实施过项目且已取得业主满意的承包商重新承担技术相同的工程项目，或原工程项目的扩建部分。

按议标方式缔约的项目并不意味着不适合于采用其他方式招标，要根据招标人的主客观需要来决定。凡议标合同都需要经过主管合同委员会批准。议标合同的签字程序、合同批准通知书、规定期限及相应的手续，以及缔约候选公司的权力放弃等与招标合同相同。

（四）其他招标方式

1. 两阶段招标（Two Stage Bidding）

两阶段招标的实质是一种无限竞争性招标和有限竞争性招标的结合，亦即国际竞争性招标和国际有限招标结合起来的招标方式。应该是第一阶段招不带报价的技术建议，第二阶段招标人向在第一阶段提高技术建议的投标人提供招标条件，招标人按要求提高包括最终技术方案和投标报价的投标文件。

两阶段招标适用于以下三种情况：

（1）招标工程的内容尚处于发展阶段，需要在第一阶段招标中博采众长，进行评价，选出最新最优方案，然后在第二阶段邀请被选中方案的投标人进行详细的报价。

（2）在某些新兴的大型项目的承发包之前，招标人对此项目的建造方案尚未最后确定，这时可以在第一阶段招标中向投标人提出要求，就其最擅长的建造方式进行报价，或者按其建造方案报价。经过评价，选出其中最佳方式或方案的投标人再进行第二阶段的按具体方式或方案的详细报价。

（3）一次招标不成功，没有在要求极限以下的报价，只好在现有基础上邀请若干家较低报价者再次报价。

2. 保留性招标

有些国家为了保护本国承包商的利益，将原来适于 ICB 方式招标的工程留下一部分专门给本国承包商。这种方式适用于资金来源是多渠道的，如世界银行贷款加国内配套投资的项目招标。

3. 地区性公开招标

由于资金来源属于某一地区组织，如阿拉伯基金会、地区性开发银行贷款等，限制属于该组织的成员国才能参加投标。

4. 排他性招标

在出口信贷或双边贷款条件下，贷款国要求借款国在其贷款工程发包时排除第三国的承包商，甚至借款国的承包商与第三国承包商合作投标也在排除之列。

5. 平行招标

平行招标亦称分项招标，是指业主根据项目的具体情况把一个较大的工程分成若干个互相联系的子项工程，同时进行单独招标。适用于技术层次多、设备供应范围广的大型项目的招标。

6. 多层次招标

指大型项目在招标结束后，中标人即总包商在征得业主同意的情况下，以招标人的身份将工程的一部分转包给其他专业承包商即二包商，从而形成多层次的招标。在这种情况下，总包商对转包出去的工程仍然承担责任。

7. 电子招标

电子招标是以数据电文形式开展电子招标投标活动，推进交易流程、公共服务、行政监督电子化和规范化，以及招标投标信息资源互联共享。电子招标可自动筛查不同投标文件是否由同一台电脑制作；自动计算汇总各项评分，辅助评审专家判断是否围标串标；各环节全程留痕，所有资料自动归档，全程追溯，能做到动态监控、实时预警、智能辅助、全程记录。此外，电子招标投标交易平台建设和运营机构应当确保平台的安全性、保密性和可靠性，符合国家规定的技术规范和监督管理要求。我国也规定，除特殊情形外，依法必须进行招标的项目应当采用电子招标投标方式。

在中国，电子招标投标方式尚不完善，特别是第三方电子招标平台。在电子招标投标交易平台上，交易主体是招标人和投标人。招标代理机构和评标委员会接受招标人的委托或组建，为招标投标活动提供服务；客体是招标项目，是招标人和投标人交易的标的。此外，招标投标交易平台的运行还包括其运行服务、技术支持单位，以及依法对平台运行实施监督的行政机构。

以上是国际工程招标的主要方式，适用于政府工程或某些金融机构贷款的工程项目。如果是私人工程准备采用招标方式选择承包商，也可以借鉴使用。

招标方式的选择是招标工作的首要环节，确定招标方式时要对项目的资金来源、项目的自身特点（如是军用还是民用、是公共项目还是私人项目、项目的规模、需求的紧迫程度等）做综合分析，在不违背招标法规要求的前提下，选择对自己最有利的招标方式，以确定最理想的承包商。

二、国际工程招标合同类型

按照计价方式的不同，国际承包工程合同可以分为总价合同、单价合同和成本加酬金合同三种类型。

（一）总价合同

总价合同是指支付给承包商的款项在合同中是一个总价，在招投标时要求投标人按照招标文件的要求报出总价，并完成招标文件规定的全部工作。采用总价合同时，业主应提供详细的规划、图纸和技术规范；提供足够的有施工专长的监督人员（自有的或雇用的均可）；拥有从事规划、预算、施工方案研究的雇员或咨询人员；具有良好的财务能力及对该项目的支付能力。

采用总价合同的主要优点是：

（1）由于承包商投入的资金存在风险，承包商会努力降低成本。

（2）选择承包商的程序比较简单。

（3）选定承包商的原则比较客观，通常采用最低标价法。

（4）投标时可确定最终价格（假设不发生图纸和规范的变更或不可预见的情况）。

（5）会计与审计的费用较低。

总价合同分为固定总价合同和可调值总价合同。

固定总价合同是指业主和承包商以有关资料（图纸、有关规定、规范等）为基础，就工程项目确定一个固定的总价，这个总价一般情况下不能变化，只有当设计或工程范围发生变化时，才能更改合同总价。对于这类合同，承包商要承担设计或工程范围内的工程量变化和一切超支的风险。

可调值总价合同中的可调值是指在合同执行过程中，由于通货膨胀等原因造成的费用增加，可以对合同总价进行相应的调整。可调值总价合同与固定总价合同的不同之处在于：固定总价合同要求承包商承担设计或工程范围内的一切风险，可调值总价合同则对合同实施过程中出现的风险进行了分摊，即由业主承担通货膨胀带来的费用增加，承包商一般只承担设计或工程范围内的工程量变化带来的费用增加。

企业投资项目的工程总承包宜采用总价合同，政府投资项目的工程总承包应当合理确定合同价格形式。采用总价合同的，除合同约定可以调整的情形外，合同总价一般不予调整，建设单位和工程总承包单位可以在合同中约定工程总承包的计量规则和计价方法。依法必须进行招标的项目，合同价格应当在充分竞争的基础上合理确定。

（二）单价合同

单价合同是国际工程承包中最常用的一种计价方式，其特点是根据工程项目中确定的所有单项的价格和工程量计算合同总价，通常是根据估计工程量签订单价合同。单价合同适用于工程项目的内容和设计指标不十分确定或工程量可能出入较大的情形。

单价合同的主要优点是：

（1）可减少招标准备工作，缩短招标准备时间。

（2）能鼓励承包商通过提高工效等手段节约成本。

（3）业主只按工程量表项目支付费用，可减少意外开支。

（4）结算时程序简单，只需对少量遗漏的单项在执行合同过程中再报价。

（5）对于一些不易计算工程量的项目，采用单价合同会有一些隐患。

单价合同主要有估计工程量单价合同和纯单价合同两类。

估计工程量单价合同是由业主委托咨询公司按分部分项工程列出工程量表及估算的工程量，适用于可以根据设计图纸估算出大致工程量的项目。

纯单价合同是在设计单位还来不及提供设计图纸，或出于某种原因，虽有设计图纸，但不能计算工程量时采用的合同。此时，招标文件只向投标人提供各分部分项工程的工作项目、工程范围和说明，不提供工程量。

（三）成本加酬金合同

成本加酬金合同是一种根据工程的实际成本加上一笔支付给承包商的酬金作为工程报价的合同方式。采用成本加酬金合同时，业主先向承包商支付实际工程成本中的直接费，再按事先议定的方式为承包商的服务支付酬金，即管理费和利润。

这种合同方式适用于某些急于建设而设计工作并不深入的工程项目，由于不具备计算工程单价或总价的条件，只能以估算的工程成本为基础加额外补偿来计价，尤其是一些灾后（或战后）重建工程、涉及承包商专有技术的工程等。采用成本加酬金合同的主要优点是可在规划完成之前开始施工，适用于因不能确定工作范围或规模等原因而无法确切定价的工作。

采用该方式时应注意以下问题：①项目开始施工时，最终成本不能确定。②需要业主的雇员、工程师进行较多的控制成本、记账及审计工作。③业主与工程师应挑选一个熟悉这种合同类型的总承包商，有作为项目组成员进行管理工作的经验，并有良好的会计工作水平。④如果设计发生大的变化，过早地开工会导致延误和额外的开支。

根据酬金的确定方法不同，成本加酬金合同可分为以下几种形式：

（1）成本加百分比酬金合同。成本加百分比酬金合同是指承包商除收回工程实际成本外，还可得到按实际成本的百分比计取的酬金，这个百分比是双方在签订合同时共同商定的。

（2）成本加固定酬金合同。成本加固定酬金合同是指按工程实际成本加上一个双方事先商定的固定不变的数额作为酬金的计价方法。与前一种不同的是，采用这种方式时，酬金不随成本的增减而变动。

（3）成本加浮动酬金合同。成本加浮动酬金合同是指按一定条件计算浮动酬金的计价方法，即业主与承包商事先商定预期酬金水平：当实际成本等于预期成本时，按预期酬金水平支付；当实际成本低于预期成本时，增加酬金；当实际成本高于预期成本时，减少酬金。这种合同方式较前两种方式的最大优点是可以促使承包商降低工程成本。

由于成本加酬金合同方式的竞争性差，而且业主很难控制投资，因此在国际工程承包中很少被采用。

三、国际工程资格预审文件编制

资格预审是国际工程招标中的一个重要程序，对采用国际公开竞争性招标的大中型工程而言，特别是国际金融组织贷款的项目，一般都要对投标人进行资格预审。只有通过资格预审的承包商或供应商才有资格参加投标。

资格预审是指招标人对愿意承担招标项目的投标人在投标前就企业基本情况、财务状况、技术能力、施工经验、社会信誉等方面进行评审，以确定有资格参加投标的承包商名单的过程。

采用资格预审办法的，招标人应当发布资格预审公告、编制资格预审文件。国有资金控股或者占主导地位的依法必须进行招标的项目，招标人应当组建资格审查委员会，按照资格预审文件载明的标准和方法对资格预审申请人的有关信息进行审查。资格审查委员会的组成、成员及其工作应当遵守有关评标委员会及其成员的规定。资格预审结束后，招标人应当及时向资格预审申请人书面告知其是否通过资格预审，并向未通过的招标人告知原因。

资格预审文件的内容应包括资格预审通告、资格预审须知和资格预审申请书的表格。

（一）资格预审通告

资格预审通告的内容包括以下几点：

（1）工程项目名称、建设地点、工程规模、资金来源。

（2）对申请资格预审投标人的要求。主要写明投标人应具备以往类似工程的经验和在施工机械设备、人员和资金、技术等方面有能力执行上述工程的令招标人满意的证明，以便通过资格预审。

（3）业主和招标代理机构（如果有的话）的名称、工程承包的方式、工程招标的范围、工程计划开工和竣工的时间。

（4）要求投标人就工程的施工、竣工、保修所需的劳务、材料、设备和服务的供应提交资格预审申请书。

（5）获取进一步信息和资格预审文件的办公室名称和地址、负责人姓名、购买资格预审文件的时间和价格。

（6）资格预审申请文件递交的截止日期、地址和负责人姓名。

（7）向所有参加资格预审的投标人发出资格预审通知书的时间。

（二）资格预审须知

资格预审须知应包括的内容。

1. 总则

在总则中分别列出工程业主名称、资金来源、工程名称和位置、工程概述（其中包括初步工程量清单中的主要项目和估计数量、申请人有资格执行的最小合同规模以及资格预审时间表等，可用附件形式列出）。

2. 要求投标人应提供的资料和证明

在资格预审通知中应说明对投标人提供资料内容的要求，一般包括以下几个方面：

（1）申请人的身份及组织机构，包括该公司或合伙人或联营体各方的章程或法律地位、注册地点、主要营业地点、资质等级等原始文件的复印件。

（2）申请人（包括联营体的各方）在近三年（或按资审文件规定的年限）内完成的与本工程相似的工程的情况和正在履行合同的工程情况。

（3）管理和执行本合同所配备的主要人员的资历、经验情况。

（4）执行本合同拟采用的主要施工机械设备情况。

（5）提供本工程拟分包的项目及拟承担分包项目的分包商情况。

（6）提供近两年（或按资审文件规定的年限）经审计的财务报表，今后两年的财务预测以及申请人出具的允许招标人在其开户银行进行查询的授权书。

（7）申请人近两年（或按资审文件规定的年限）介入的诉讼情况。

3. 资格预审通过的强制性标准

强制性标准以附件的形式列入。它是在资格预审时对列入工程项目一览表中各主要项目提出的强制性要求，其中包括强制性经验标准（指主要工程一览表中主要项目的业绩要求），强制性财务、人员、设备、分包、诉讼及履约标准等。达不到标准的，资格预审不能通过。

4. 对联营体提交资格预审申请的要求

对于一个合同项目能凭一家的能力通过资格预审的，应当鼓励以单独的身份参加资格预审。但在多数情况下，对于一个合同项目，往往一家不能单独通过资格预审，需要两家或两家以上组成的联营体才能通过，因此在资格预审须知中应对联营体通过资格预审做出具体规定，一般规定如下：

（1）对达不到联营体要求的，或投标人既以单独身份又以所参加的联营体身份向同一合同投标时，资格预审申请都应遭到拒绝。

（2）对每个联营体成员应满足的要求是：①联营体的每个成员必须各自提交申请资格预审的全套文件。②通过资格预审后，投标文件以及中标后签订的合同对联营体各方都产生约束力。③联营体协议应随同投标文件一起提交，该协议要规定联营体各方对项目承担的共同和各自的义务，并声明联营体各方提出的参加并承担本项目的责任和份额以及承担其相应工程的足够能力和经验。④联营体必须指定某一成员作为主办人负责与业主联系。⑤在资格预审结束后新组成的联营体或已通过资格预审的联营体内部发生了变化，应征得业主的书面同意，新的组成或变化不允许从实质上降低竞争力，包含未通过资格预审的单位和降低到资格预审所能接受的最低条件以下。⑥提出联营体成员合格条件的能力要求，如可以要求联营体中每个成员都应具有不低于各项资格要求 25% 的能力，联营体的主办人应具有不低于各项资格要求 40% 的能力，所承担的工程应不少于合同总价格的 40%。⑦申请并接受资格预审的联营体不能在提出申请后解体或与其他申请人联合而自然地通过资格预审。

5. 对通过资格预审投标人所建议的分包商的要求

由于对资格预审申请者所建议的分包商也要进行资格预审，所以如果通过资格预审后申请人对其所建议的分包商有变更时，必须征得业主的同意，否则，对他们的资格预审被视为无效。

6. 其他规定

包括递交资格预审文件的份数、送交单位的地址、邮编、电话、传真、负责人、截止日期；招标人要求申请人提供的资料要准确、详尽，并有对资料进行核定和澄清的权利，对于弄虚作假、不真实的介绍可拒绝其申请；对资格预审者的数量不限，并且有资格参加一个或多个合同的投标；资格预审的结果将以书面形式通知每一位申请人，申请人收到通知后，应在规定的时间内（如 48 小时）回复招标人，确认收到通知，随后招标人将投标邀请函送至每一位通过资格预审的申请人。

7. 附件

资格预审须知的有关附件应包括以下内容：

（1）工程概述。工程概述的内容一般包括：项目的环境，如地点、地形与地貌、地质条件、气象与水文、交通、能源及服务设施等；工程概况，主要说明所包含的主要工程项目的情况，如结构工程、土方工程、合同标段的划分、计划工期等。

（2）主要工程一览表。用表格的形式将工程项目中各项工程的名称、数量、尺寸和规格用表格列出，如果一个项目分几个合同招标，应按招标的合同分别列出。

（3）强制性标准一览表。对各工程项目通过资格预审的强制性要求用表格的形式全部列出，并要求申请人填写满足或超过强制性标准的详细情况。因此，该表一般分为三栏：第一栏为提出强制性要求的项目名称；第二栏是强制性业绩要求；第三栏是申请人满足或超过业绩要求的项目评述。

（4）资格预审时间表。表中列出发布资格预审通告的时间、出售资格预审文件的时间、递交资格预审申请书的最后日期和通知资格预审合格的投标人名单的日期等。

（三）资格预审申请书的表格

为使资格预审申请人按统一的格式递交申请书，在资格预审文件中按通过资格预审的条件编制成统一的表格让申请人填报，这对申请人公平竞争和对其进行评审是非常重要的。申请书的表格通常包括以下内容。

1. 申请人表

申请人表主要包括申请人的名称、地址、电话、电传、传真、成立日期等，如果是联营体，应首先列明牵头的申请人，其次是所有合伙人的名称、地址等，并附上每个公司的章程、合伙关系的文件等。

2. 申请合同表

如果一个工程项目分为几个标段招标，应在申请合同表中分别列出各标段的编号和名称，以便让申请人选择申请资格预审的标段。

3. 组织机构表

组织机构表包括公司概况、领导层名单、股东名单、直属公司名单、驻当地办事处或联络机构名单等。

4. 组织机构框图

组织机构框图主要用框图描述申请者的组织机构，与母公司或子公司的关系，总负责人和主要人员。如果是联营体，应说明合作伙伴关系及在合同中的责任划分。

5. 财务状况表

财务状况表包括的基本数据有注册资金、实有资金、总资产、流动资产、总负债、流动负债、未完成工程的年投资额、未完成工程的总投资额、年均完成投资额（近3年或按资审文件规定的最近年限）、最大施工能力等，还有近3年年度营业额和为本项目合同工程提供的营运资金，正在进行的工程估价，今后两年的财务预算，银行信贷证明，并随附由审计部门审计或由省、市公证部门公证的财务报表，包括损益表、资产负债表及其他财务资料。

6. 公司人员表

公司人员表包括：管理人员、技术人员、工人及其他人员的数量；拟为本合同提供的各类专业技术人员数及其从事本专业工作的年限。对公司主要人员应提供他们的一般情况和主要工作经历。

7. 施工机械设备表

施工机械设备表包括拟用于本合同的自有设备、新购置设备以及租用设备的名称、数量、型号、商标、出厂日期、现值等。

8. 分包商表

分包商表包括拟分包工程项目的名称、占总工程总价的百分数、分包商的名称、经验、财务状况、主要人员、主要设备等。

9. 业绩——已完成的同类工程项目表

业绩——已完成的同类工程项目表包括项目名称、地点、结构类型、合同价格、竣工日期、工期、业主和监理工程师的地址、电话、电传等。

10. 在建项目表

在建项目表包括正在施工和准备施工的项目名称、地点、工程概况、完成日期、合同总价等。

11. 介入诉讼事件表

介入诉讼事件表详细说明申请人或联营体内合伙人介入诉讼或仲裁的案件。

应该注意的是，每一张表格都应有授权人的签字和日期，要求提供的证明等应附在表后。

四、国际工程招标文件的编制

招标文件的编制是招标前期准备工作的关键环节，如果招标文件准备不充分、考虑不周就会影响整个招标过程，出现价格不好、条件不合理、双方权利义务不清、合同执行中"尾巴"多等不良现象，必须认真对待。

招标文件一般应由招标单位编制。大型复杂的项目招标文件编制的工作量很大，招标单位可以委托有权威的技术咨询公司或工程设计公司承担。招标文件是招标单位向承包人提出任务、条件、要求的综合性文件，应该是系统、完整、明了、准确的，它包括了投标人编制报价单所需要的全部资料和要求。在招标文件的编制过程中，业主（招标单位）应及时提供工程的范围、特征及各种有关的技术经济资料，招标文件的繁简是根据工程项目的规模、复杂程度等确定的，少则几十页，多则成百上千页以至几厚本。招标文件通常包括投标人须知、投标书及附件、投标保证书、合同条件（一般的和特定的）、规范和规定、图纸及设计资料附件、工程量表、协议书、项目执行程序等内容。

2020年3月中国施行的《工程总承包管理办法》规定建设单位应当根据招标项目的特点和需要编制工程总承包项目招标文件，主要包括以下内容：①投标人须知。②评标办法和标准。③拟签订合同的主要条款。④发包人要求，列明项目的目标、范围、设计和其他技术标准，包括对项目的内容、范围、规模、标准、功能、质量、安全、节约能源、生态环境保护、工期、验收等的明确要求。⑤建设单位提供的资料和条件，包括发包前完成的水文地质、工程地质、地形等勘察资料，以及可行性研究报告、方案设计文件或者初步设计文件等。⑥投标文件格式。⑦要求投标人提交的其他材料。

（一）投标人须知

投标人须知是指导投标单位如何进行投标的文件。根据联合国工业发展组织推荐的范本，投标人须知应包括下列基本条款。

1. 收标

在取得招标文件以后，有兴趣投标的企业应将承包该招标工程的报价一式×份密封于×年×月×日×时以前交××××（业主地址）×××（业主姓名）。

标书正本应标明"正本"字样，副本应标明"副本仅供参考"字样。在任何情况下，副本均不具有任何法律上的效力。如果正本与副本有不符之处，应以正本的文本为准。标书应符合本须知和在收标日期以前发出的后续合同文件及其修正件或补遗的要求。在业主招标文件中规定的收标截止日期以后收到的投标书，一概不予考虑。

2. 合同条件

合同是招标文件的重要组成部分，它详细规定了业主和承包商的权利、责任和义务、工程师的权限等内容，合同条件分一般的和特定的两种。合同条件是承发包双方经济关系的法律基础，也是承包商据以计算价格的基础，同时又是合同执行中双方发生矛盾时判断是非的依据。合同一经双方签字生效，就具有法律约束力，可以制约双方的行为。

合同条件不能违背缔约双方所属国家的法律，投标人必须彻底读懂读透合同条件，招标人（业主）提出的合同条件也不宜过分苛刻，否则会适得其反，难于达到目的。

承包合同不仅专业性强，而且有行业传统习惯的通常做法，经长期实践，就形成了一系列的标准合同可供参考使用。

目前，在土木工程方面国际上较广泛采用的合同条件有两大类：

第一，适用范围较广的标准合同条件。

（1）《海外工程合同条件》属于土木建筑，附投标书和协议格式，由英国咨询工程师协会和建筑工业出口组编制。它适用于英联邦国家和中东地区。

（2）《土木工程（国际）合同条件》由海牙的 FIDIC 和欧洲国际建筑联合会

（FIEC）编制，得到美国总承包商会（Associated General Contractors of American, AGCA）、美洲国家工业建筑联合会（FIIC）和亚洲及太平洋承包商协会（IFAW-PCA）的同意，适用于世界各地。

（3）《欧洲开发基金建筑条件》由欧洲开发基金（European Development Fund, EDF）编制，适用于欧洲各国资助地区。

（4）欧洲国际建筑联合会编制的连同 ICE 合同条件并用的分包合同形式。

上述（1）、（2）条中合同条件通用性强，且较为公平。招标人可以最大限度地采用国际通用的标准合同条件，它可以保证合同条款应用和解释的一致性，当然也要注意结合项目的具体特点，不宜全盘照搬。

第二，适合于某些国家的合同条件。

目前，很多国家在建筑业发包方面都编制了本国的标准合同条件：如德国的承发包条例、日本的建筑工程标准包工合同条款、美国的承包合同条例等。发展中国家如伊拉克、利比亚、北也门、约旦、科威特、加纳、冈比亚等也根据本国的具体情况，对上述标准合同条件进行了增删和修改，制定了本国在承包工程方面的标准合同范本。这些范本都是结合各国具体情况制定的，比较注重本国的利益。

除土木工程以外，关于承包成套设备供应和安装，以及交钥匙合同、工程咨询人员服务合同、提供技术人员合同等国际上都有合同的范本可供参考。

属于成套设备供应和安装的合同条件有联合国经济委员会编制的：

（1）属于单纯供应成套机械和设备的"出口成套设备条件第 188 号"；

（2）属于单纯安装机械和设备的"在国外安装成套设备和机械的共同条件第 188D 号"；

（3）属于供应机械设备安装的"进出口成套机械设备和安装的共同条件 188A 号"；

（4）属于监督安装（在国外）成套机械的"监督在国外安装成套设备和机械附加条款 188B 号"。

FIDIC 编制的有关设备和安装的合同条件有："国际电气和机械工程（国际）合同条件"包括现场安装、投标格式和协议书格式"拟定大型工业工程合同指南"、联合国工发组织编写的"化肥厂建设交钥匙合同"和"化肥厂成本加费用合同"是目前在这方面的标准合同，有参考价值。

关于工程咨询方面的合同条件，有 FIDIC 编制的《客户与咨询工程师之间的国际协议范本》和《客户与咨询工程师之间的国际协议通则》。世界银行也编制了咨询人员合同。

3. 向投标者解释招标文件

投标人如发现工程说明书、图纸、合同条件中有任何不符或遗漏，或感到文件表述的意图或意义含混不清时，应在投标前及时以书面形式提请工程师予以解释、澄清或更正。提出请求的投标人应按规定的时间自行寄（送）达工程师，且寄（送）达时间不得迟于规定的开标日期前的××天（如 28 天）。

对于投标人的上述要求，只能由工程师以补遗的形式给予有效的答复，业主或工程师不受其他任何雇员或代理人的任何口头说明或解释的约束。

业主或工程师可以在开标日期前发出招标文件的补遗，以修订、修正或更改招标文件的任何部分。每份补遗应分发给招标文件的每一个投标人。

投标人为表示他的标书已考虑到这些补遗，应在每份补遗的副本上签名，这些补遗副本均应纳入投标书的正本，并成为标书的正式组成部分。

4. 投标书的编制和提交

标书正本应以投标人的名义正式签署。标书及其补遗必须全部填妥，所有空白栏都须用墨水或打字清楚地填写，如有添字、改字或删字，应由签署人在每一改动处签名或盖章。

工程量清单和单价表中每一项单价和金额都应该妥善地填在相应栏目中，并在每页末尾写明合计金额，在最后一页写明总计金额。如果任何一项单价与相应的金额不符，则应以单价为准。所有单价和总价都应以××（指定货币名称）或任何其他可完全兑换的货币报价。

每一份标书都应写明投标人的详细营业地址，以负责人常用的签字签名，并写明日期。合伙关系的投标书应列出每个合伙人的全称和地址，并以合伙关系的名义签署，然后由授权代表这一合伙关系承担合同义务的一名或几名合伙人签字。公司的投标书应以公司注册的法定名称签署，然后由总经理或授权代表该公司承担义务的其他人签字，并注明其职务以及公司注册国的名称，盖上经确认证明有效的公司印章。如果业主或工程师有要求，任何一个签字人可以代表合伙关系或公司，提出令人满意的证据。

每一份投标书必须具备本投标者须知所规定的各个项目，才能被认为是完整的。所有的项目和数据资料，都要求用××（语种）语书写。

投标书应直接送达，当面换取书面收据，或者挂号邮寄，但须尽早寄出，以保证在规定的收标时间内寄到。投标书应装在密封的封套内，清楚地写明业主姓名和地址、招标工程项目名称、开标时间。

投标人将标书密封递交以后，可以在自己不受损失的情况下将标书撤回，或予以修改或更正，但这种撤回或改动必须在规定的开标时间以前以书面或电报（电传）向工程师提出。任何口头或电话请求均不予考虑。这种经书面或电报（电传）提请修改或更正的标书正本，将被认为是投标人提交的正式投标书。任何投标人不得在规定的开标时间以后撤回其标书，除非该标书自开标之日起，在××天（如90天）以内未被接受。

5. 业主拒绝投标书的权利

业主可以拒绝任何不符合要求的标书。在上述原则的适用性不受限制的条件下，业主不承担接受最低标价的标书或任何其他标书的义务。业主明确地保留拒绝任何的投标书以及接受任何被认为对业主有利的投标书的绝对权利，而不论该标书中的报价是否最低。只有当投标人接到业主关于接受其投标书的通知后，才能认为该标书已被正式接受。

6. 投标保证书

所有的投标报价都必须附有一份经业主认可的银行出具的投标保证书或一张指定向业主支付的保付支票。投标保证书的担保金额为×××（指定货币名称），或相当于标价的百分之×（如3%或5%）。在对中标者发出接受其投标的通知书后××天（如28天）内或开标后××天（如90天）内未中标者的投标保证书将退还给投标人。

7. 施工现场的勘察

投标人应该在递交投标书之前了解施工场地的地形、地貌、地基条件，完成本工程所必须的工作，材料的种类和数量，进入现场的道路和交通运输工具，港口和火车站的装卸设施，可能需要的临时设施，以及当地有关法律、规章和条例。总之，投标人应亲自取得一切有关风险、意外事故及其他可能会影响其投标报价的各种因素的必要资料。为此，投标人应勘查施工场地并考察周围环境，所需费用由投标人自行负担。

应特别强调的是，投标人有责任事先熟悉上述情况，并在报价中予以充分考虑。

8. 投标的充分条件

投标人的投标报价和在已标价的工程量清单和单价表中所列的费率和价格被认为是正确的和充分的，该费率和价格应包括其根据合同所承担的一切义务和为正当建成及经营管理该工程所必需的一切事务的开支，也就是合同价格（投标报价）是按合同文件规定圆满地履行合同的价格。

9. 更改和备选方案

报价表及其任何附件均不得更改，如有任何更改，该项投标书即不予考虑。但下列情况除外：

如果投标人认为有必要对其投标书提出限制条件或例外情况时，可将此类附加的内容作为一个可供业主选择的建议方案，附上详细的说明、列举理由及其优点和缺点，随同规定的招标文件一起提交。

必须明确在任何情况下，投标人必须完整地填写报价表及其附件。备选的建议方案如果不附填好的报价表，将不予考虑。

10. 投标日期和开标日期的推迟

业主保留推迟投标日期和开标日期的权利，并将向每一个取得招标文件的可能的投标者发出有关任何推迟上述日期的电报（电传）或书面通知。

11. 保密

投标人应将招（投）标文件作为机密处理。此外，某些发展中国家在投标者须知中还有关于对本国承包商给予优惠的规定，即在评标时可允许本国承包商比外国承包商的最低报价增加一个适当的百分数（如7.5%）。换言之，外国承包商只有在其报价比本国承包商报价低7.5%以上时才有可能中标。这样做的目的一是保护本国的承包商；二是促使外国承包商提出更具有竞争性的较低的报价。

（二）投标书及附件

投标书通常是对承发包双方均有约束力的合同的一个组成部分，其主要内容包括：

（1）投标人确认已勘查了工地现场，审阅了图纸、技术规范、工程量清单及合同条款等资料，愿意承包该项工程，投标人确认投标书附件为投标书的组成部分。

（2）投标人保证按合同要求开工和竣工。

（3）投标人保证一旦投标被接受，将按业主要求提交履约保函（保函金额一般为合同总价的10%）。

（4）投标人同意招标文件规定的投标有效期（一般为3个月），并保证在此期间对其投标负责。

（5）投标人对招标人提出的某些义务和责任要求的理解和确认。

投标书附件通常包括总工期、违约罚金总额、保险最低极限、履约保函、工程维护期、质量保留金的百分比（通常为支付金额的5%）及保留金期限、外汇转移比例、支付货币以及货币兑换率等。此外，投标书附件还应包括签发正式验收后的付款期以及投标书格式等。

（三）协议书

协议书是契约的一种形式，是工程承包合同的组成文件，是确定双方对承包工程各自拥有的权利和应承担的义务的文件。由于合同的各种条件（技术和商务）都已分散写在招标的各种文件中（如合同的一般条款和特殊条款、施工说明书、施工规范、图纸及各种表单，有时还包括发包人的招标广告、投标须知以及开标前的各种书面解释、备忘录等），所以协议书就很简单。

协议书的正文中只需写明上述的各种文件为本协议的组成部分，承包人愿意遵照执行即可。这种简单的协议书是国际通行的招标方式的特色，可以节省商谈和起草合同的时间。协议书格式必须先由投标人填写并签字，待投标人中标后，业主再行签字。

虽然协议书本身非常简短，但和附带的其他文件一起组成的承包合同的卷宗丰富而复杂。在法语地区，通常不用协议书形式确定双方的合同权利和义务，这些内容分别写在投标书及合同的各种条款尤其是特别条款中。因此，在法语地区承包，其合同文件中没有协议书。

（四）亲署声明

在法语地区，工程发包人除要求承包商填写投标书外，还要求其亲自签署一份声明，这种声明通常被称为亲署声明。它是一种书面承诺，供发包人对承包人的情况做进一步了解，也是承包商向业主作出的书面保证。

缔约承包商必须在亲署声明中声明其公司的财政状况、经济实力及技术水平等，以使业主相信其能够圆满地完成委托任务；声明其公司不会因工程发包国的有关禁令而倒闭或破产；声明其已向该国税收及社会保险部门履行了缴纳税款和保险费的义务。

亲署声明中必须写上声明人的投标诺言，有时还必须写进法律规定条款。若有分包情况，分包人同样必须向总承包商提交同样性质的亲署声明。除了按一般测查记录付款的特别简单的承包工程以外，凡工程承包合同，不管按何种方式缔约，只要是法语地区发包的，均必须包括亲署声明。

亲署声明除具有约束承包商的作用外，还可以使业主避免接纳未履行法定税收义务或不具备承包资格（如处于破产或清算阶段）的承包商。

亲署声明应根据各国合同法条款制定的招标细则中规定的格式填写。一般情况下，招标材料中均附有格式样本，投标人须按照要求填写。

常见的亲署声明有两种类型：适用于个体企业投标的亲署声明与适用于承包公司投标的亲署声明。

（五）合同条件

合同条件是国际工程招标文件的重要组成部分，其目的在于使投标单位预先明确其在中标后的权利、义务和责任，以便在报价时充分考虑这些因素。

合同条件通常由业主委托咨询机构起草，一般先说明合同所依据的法律及合同文件所用的语言，然后列出合同的主要条款。合同条件分通用条件和专用条件两种。当前应用比较广泛的是 FIDIC 第五个团体编制的《土木工程施工国际通用合同条件》。有些国家采用这种合同条件，将全文复印，发给投标单位；也有的结合本国具体情况，适当增删修订，制定本国的合同条件，摘要或全文印发给投标单位。

1. 通用条件

合同的通用条件是合同双方当事人履约的法律依据，也是项目交易的基础，其主要内容大致可分为七个部分，即一般性条款、法律条款、商务条款、技术条款、权利义务条款、违约惩罚与索赔条款、附件和补充条款。

2. 专用条件

专用条件也称特别说明书，其内容通常是各种具体的条件规定，既包括适用的行政条款，又包括超出行政管理条款或通用条件范围的适用于具体项目的特别条款。专用条件是合同的最关键内容，因为它规定了待实施或待完成项目的实施条件，因此编选时必须备加认真，多数国家都规定了通用格式，供招标单位参照执行。

（六）合同附件格式

除前述五种文件外，招标文件通常还包括若干附属契约格式，这些格式在投标阶段不用填写，只是在决定授予其合同工程之后，再由承包人或其担保人填写并签字盖章，作为合同附件。

这些格式通常包括：

（1）银行出具的履约担保函。

（2）银行出具的预付款归还保函或质量担保保函。

（3）劳务协议书。

（4）运输协议书。

前两种文件在多数地区都必须填写，后两种协议视具体情况而定，在法语地区，通常不用填写合同协议书。至于独联体及东欧地区，则与众不同，它们没有固定的或惯用的格式，而是随发包方的要求而定。

（七）工程量表

工程量表是计算投标报价的基础，直接关系工程成本，因此必须由经验丰富的预算工程师予以审定。国际上大部分招标文件中都附有工程量表作为招标文件的重要组成部分，但也有不附该表只列分部分项工程项目的，须由投标人逐项填列单价。国际上的工程量项目划分，计算方法大多是以英国《建筑工程量标准计算方法》为依据，项目繁多细致，一个工程少则几百项，多则几千项。工程量一般都较准确，即使发现错误，也不允许随便改变。但是，有些招标文件中附有对工程量及项目增加或调整用的表格，以便在工程量有出入或漏项时可以进行补充或调整。此外，在工程量表中还列有"暂定数额"，其中有的列有工程量，有的没有工程量而只需填金额总数。也有的工程量表中的项目没有工程量，但注明只填单价的，这是按实际结算时的备用单价（如土方工程中的淤泥、岩石等不常用单价）。实际上，工程量表及单价表是一份只有工程数量而没有单价的预算表，投标人的主要工作就是在上面逐项填写单价，求得与工程量的乘积，再计算出投标价格。

招标文件中的工程量表随工程设计深度不同也有差别。当项目处于概念设计阶段（初步设计阶段）时，工程量表只是一个概数；当设计达到施工图设计时，这部分则应列出分部分项工程数量。工程量表也要根据合同的形式而设置，如在交钥匙合同中或成本价费用合同中就没有工程量表。工程量表主要适用于总价合同、单价合同的工程招标中。

国际承包工程在实施过程中难免出现工程量的变更，因此在招标时提供的工程量清单通常是概算清单。工程的最后结算按合同规定的单价乘以实际完成的工程量，且以不超过原合同总价的 20% 为限，如果是维修合同则以 50% 为限。

（八）技术文件

招标文件的另一个组成部分是技术文件，通常包括技术规范、图纸及设计资料。招标单位应明文规定在工程实施过程中必须遵循的具体规范和不同工程的做法要求。有些国家根据规范和习惯做法制定出一套施工说明书以代替规范文件。规范文件因工程内容而异，但不管哪类工程，其规范的总则内容基本一样。

通常情况下，规范总则必须包括以下内容：①工程简介。②施工计划，包括工程各部分的相应工期。③对许可证、证书及类似文件的要求。④工程的放线、定位和测量控制。⑤监理工程师的办公设施、必备条件及其检验用具。⑥承包人的工作场地。⑦临时工程。⑧接受工程师监督。⑨现有的公共设施和公用事业的处理措施。⑩施工方法。⑪反映工程进度的照片。⑫禁止承包商发布工程资料及未经工程师同意的与承包工程有关的施工技术详细情况。⑬通信设施要求。⑭工地的清洁工作。⑮急救与医疗服务。⑯实验室的设置与配备。⑰有关的实施标准与法规。⑱供选择的技术方案。⑲承包商的现场设施。⑳竣工图。㉑通信电缆的保护。㉒其他与工程承包有关的特殊要求。

除了具有共性的规范准则外，其他的技术规范文件则视工程内容而定。例如，道路工程通常有土方工程、排水工程、路面处理、混凝土工程、机电设施等施工规范；房屋工程则通常有土方工程、防水、门窗、卫生洁具、给排水、通电照明、油漆玻璃、道路、净化、结构、屋面、贴面等施工要求或规范。

至于作为招标文件而提供的图纸，通常是扩大初步设计阶段的，供投标人报价用。另外，技术文件中还包括若干设计资料附件，这些资料应视具体项目而定，国际上并无统一规定。

招标人对已发出的招标文件进行必要的澄清或者修改的，应当及时以书面形式通知所有招标文件收受人。澄清或者修改的内容可能影响投标文件编制的，应当为编制投标文件预留合理时间。但是，依法必须进行招标的项目，应当在招标文件要求提交投标文件截止时间至少 10 日前通知，其中属于采购标准通用设备、材料的，或者施工技术方案简单、工期较短、季节性强的小型工程的，应当在至少 5 日前通知。该澄清或者修改的内容为招标文件的组成部分。

依法必须进行招标的项目，招标人在发布招标公告，发出投标邀请书、招标文件或者资格预审文件后，除因不可抗力、国家政策变化等导致招标投标活动不能正常进行外，不得擅自终止招标；确需终止招标的，应当向有关行政监督部门备案后，及时在发布招标公告的媒介发布终止公告并说明原因，或者以书面形式通知被邀请的或者已经获取资格预审文件、招标文件的潜在投标人。

招标人终止招标的，依法承担相应责任。

第三节　国际工程招标的有关规定

一、世界银行对招标采购活动的有关规定

世界银行作为一个权威性的国际多边援助机构，具有雄厚的资金和丰富的组织工程承发包的经验，其因处理事务公平合理和组织实施项目强调经济实效而享有良好的信誉和绝对的权威。世界银行已积累了 40 多年的投资与工程招投标经验，制定了一套完整而系统的有关工程承发包的规定，且被众多国际多边援助机构，尤其是国际工业发展组织和某些金融机构以及一些国家的政府援助机构视为模式。世界银行规定的招标方式适用于所有由世界银行参加投资或贷款的项目。

世界银行推行的招标方式主要突出三个基本观点：

（1）项目实施必须强调经济性和效益。

（2）对所有会员国以及瑞士和中国台湾的所有合格企业给予同等的竞争机会。

（3）通过在招标和签署合同时采取优惠措施鼓励借款国发展本国制造商和承包商（评标时，借款国的承包商享有 7.5% 的优惠）。

凡有世界银行参与投资或提供优惠贷款的项目，通常采用以下方式发包：

（1）国际竞争性招标。

（2）国际有限招标（包括特邀招标）。

（3）国内竞争性招标。

（4）国际或国内选购。

（5）直接购买。

（6）政府承包或自营。

业主方面以技术说明书的方式公正地表述拟建工程的技术要求，以保证不同国家的合格企业能够广泛地参与投标，如采用的设备、材料必须符合业主的国家标准等，在技术说明书中必须陈述并提出本工程可以接受的其他相等的设备、材料标准。这样可以消除一些国家的保护主义给标的工程笼罩的阴影。此外，技术说明书必须以实施的要求为依据。世界银行作为标的工程的资助者，从项目的选择直至整个工程全过程都有权参与意见，在许多关键问题上如受标条件、采用的招标方式、遵循的工程管理条款都享有决定性发言权。

凡是按世界银行规定的方式进行国际竞争性招标的工程，必须以 FIDIC 制定的条款为管理项目的指导原则，且承发包双方还要执行世界银行颁发的三个文件：

（1）《世界银行采购指南》（以下简称《采购指南》）。

（2）《国际土木工程建筑合同条款》。

（3）《世界银行监理指南》。

世界银行推行的做法已被世界上大多数国家奉为模式。有世界银行贷款的项目自不必说，没有世界银行贷款的项目，也越来越广泛地效仿。

二、亚洲开发银行对招标采购活动的有关规定

国际竞争性招标是亚洲开发银行使用较多的一种招标方式，旨在向借款人提供广泛的机会，从相互竞争的供货商、承包商中选择最佳投标，并向所有来自合格国家的有意参加亚行贷款采购货物和工程投标的投标商提供充分、公平和平等的机会。

招标文件必须向投标商提供其准备响应性投标书所必需的全部信息。尽管招标文件的细节和复杂程度视采购的货物种类及合同的规模而不同，但通常应包括以下几项：①投标邀请。②投标商须知。③投标书格式。④合同条款，包括一般条款和特别条款。⑤技术规格。⑥数量清单与图纸。⑦价格表以及必要的附件、投标保证金和履约保证金函的格式。

借款人应使用亚行发布的标准招标文件。为解决具体国家和具体项目的特殊问题，可允许对标准招标文件做最小限度的特别变动。这些变动应符合《亚洲开发银行贷款采购指南》的要求，并须经亚行的同意。任何此类变动只能放在投标

商须知里和合同的特别条款或特别应用条款中。如果亚行没有发布相关的标准招标文件，借款人应使用亚行可接受的其他国际上认可的招标文件，这些招标文件应最大限度地符合亚行标准招标文件的要求。

如果合同将得到亚行全部或部分资助，在招标文件中对亚行的提法应使用以下语句：

"（借款人名称）已从亚行（普通资金或特别基金）中获得贷款，用于支付（项目名称）的费用。本投标邀请的合同费用计划将由上述贷款资金予以支付。因此，合同的条款和条件以及亚行的支付将完全遵循贷款协定的条款和条件，其中也包括《亚洲开发银行贷款采购指南》。除非亚行另行特别同意外，（借款人名称）以外任何其他方都不能享有贷款协定赋予的任何权利或对贷款资金有任何要求。"

按照亚行章程规定，亚行工作语言为英语。因此，招标文件和其他有关文件（包括广告）应用英语书写。在使用多种语言的情况下，应以英语版本为准。

为鼓励国际竞争性投标，招标文件应清晰简明地阐述要承担的工程或要提供的货物、交货或安装的地点和期限、质量担保和维护要求以及其他相关的条款。技术规格应说明所采购货物的全部基本特性，并且说明任何与其不符之处都将使投标书被判为实质上未响应。图纸应与技术规格的文本相符。如果可以接受选择性投标，应给予明确的说明。招标文件应说明在比较投标书的过程中拟考虑的因素以及评标的方法、条款和条件。

对招标文件的任何附加信息、澄清、纠错或变动都应通知所有接到原招标文件的投标商。如果招标文件有较大改动，应给予投标商足够的时间来根据招标文件发生的改动对其投标书做必要的修改。对于较大的改动，30天的时间被认为是足够的。

招标文件应明确规定投标商必须提供的保险形式，并应指出所投保风险的种类、责任范围以及保险期限。对于基于到岸价（Cost Insurance and Freight，CIF）和运费保险付至（目的地）价（Carriage and Insurance Paidto，CIP）的供货合同，货物保险和运输作为合同的一部分由供货商安排。在货物按 FOB 或 C&F 提供并且货物保险和运输由借款人另行安排的情况下，如果保险和运输费用需用亚行资金支付，那么亚行将要求借款人满足以下条件：即不得对购买保险和运输附加不适当的限制，而且要充分考虑到经济与效率。如果借款人不希望从市场上得到保险，则应向亚行证明其自有资金可随时通过自由兑换来补偿受损的货物。

招标文件应规定通常不超过合同金额10%的违约赔偿或类似的赔偿，以便当工程竣工延期或交货拖延而使借款人增加额外支出、损失收益或其他利益时，向借款人提供补偿；还可以规定承包商提前完成合同规定的工程并使借款人因此而受益时，向承包商发放奖励。对于亚行资助的合同，不允许承包商或借款人要求另一方补偿其间接或必然的损失。

招标文件中的合同条款应规定，合同的一方若因合同中定义的不可抗力而未能履行其合同下的任何义务，不应被视作违约。

合同条款应尽量包括解决争端的有关调解机制和适用法律的规定。解决货物和工程采购合同的争端，国际商务仲裁通常具有优势。但是，不应要求亚行仲裁或作为仲裁员，也不应要求亚行指定仲裁员。

除了采用国际性招标，亚行也同意采用国际询价采购、国内竞争性招标、直接采购/谈判或独家投标、有限招标或重复订货、自营工程等采购方式。

三、其他相关规定

（一）英联邦地区的做法

英联邦地区由于长期受英国殖民主义影响，虽然早已取得独立，但英国的影响仍然根深蒂固。在许多涉外工程项目的承发包方面，基本上照搬英国的做法。

从经济发展角度看，大部分英联邦成员国属于发展中国家。这些国家的大型工程通常受援于世界银行或国际多边援助机构。因此，这些国家在承发包工程时必须遵循援助机构的要求，也就是说要按世界银行的例行做法发包工程，但是其始终保留英联邦地区的传统特点，即以改良的方式实行国际竞争性招标。这些国家在发行招标文件时，通常将已发给文件的承包商的数目通知投标人，使其心中有数，避免盲目投标。英国土木工程师协会（ICE）合同条件常设委员会认为国际竞争性招标浪费时间和资金，效力低下，常常以无结果告终，导致很多承包商白白浪费钱财和人力。相比之下，选择性招标即国际有限招标可在各方面产生最高效率和经济效益。因此，英联邦地区所实行的主要招标方式是国际有限招标。

实行国际有限招标通常采取以下步骤：

（1）对承包商进行资格预审，编制一份有资格接受投标邀请书的公司名单。被邀请参加预审的公司应提交其适用该工程所在地或周围环境的有关经验的详情报告书，重点阐明承包商的财务情况、技术能力、组织能力及一般经验和履行合同的记录。

（2）招标部门保留一份常备的经批准的承包商名单。这份常备名单并非一成不变，而是根据实践中对新老承包商了解的加深不断更新，这样可以使业主在拟定委托项目时做到心中有数。

（3）规定预选投标者的数目。一般情况下被邀请的承包商数量为4~8家。

项目的规模越大，邀请的投标者越少。在投标竞争中始终强调完全公平的原则。

（4）初步调查。在发出标书之前，先对名单上的拟发邀请的承包商进行调查，一旦发现某家承包商无意投标，立即替换名单上的另一家，以保证所要求的投标人数目。英国土木工程师协会认为承包商谢绝邀请是负责任的表现，这一举动并不会影响其将来的投标机会。在初步调查过程中，招标单位应对工程进行详细介绍，使可能的投标人能够估量工程的规模和造价，其所提供的信息应包括地理位置、工程性质及预开工日、主要工程量，并提供所有具体特征的细节。

（二）法语地区的招标方式

同世界上大部分地区的招标做法有所不同，法语地区的招标有两种区别较大的方式：拍卖式和询价式。

1. 拍卖式招标（Adjudication）

拍卖式招标最大的特点是以报价作为判标的唯一标准，其基本原则是自动判标，即在投标人的报价低于招标人规定的标底条件下，报价最低者得标。当然，得标者必须具备的前提条件是开标前业已取得投标资格。这种做法与商品销售中的拍卖颇为相似，即招标人以最低价格向投标人买取工程，只是工程拍卖比商品拍卖复杂得多。

拍卖式招标一般适用于简单工程或者工程内容已完全确定，不会发生变化，并且技术的高低不会影响对承包商的选择等情况。如果工程性质复杂，选择承包商除根据价格标准外，还必须参照其他标准如技术、投资、工期、外汇支付比例等条件，否则不宜采取这种方法。

拍卖式招标必须公开宣布各家投标商的报价，如果至少有一家报价低于标底，必须宣布授标；若报价全部超过授标极限或超过标底的20%，招标单位有权宣布废标。在废标情况下，招标单位可对原招标条件做某些修改，再重新招标。

鉴于工程承包合同分为总价合同和单价合同，因而投标商报价同样也有报总价和报单价两种情况，这就决定了标底也必须是两种形式，即总价标底和单价标底。总价标底是指招标单位根据工程的性质、条件及工程量等各种因素计算出的工程总价，即可接受的工程最高总价（即使在特殊情况下，也不得超过这个标底的20%）。单价标底有两种情况：

第一，招标单位规定投标承包商必须以某一种特定的同业价目表或单价表为基础，投标商报出其降低数或降低百分比。在这种情况下，标底为业主要求的最少降价数或最少降低百分比。

第二，招标单位不规定任何基础价，但确定工程量，由投标人报出工程各项单价。在这种情况下，标底类似于总价标底，即业主可接受的最高单价。然而，由于承包工程的内容极为繁杂，逐项确定标底非常麻烦，所以这种情况比较少见。因此，单价合同的招标项目都采用诚价判标办法，即第一种办法。

拍卖式招标按其范围可分为公开拍卖招标和有限拍卖招标，按判标依据则分为总价拍卖招标和单价拍卖招标。

（1）公开拍卖招标。公开拍卖招标即所有承包商均可投标，但参加者不一定都能取得得标资格，招标办公室在开标前有权决定排除其认为不具备得标资格或能力不足的若干家投标者。采取这一措施可大大减缓竞争的激烈程度，有利于自动判标，增加了竞争力弱或投资条件差但报价低的承包商的得标机会。

公开拍卖招标包括三个必不可少的阶段：

第一，通过广告渠道、官方报纸的告示栏或其他广告手段发布招标广告或招标通知。

第二，由标书审查委员会当众开标。

第三，向最低报价者临时授标。

临时得标人并不一定最终获取合同，因为临时判标后，判标委员会尚需对投标报价进行详细复审，而这一复审工作不可能当场做完，所以招标细则中通常明文规定标书复审期（一般为10天）。如果经过复审发现错判得标人，判标委员会应在复审期满之前通知原得标人和新得标人。

如果当众开标时没有临时得标人，即没有一家报价低于可接受极限，则在招标细则中已有规定的前提条件下，判标委员会主席可以要求有投标资格的投标人当场重新报价。如果最低报价仍高于可接受的极限，不得进行第二次当场报价，判标工作到此结束，由招标单位负责人宣布本次招标作废，而后再重新招标或议标。

（2）有限拍卖招标。同国际上通行的有限招标一样，法语地区的不少项目也因资金来源或技术上的特殊需要而采取有限拍卖招标。有限拍卖招标的选择范围和对投标商的资格要求与世界各地一样，只是具体做法上稍有区别。

一般情况下，招标人在发出招标广告或通知之前，先成立一个投标人接纳委员会。绝大多数情况下，投标人接纳委员会即是后来的判标委员会，该委员会根据项目投资背景及技术要求，对要求参加投标的公司进行资格审查，亦称资格预审。只有经过投标人接纳委员会认可的候选人方可参加投标，这种方式也称为邀请招标。

有限拍卖招标也分为一般有限性拍卖招标和特殊邀请性拍卖招标（即特邀招标），有限拍卖招标的通知发行办法同世界通知的有限招标一样，有限拍卖招标要求遵循特定的条件和步骤：

第一，项目负责人在招标细则和招标通知中规定投标候选人需在投标之前提交的材料。

第二，要求参加投标的承包商必须向招标通知中指定的项目负责人递交投标申请，并附上要求提交的材料（即资格预审材料）。

第三，投标人接纳委员会在招标通知规定的资格审查期间进行审查工作，并通知被认可和被淘汰的公司（无须向被淘汰的公司讲述淘汰原因），发给被认可的投标公司的通知中要写明招标文件的购取地点，有时还要标明招标文件的价格，投标截止日期，判标地点、日期及时刻等。

第四，被认可的投标公司在寄送投标信函时须附上投标人接纳委员会发给的投标资格认可通知书。

有限拍卖招标的其他步骤及判标直至缔约程序和要求与公开拍卖招标完全一样。

有限拍卖招标的整个过程可以分为两个阶段：

第一，业主单位发出有限拍卖招标通知，要求愿意投标的公司提出投标申请，投标人接纳委员会进行资格预审并建立认可的投标公司名单，向被认可和被淘汰的申请投标公司发出通知。

第二，被认可的投标公司进行投标报价，判标委员会进行公开判标，并临时授标。

有限拍卖招标的判标程序同公开拍卖招标一样。

2. 询价式招标（Inquiry Bidding）

询价式招标是法语地区国家工程发包单位招徕承包商参加竞争以委托实施工程的另一种方式，也是法语地区工程承发包的主要方式。

询价式招标比拍卖式招标灵活得多。按照询价式招标，投标人可以根据通知要求提出方案，从而使招标人有充分的选择余地。

询价式招标的项目工程一般比较复杂，规模较大，涉及面广，不仅要求承包商报价优惠，而且在其他如技术、工期及外汇支付比例等方面也有较严格的要求。

法语地区的询价式招标与世界银行推行的竞争性招标的要求和做法大体相似。

询价式招标可以是公开询价式招标，也可以是在有限范围内进行，即有限询价式招标；可以采取竞赛形式即带设计竞赛形式，也可以采取非竞赛形式。

公开询价式招标是指公开邀请承包商参加竞标报价，而有限询价式招标是邀请招标单位选定的承包公司参加竞标。

招标人有权决定是采取公开询价式还是有限询价式招标，可以要求投标人报单价或总价。不管是公开询价式招标还是有限询价式招标，其开标方式都是秘密的，这是法语地区招标的与众不同之处。

（1）公开询价式招标。按照公开询价式招标方式，世界各地对招标项目有兴趣的承包商均有资格参加投标报价。

（2）有限询价式招标。同国际通行的有限招标做法一样，法语地区的工程询价式招标有时也采取有限形式，即招标人只是在一个特定的范围内邀请投标人报价或者采取特邀办法询价，其具体做法同国际有限招标大体相似，通常要求承包商提出投标资格认可申请并报送资格预审材料。

发起有限询价式招标的招标人全权根据待发包项目的规模、工程性质、技术要求等因素决定邀请报价人选。被邀请报价的投标人可以是业主已经了解的承包商（或者已同业主缔结过合同，或者已参加过业主招标项目的投标），也可以是申请参加本次投标的新的承包公司。

有限询价式招标是一种特殊的工程发包形式，只适合于以下情况：

第一，由于工程的性质复杂，施工难度大，需要大量施工机械等因素而决定该工程只能由少数有能力的承包公司实施。

第二，业主完全了解其特邀的承包公司的施工能力、质量水平和信誉等。

除以上情况外，工程发包一般都采取拍卖式招标（公开或有限）或公开询价式招标。

（3）包括设计竞赛的询价式招标。有些项目鉴于技术、外型和投标条件等方面的特殊要求，招标单位往往采取竞赛式询价招标缔结合同。

竞赛式询价招标也是一种常见的合同成交方式，它与工程询价式招标不同的是增加了竞赛的内容。其具体做法是：招标单位首先制定设计任务书，指出待实施项目应满足的要求，有时还规定该项目投资的最大额度和项目特征，以及有关方面的要求和项目的内容等；其次，业主通过广告渠道或官方报纸的公共工程广告栏发出竞赛式询价招标通知。

业主制定的竞赛式询价招标书中没有工程量和价格清单，也没有详细核算书和特别说明书等专用条件，只有设计任务书。该设计任务书中一般写有特别说明书中的行政管理条款，此外还有两项条款：

第一，规定提供给参赛的设计任务书的寄送条件及有关辅助文件（图纸，地质尤其是钻探资料，项目所在地区的正常工资率清单），以及设计方案和投标书寄存要求等。

第二，规定参赛报价承包公司应对业主承担报价责任的期限。有关竞赛式询价招标的具体要求条件一般都在其通知中规定。这种形式的询价可以是公开的，也可以在有限范围内进行。

采用竞赛式询价招标有两个好处：一是承包商负责项目设计，从而为业主承担了精神责任；二是通过竞赛广开思路，集中智慧，从而有利于大胆独创。

竞赛式询价招标形式的合同常见于可采用多种办法实施且需要大量机械和高超的施工手段的公共工程和有特殊要求的工程。

（三）独联体和东欧地区的做法

随着经济体制的改革，近年来东欧各国开始委托国际承包商实施工程，但由于这些国家长期实行高度集中的计划管理体制，加之建设资金的严重缺乏，其招标做法与其他地区差别较大。除了极少数国家重点工程或个别有外来资金资助的工程采用国际公开招标或有限招标外，绝大多数工程都是采用谈判招标即议标的做法。所委托工程很少采用交钥匙办法，大多数是采取劳务承包，少数工程采取包工包料，个别工程采取包设计包施工。独联体各国发包工程通常是由各种对外经济联合公司出面与外国承包商签约，不过外国公司仅作为当地承包商的合作者参与实施工程。外国承包公司可以完成单项工程，包括提供必要的设备商品和劳务，一般不能承揽整个工程。通常情况下，当地总承包商根据承包合同，按规定的数量期限和条件向外国公司提供物资、技术、机器设备和临时设施，及时完成合同规定的生产性或非生产性项目的建设，并对竣工的工程质量负责。

独联体各国对外招标工程通常是由拥有对外经营权的企业或公司根据其需要和支付手段决定选择国际合作伙伴，通过谈判达成委托实施工程的意向书，进而签订承包合同。

1989年8月，苏联对外经济联络部和苏联工商会批准并公布了《苏联组织和实施合作项目国际招标的试行办法》（以下简称《办法》），该办法明确了在其国家境内实施国际招标的规则，强调在竞争基础上选择承包公司，选择在标价及其他商业和技术条件方面最为有利的投标者签订合同：要求在由发包者同对外经济联合组织签订的经济协议的基础上进行招标。其招标文件的内容与国际上通行的招标规定一样，要求外国公司用外汇购取招标文件，投标人必须缴纳抵押金，中标后抵押金计入合同金额。投标人在报价时应考虑到供货条件固定不变，签约前后均无须复议。

该办法还规定当地组织可优先参与完成项目工程。虽然苏联已制定了国际招标办法，但在承发包实践中却很少按照该办法执行，尤其是苏联解体后，各共和国纷纷制定了各自的法律，而且发包组织各种各样，各自按照自己的习惯方法发包，招标方式五花八门。由于苏联长期以来既不参与国际承包，也几乎不向国外发包，各级负责人都没有国际惯例意识，也不愿参照国际上通行的做法，办事随意性大，即便是对工程造价也无统一标准。在授予合同及对合同的管理方面，常常不够严肃。

由于独联体国家对发包工程的支付多采用实物偿付办法,因此在签订承包合同时,还应签一份供货合同附件。除独联体成员国外,其他东欧国家由于体制改革开始较早,目前经济秩序已趋向正常,对外工程承发包也逐渐参照国际通行做法,但多数还是采用议标。

复习与思考

(1)国际工程招标有哪些方式,各有什么特点?适用什么条件?

(2)试述世界银行承包工程的做法,并加以评论。

(3)论述法语地区发包工程的做法,并加以评论。

(4)为什么要进行资格预审?资格预审的常见内容和评价方法是什么?

(5)招标文件的主要内容有哪些?编制招标文件应注意什么问题?

(6)简述招标的程序和前期准备工作。

第四章 国际工程投标

第一节 国际投标

国际投标（Submission of Tender）是指投标人（卖方）应招标人的邀请，根据招标通告或招标单所规定的条件，在规定的期限内，向招标人递盘的行为。

一、投标单位应具备的资格条件

招标单位可以在招标文件中对投标单位的资格条件做出规定，投标单位应当符合招标文件规定的资格条件，如果国家对投标单位资格条件有规定的，则依照其规定。参加建设项目设计、建筑安装以及主要设备、材料供应等投标单位，必须具备下列条件：

（1）具有招标条件要求的资质证书，并为独立的法人实体。

（2）承担过类似建设项目的相关工作，并有良好的工作业绩和履约记录。

（3）在最近三年没有骗取合同以及其他经济方面的严重违法行为。

（4）近几年有较好的安全记录，投标当年没有发生重大质量和特大安全事故。

（5）财产状况良好，没有处于财产被接管、破产或其他关、停、并、转状态。

（6）拟派出的项目负责人与主要技术人员的简历、业绩和拟用于完成招标项目的机械设备等。

二、投标联合体

大型建设工程项目往往不是一个投标单位所能完成的，因此，法律允许几个投标单位组成一个联合体，共同参与投标，并对联合体投标的相关问题做出了明确规定。

1. 联合体的法律地位

联合体由多个法人或经济组织组成，但它在投标时是作为一个独立的投标单位出现的，具有独立的民事权利能力和民事行为能力。

2. 联合体的资格

组成联合体的各方均应具备相应的投标资格，由同一专业的单位组成的联合体，按照资质等级较低的单位确定其资质等级。这是为了促使资质优秀的投标单位组成联合体，防止以高等级资质获取招标项目，而由资质等级低的投标单位来完成。

3. 联合体各方的权利和义务

《中华人民共和国招标投标法》（2019）第三十一条第二款规定："联合体各方应当签订共同投标协议，明确约定各方拟承担的专业工作和责任，并将共同投标协议连同投标文件一并提交招标人。联合体中标的，联合体各方应当共同与招标人签订合同，就中标项目向招标人承担连带责任。"

所谓连带责任，是指在同一债权债务关系两个以上的债务人中，任何一个债务人都负有向债权人履行债务的义务。债权人可以向其中任何一个或者多个债务人请求履行债务，也可以请求部分履行。负有连带责任的债务人不得以债务人之间对债务分担比例有约定而拒绝部分或全部履行债务。连带债务人中一个或者多个履行了全部债务后，其他连带债务人对债权人的履行义务即行解除。但是，对连带债务人内部关系而言，根据其内部约定，债务人清偿债务超过其应承担份额的，有权向其他连带债务人追偿。联合体各方在中标后承担的连带责任包括以下情况：

（1）联合体在接到中标通知书未与招标人签订合同前，除不可抗力外，联合体放弃中标项目的，其已提交的投标保证金不予退还，给招标人造成的损失超过投标保证金数额的，还应当对超过部分承担连带赔偿责任。

（2）中标的联合体除不可抗力外，不履行与招标人签订的合同时，履约保证金不予退还，给招标人造成的损失超过履约保证金数额的，还应当对超过部分承担连带赔偿责任。

三、投标要求

1. 投标文件内容要求

投标文件应当对招标文件提出的招标项目的价格、项目进度计划、技术规范、合同的主要条款等做出响应，不得遗漏、回避，更不能对招标文件进行修改或提出任何附带条件。对于建设工程施工招标，投标文件还应包括拟派出的项目负责人与主要技术人员的简历、业绩和拟用于完成工程项目的机械设备等内容。投标单位拟在中标后将中标项目的部分非主体、非关键性工作进行分包的应在投标文件中载明。

根据契约自由原则，我国法律也规定，投标文件送交后，投标单位可以进行补充、修改或撤回，但必须以书面形式通知招标单位。补充、修改的内容亦为投标文件的组成部分。

2. 投标时间的要求

投标文件应在招标文件中规定的截止时间前送达投标地点，在截止时间后送达的投标文件，招标单位应拒收。因此，以邮寄方式送交投标文件的，投标单位应留出足够的邮寄时间，以保证投标文件在截止时间前送达。另外，如发生地点方面的错送、误送，其后果皆由投标单位自行承担。

投标单位对投标文件的补充、修改、撤回通知，也必须在所规定的投标文件的截止时间前送至规定地点。

3. 投标行为的要求

（1）保密要求。由于投标是一次性的竞争行为，为保证其公正性，就必须对当事人各方提出严格的保密要求。投标文件及其修改、补充的内容都必须以密封的形式送达，招标单位签收后必须原样保存，不得开启。对于标底和潜在投标单位的名称、数量以及可能影响公平竞争的其他有关招标投标的情况，招标单位都必须保密，不得向他人透露。

（2）合理报价。投标单位以低于成本的价格报价是一种不正当的竞争行为，一旦中标，必然会采取偷工减料、以次充好等非法手段来避免亏损，以求得生存。这将严重破坏市场经济秩序，给社会带来隐患，必须予以禁止。但投标单位从长远利益出发，放弃近期利益，不要利润，仅以成本价投标，这是合法的竞争手段，受法律保护。这里所说的成本，是以社会平均成本和企业个别成本计算的，并要综合考虑各种价格差别因素。

（3）诚实信用。从诚实信用的原则出发，投标单位不得相互串通投标；不得与招标单位串通投标，损害国家利益、社会公共利益和他人合法利益；不得向招标单位或评标委员会成员行贿以谋取中标；不得以他人名义投标或以其他方式弄虚作假、骗取中标。

4. 投标单位数量的要求

投标人少于三个的，对于依法必须进行招标的项目不得开标，招标人应当分析招标失败的原因，采取对招标文件设定的投标人资格条件等进行修改或者其他合理、充分措施后，重新招标。重新招标后，投标人仍少于三个的，可以重新招标，也可以开标、评标，或者依法以其他方式从现有投标人中确定中标人，并向有关行政监督部门备案。

当投标单位少于三家时，就会缺乏有效竞争，投标单位可能会提高承包条件，损害招标单位利益，从而与招标目的相违背，因此必须重新组织招标，这也是国际上的通行做法。这种情况称为"流标"。

此外，投标人不得有下列以他人名义投标的行为：

（1）挂靠有资质单位并以其名义投标。

（2）通过受让或者租借等方式从其他单位获取资格、资质证书投标。

（3）由其他单位及其法定代表人在自己编制的投标文件上加盖印章和签字。

（4）项目负责人或者主要技术人员不是本单位人员。

（5）以现金或者支票形式提交的投标保证金不是从投标人基本账户转出。

（6）其他以他人名义投标的行为。

投标人不能提供项目负责人、主要技术人员的劳动合同、社会保险等劳动关系证明材料的，视为存在前款第四项规定的情形。

此外，投标人不得相互串通投标报价，不得排挤其他投标人的公平竞争，损害招标人或者其他投标人的合法权益。投标人不得与招标人串通投标，损害国家利益、社会公共利益或者他人的合法权益。禁止投标人以向招标人或者评标委员会成员提供财物或者给予其他利益等不正当手段谋取中标。投标人不得以可能影响合同履行的异常低价竞标，也不得以他人名义投标或者以其他方式弄虚作假、骗取中标。

2019 年 4 月，中国安徽省安庆市公共资源交易中心发布了一则通报，146 家企业的投标文件商务标中，大型土石方、道路、排水、建筑、安装、安装小土建、绿化部分组价形式等内容，存在不同单位同一子目的消耗量及组价异常相同，组价及补充定额编号异常相同，组价及调整系数异常相同，消耗量及补充定额编号异常相同，组价异常相同等情形。最终，被认定为"串通投标"。没收 146 家企业的投标保证金各 16 万元，合计 2336 万元，并各记不良行为记录一次。同年，安庆市 10 家企业因"投标企业定额套项组价高度雷同"，被认定为属于"串通投标"。其中 4 家企业分别没收 12.9 万元保证金，另 4 家企业分别没收

26.6万元保证金，其他2家企业分别没收13.2万元保证金。总计没收184.4万元保证金，并对10家企业各记不良行为记录一次，禁止其一年内参与安庆市境内招投标活动。2019年10月25日，安徽省宿州市公共资源交易网披露一起串通投标案。根据县公安局案件侦办反馈，110家公司在灵璧县2017年高标准农田建设项目（第一批次）等项目中存在串通投标行为。灵璧县公共资源管理局分别对相关企业予以扣10分、20分和30分的处罚，网上披露时长为6个月、1年、2年不等，在披露期间，这些企业将不得参与灵璧县政府投资的项目投标。

第二节　国际工程投标的相关问题

一、国际工程投标前期准备

进入国际承包市场参加工程项目的投标竞争，需要进行一系列的准备工作。准备工作是在充分的现场勘察和市场调查基础上进行的。准备工作充分与否，直接影响能否中标及中标后能否获得较大的盈利，因此必须给予足够的重视，投入精兵强将把好这一关。

（一）投标环境调查

投标环境是指招标工程项目所在国的政治、经济、法律、社会、自然条件等对投标工作和中标后履行合同有影响的各种宏观因素。主要应调查的项目有：

1. 政治情况

（1）工程项目所在国的社会制度和政治制度。

（2）政局是否稳定，有无发生政变、暴动或内战的因素。

（3）与邻国的关系如何，有无发生边境冲突或封锁边界的可能。

（4）与中国的关系如何。

2. 经济条件

（1）工程项目所在国的经济发展情况及自然资源的状况。

（2）外汇储备情况和国际支付能力。

（3）港口、铁路、公路运输以及航空交通与电信联络情况。

（4）当地的科学技术水平。

3. 法律方面

（1）工程项目所在国的宪法。

（2）与承包活动有关的经济法、工商企业法、建筑法、劳动法、税法、金融法、外汇管理法、经济合同法以及经济纠纷的仲裁程序等。

（3）民法与民事诉讼法。

（4）移民法和外国人管理法。

4. 社会情况

（1）当地的风俗习惯。

（2）居民的宗教信仰。

（3）民族及部落间的关系。

（4）工会的活动情况。

（5）治安状况。

5. 自然条件

（1）工程项目所在国的地理位置和地形、地貌。

（2）气候情况，包括温度、湿度、主要风向和风力、冰封期、年降水量等。

（3）地震、洪水、台风及其他自然灾害情况。

6. 市场情况

（1）建筑材料、施工机械设备、燃料、动力、水和生活用品的供应情况，价格水平，过去几年的批发物价和零售物价指数及今后变化趋势预测。

（2）劳务市场状况，包括工人的技术水平、工资水平、有关劳动保险和福利待遇的规定以及外籍工人是否被允许入境等。

（3）外汇汇率。

（4）银行信贷利率。

（5）工程所在国承包企业和注册的外国承包企业的经营情况。

7. 业主情况

（1）业主的资信情况，特别是对承包商的态度，支付意愿如何，有无拖欠工程款现象。

（2）履约态度、履行合同是否严肃认真，处理意外情况时是否通情达理，能否体谅承包商的具体困难。

（3）支付能力如何，是否面临破产倒闭。

（4）对实施的工程合同需求的急迫程度。

（5）能否秉公办事，是否贪得无厌，是否惯于挑剔刁难。

有关投标环境的调查资料，可通过多种途径获得，包括查阅官方出版的统计资料，学术机构发表的研究报告和专业团体出版的刊物及当地的主要报纸等。有些资料可以请我国驻外代表机构帮助收集，或请工程所在国驻中国的代表机构提供；也可以派专人进行实地考察，并通过代理人了解有关情况。

（二）工程项目情况调查

招标工程项目本身的具体情况是决定投标报价的微观因素，在投标之前必须尽可能详尽地了解。调查的主要内容包括：

（1）工程的性质、规模、发包范围。

（2）工程的技术要求和对材料性能及人工技术水平的要求。

（3）对总工期和分批竣工交付使用的要求。

（4）工程所在地区的气象和水文资料。

（5）施工场地的地形、土地、地下水位、交通运输、给排水、供电、通信条件等情况。

（6）工程项目的资金来源和业主的资信情况。

（7）对购买器材和雇用工人有无限制条件（如是否规定必须采购当地某种建筑材料的份额和雇用当地工人的比例等）。

（8）对外国承包商和本国承包商有无差别待遇（如在标价上给本国承包商以优惠等）。

（9）工程价款的支付方式，外汇所占比重。

（10）业主、监理工程师的资历和工作作风等。

这些情况主要依靠研究招标文件，查看现场，参加标前会议和提请业主（工程师）答疑进行了解，有时也需要取得代理人的协助。

（三）物色代理人

国际承包工程活动中通行代理制度，即外国承包商进入工程项目所在国需通过合法的代理人开展业务活动。代理人实际上是为外国承包商提供综合服务的咨询机构，有的是独立的咨询工程师，有的是合伙企业或公司。代理人从某种意义上起催化剂的作用，需要认真地选择代理人。代理人服务的主要内容有：

（1）协助外国承包商参加并争取通过项目的资格预审、取得招标文件。

（2）协助承包商了解工程发包的相关信息，特别是背景信息。

（3）协助办理外国承包商出入境签证、居留证、工作证和驾驶执照等。

（4）为外国公司提供和介绍本地的合作对象和办理注册手续。

（5）提供当地有关法律、法规、制度、条例等方面的咨询。

（6）提供当地投标的经验、当地的市场信息及有关的商业活动的知识。

（7）协助办理建筑器材和施工机械设备以及生活资料的进出口手续，如申请许可证、申请关税、申请免税、办理运输等。

（8）促进与当地官方及工商界、金融界的友好关系，在业主和承包商发生冲突时起调节作用。

通常，代理人的活动对一个工程项目的成功与否起相当重要的作用。因此，对物色代理人应给予足够的重视。一个理想的代理人应该具备以下条件：

（1）有较高的社会地位和声誉，并有丰富的业务知识和工作经验。

（2）资信可靠，能忠实地为委托人服务，尽力维护委托人的合法权益。

（3）有广泛的社会关系，活动能力强，信息灵通，甚至有强大的政治、经济界的后台。

寻找到合适的代理人后，应及时签订代理合同，并颁发委托书。代理合同的主要内容应包括：

（1）代理的业务范围和活动地区。

（2）代理活动的有效期限。

（3）代理费用和支付的办法。

（4）有关特别酬金的条款。

代理费用一般为工程标价的 2%～3%，视工程项目的大小和代理业务的繁简而定。通常，工程较小的项目或代理业务繁杂的代理费率较高，反之则较低。在特殊情况下，代理费用也有低到 1% 以下或高达 5% 以上的。代理费用的支付以工程中标为前提条件，不中标者不付给代理费，代理费应分期支付或在合同期满后一次性支付。无论中标与否，合同期满或由于不可抗力的原因而中止合同，都应付给代理人一笔特殊酬金。只有在代理人失职或无正当理由不履行合同的条件下，才可以不付给特别酬金。

代理人委托书实际上就是委托人的授权证书，须经有关方面认证方能生效。

参考格式

中华人民共和国××××公司委托书

本公司委托××××先生（住址：××××）为本公司在××国的注册代理人，授权他代表本公司在××国有关部门为本公司驻××国××市办事处注册办理一切必要手续，并为此目的同官方和非官方各有关部分进行必要的联系。本委托书的有效期至取得上述注册证书之日为止。

> ××××公司
> 总经理（签字）
> 年 月 日

（四）寻求合作对象

按照世界银行的规定，凡是由世界银行提供贷款的项目，通常要实行国际招标。一方面，世界银行历来鼓励借款国的承包公司积极参与这类项目的投标，评标时借款国（人均收入低于一定水平的发展中国家）公司报价可以优惠 7.5%，即借款国公司的报价可以比最低报价高 7.5% 而中标。如果外国公司与当地公司联合投标，可享受 7.5% 的优惠，这无疑大大加强了这种联合报价的竞争力。另一方面，目前世界上多数国家都奉行程度不一的保护主义，其主要做法就是要求外国公司和本国公司合作，甚至将其作为授予合作的前提。因此，国际承包商为了夺标，不得不选择当地的公司合作。在以上两种情况下，承包商必须认真挑选当地合作对象，否则会陷入难以自拔的境地。

选择当地合作承包公司时必须进行深入细致的调查研究，要着重了解当地公司的资信情况，经济处境，人力、财力及物力条件，实施工程的经历，现在的能力以及未来的发展趋势，尤其要了解其履约的信誉及其在该国的社会地位，分析其在关键时刻能起到什么样的作用。例如，一个靠政府某要员撑腰的公司，在政治局势顺利的情况下能为联合体起排忧解难的作用，但一旦发生政府更迭或政变，则与之合作的外国公司必将受到连累。

有些国家常常以指定分包或联合承包给外国承包公司强加当地合作对象，被指定参与合作的当地公司往往并不参与股份，也不对经营的盈亏负责，而只是做些代理人的工作，由外国承包商按协议付给一定的酬金，对此类合作者的选择可参照代理人的条件处理。

另有一类合作者，通常是当地有权势、有地位的人物，在合作企业中担任董事甚至董事长，利用他的影响帮助承包商解决问题，维护企业的利益。此类合作者实质上是承包商的政治顾问。选择合作者时，主要应着眼于政治地位、社会关系和活动能力。

至于有些国家规定，本国的合作者必须参加一定的股份（如 51%），并担任一定的职务参加经营管理，则需详细研究该国有关法规，了解国外承包商的权利义务和各种限制条件，再去选择资信可靠、能真诚合作的当地合作者，签订合作协议。

（五）办理注册手续

外国承包商进入招标工程项目所在国开展业务活动，必须按该国的规定办理注册手续，取得合法地位。有的国家要求外国承包商只有在投标之前注册才准许进行业务活动；有的国家则允许先进行投标活动，待中标后再办理注册手续。

外国承包商向招标工程项目所在国政府主管部门申请注册，必须提交规定的文件。各国对这些文件的规定大同小异，主要为下列各项：

（1）企业章程。包括企业性质（个体、合伙或公司）、宗旨、资本、业务范围、组织机构、总管理机构所在地等。

（2）营业证书（我国对外承包工程公司的营业证书由国家或省、自治区、直辖市的工商行政管理局签发）。

（3）承包商在世界各地的分支机构清单。

（4）企业主要成员（公司董事会）名单。

（5）申请注册的分支机构名称和地址。

（6）企业总管理处负责人（总经理或董事长）签署的分支机构负责人的委任状。

（7）招标工程项目业主与申请注册企业签订的工程合同、协议或有关证明文件。

此外，阿拉伯国家还要求申请注册的承包商提交抵御以色列的证明，有的国家还要求承包商本国政府主管部门出具与工程项目所在国的互惠证明。

（六）建立投标班子

投标班子应包括两部分人员，即具体工作人员和指导人员。前者专为具体的投标报价任务而安排，而后者只是对重大决策即是否投标、投什么样的标、采用什么样的策略等发表意见，与决策人物一起研究并做出重大决定。

具体工作人员通常包括总经济师、工程师、物资采购人员及翻译等，由经济师或总经济师领头。具体工作人员的主要任务就是根据招标文件中提出的每项要求去进行广泛的询价，对工程量清单中列举的工程量对照图纸进行严格的复核，对招标细则中的合同条件进行认真推敲，物资采购人员应按照招标项目所需要的设备、材料的产地、规格、性能及其不同价格进行了解，并提出设备部分的初步报价建议；总经济师应保证各项基本任务的圆满完成，所提供的数据必须实事求是、充分可靠。要保证指导人员进行决策时能有一个可信赖的依据或基础。

决策指导人员有时组成投标决策委员会，特别是大型项目投标报价时更是如此。投标决策委员会由分管经营的副总经理及有关部门的负责人组成，其主要任务是对投标项目的财务风险、商务条件、用户要求、公司的实力、报价标准及其他有影响的因素进行充分的评估，从而做出投标决定。

报价决策委员会通常由负责项目管理、经营、设计、采购及施工管理等部门经理和报价经理组成。

（七）参加资格预审

在国际招标的工程中，多数大型工程由于参与投标的承包商较多，且工程内容复杂，技术难度较大，为确保挑选出理想的承包商，在正式招标之前，先进行资格预审，以便淘汰一些在技术和能力上都不合格的投标人。

凡是通过资格预审程序选定投标候选人的项目，都要求有兴趣参加投标的承包商先购买资格预审文件，并按照资格预审文件的要求如实填写。预审文件中有关财务状况、施工经验、以往成就和关键人员的资格及能力等是例行的审查内容，而施工设备则应根据招标项目工程施工有关部分予以编写。此外，对调查表中列出的其他查询项目，特别是投标人拟派出的施工人员及为实施工程而拟设立的组织机构等有关情况应慎重对待，不可马虎。除了需填写的有关材料外，资格预审申请人还必须准备发包人要求提交的一系列材料，如投标人概况、公司章程、营业证书、资信证书等。

投标人必须在规定的期限内认真完成上述工作，并在规定的截止日期之前送往或寄往指定地点。

（八）开具投标保函

除按议标形式承揽工程情况外，工程承包都是通过招投标方式，承包商要想承揽工程，必须参加投标，同时按照招标文件的要求办理一切必要的手续，尤其是开具投标保函。

投标保函亦称投标保证书，是由经工程业主认可的一家银行或保险公司，或一家在当地注册的国际银行机构在当地的分支机构为投标人向招标单位出具的一种保单，保证在投标人不按规定履行其职责时（如中标而拒不签约），向招标单位支付其因此而受损的补偿金。一般情况下，外国承包商必须通过其本国的存款账户银行为其出面委托招标单位认可的银行或保险公司向招标单位开具投标保函。如果投标人在招标单位认可的担保银行有足以用于投标保函的金额及担保手续费用的存款，投标人可以直接委托该担保银行为其出具投标保函，而无须另外委托本国银行。

投标保函应在资格预审通过后，随承包商的投标报价材料一同呈交，最晚必须在投标截止日之前交至招标通告所规定的单位。

投标保函担保金额为报价总额的 1%～2%，最多不超过 5%。一般情况下，招标单位均在招标通知中明文规定。

二、国际工程投标程序

（1）网上查询招标工程。

（2）网上报名或直接报名，向招标人申报资格审查，提供有关文件资料；2019 年中国各地已取消投标报名。

（3）购买或网上下载招标书及有关资料，缴纳投标保证金（中国政府采购已取消投标保证金）。

（4）组织投标班子，委托投标代理人。

（5）参加现场踏勘和投标预备会。

（6）按照招标书的内容逐项编制投标书。

1）商务标（总报价、清单、分析）。

2）技术标（施工组织设计、工期保证措施、质量保证措施、安全保证措施、文明施工保证措施、成本保证措施）。

（7）投标。

（8）评标，接受评标组织就投标文件中不清楚的问题进行的询问，举行澄清会谈。

（9）中标，接受中标通知书，签订合同，提供履约担保，分送合同副本。

（10）签订工程承包合同。

（11）施工。

三、国际工程投标文件编制

投标单位对招标工程做出报价决策之后，即应编制标书，也就是投标者须知规定投标单位必须提交的全部文件。这些文件主要由四部分组成：

第一，投标书及其附件，是合同文件的重要组成部分。

第二，划价的工程量清单和单价表，按规定格式填写，核对无误即可。

第三，与报价有关的技术文件，包括图纸、技术说明、施工方案、主要施工设备清单以及某些重要和特殊材料的说明书和小样等。

编制投标报价书一般首先编制国内部分预算，根据招标文件，进行工程量计算，工、料、机分析；其次，根据所掌握的国外工程设备、材料价格、各项费用计算基础及有关资料编制国际工程报价书。与国内投标相比，大约增加3倍工作量。有些国际工程投标报价时，由于承包商掌握了大量可靠的国外资料，可以直接编制国外工程投标报价书。

第四，投标保证书，如果同时进行资格审查，则应报送有关资料。

投标书正本应以投标人的名义正式签署。投标书及其补遗材料以及附件格式中的空白栏都必须用墨水或打字清楚地填写。如有添字、改字或删字，应由签署人在每一改动处签名或盖章。

投标书只有在具备投标人须知所规定的各个项目的情况下，才能被认为是完整的，所有的项目和数据资料都要求用规定的文字书写。

所有的投标报价都必须附有一份经业主认可的银行出具的投标保证书或一张指定向业主支付的保付支票。投标保证书上必须明确注明担保金额。

如果投标人认为有必要对其投标书提出限制条件或例外情况时，可将此类附加的内容作为一个可供业主选择的方案，附上详细说明，列出理由及其优缺点，随同规定的投标文件一起提交。

在任何情况下，投标人都必须完整地填写报价表及其附件。备选的建议方案如果不附填好的报价表，是不会有任何效用的。

投标书的写作要求实事求是、具体清晰、准确准时。

工程投标书通常分为技术标、商务标和资格证明文件三个部分。

（1）技术标主要是以施工组织设计体现，即所投标的主要施工工艺流程、技术规范。评标时，技术标一般占30%。

（2）商务标主要是预算报价部分，即结合自身和外界条件对整个工程的造价进行报价。商务标是整个投标的重中之重，评标时，商务标一般占70%。

（3）资格证明文件主要是审查公司有无投标、中标及完成一定的工程项目资格等，包括企业、人员、机械等相关资质等级要求及资格证明文件。

投标书编制是一项复杂的工作，内容多、时间短，只有合理地组织安排，加大办公自动化设备的投入，才能快速地编制出高质量的投标书。

（1）投标书的版面设计及装帧应严格按照招标文件的要求顺序装订。

（2）投标资料准备越丰富，建立的模块越灵活，编制投标书的速度就越快。

（3）充分利用目前市场已有的投标编制软件、造价编制软件、制图软件等，组织一些计算机专业人员，对相关软件进行集成，共享数据资源。

（4）编制标书要合理组织，在最短的时间内形成投标书的骨架，编制出初稿，用较为充足的时间进行审核和修改。

此外，编制工程投标文件时应注意：

（1）投标人编制投标文件时必须使用招标文件提供的投标文件表格格式，但表格可以按同样格式扩展。投标保证金、履约保证金的方式按招标文件有关条款的规定进行选择。投标人根据招标文件的要求和条件填写投标文件的空格时，凡要求填写的空格都必须填写，不得空着不填；否则，即被视为放弃意见。实质性的项目或数字如工期、质量等级、价格等未填写的，也将被作为无效或作废的投标文件处理。

（2）应当编制的投标文件"正本"仅一份，"副本"则按招标文件前附表所述的份数提供，同时要明确标明"投标文件正本"和"投标文件副本"字样。投标文件正本和副本如有不一致之处，以正本为准。

（3）投标文件正本与副本均应使用不能擦去的墨水打印或书写，各种投标文件的填写都要字迹清晰、端正，补充设计图纸要整洁、美观。

（4）所有投标文件均由投标人的法定代表人签署、加盖印鉴，并加盖法人单位公章。

（5）填报投标文件应反复校核，保证分项和汇总计算均无错误。全套投标文件均应无涂改和行间插字，除非这些删改是根据招标人的要求进行的，或者是投标人造成的必须修改的错误。修改处应由投标文件签字人签字证明并加盖印鉴。

（6）如招标文件规定投标保证金为合同总价的某百分比时，开投标保函不要太早，以防泄露己方报价。但有的投标商提前开出并故意加大保函金额，以麻痹竞争对手的情况也是存在的。

（7）投标人应将投标文件的正本和每份副本分别密封在内层包封，再密封在一个外层包封中，并在内包封上正确标明"投标文件正本"和"投标文件副本"。内层和外层包封都应写明招标人的名称和地址、合同名称、工程名称、招标编号，并注明开标时间之前不得开封。在内层包封上还应写明投标人的名称与地址、邮政编码，以便投标出现逾期送达时能原封退回。如果内外层包封没有按上述规定密封并加写标志，招标人将不承担投标文件错放或提前开封的责任，由此造成的提前开封的投标文件将被拒绝，并退还给投标人。投标文件按招标文件前附表所述的单位和地址退回。

（8）投标文件有下列情形之一的，在开标时将被作为无效或作废的投标文件，不能参加评标：

1）投标文件未按规定标志、密封的。

2）未经法定代表人签署或未加盖投标人公章或未加盖法定代表人印鉴的。

3）未按规定的格式填写，内容不全或字迹模糊辨认不清的。

4）投标截止时间以后送达的投标文件。

四、国际工程投标决策

对投标单位来说，运用正确的策略和方法是十分重要的工作。从生产经营的基本目的出发，一般来说，投标单位贯于坚持的是盈利原则，即以营利为主要目标的投标选择，而对其他目标选择只是暂时的、局部的，其长远目标以实现最大经济效益为最终目的。

投标是竞争，竞争策略是承包单位投标成败的关键。竞争的胜负不仅取决于竞争者实力的大小，而且主要取决于竞争策略是否正确。企业小力量薄，因为经营管理得法，发展成实力雄厚的大企业；反之，大型企业由于经营管理不善而破产倒闭是常有的事。

影响竞争成败全局的关键是指导思想和系统工作布置的管理决策。决策贯穿竞争的全过程，每个决策都有调查研究、拟订方案和选定方案三个步骤。对每个步骤都应及时做出正确的决策，构成一个完整的决策过程，只有这样，才能取得竞争的全胜。制定投标策略的重要环节包括：

（1）调查研究搜集信息。一是调查研究工程的价值前提和事实前提，价值前提是以取得高经济效益为目的；事实前提是通过收集情报、分析研究掌握竞争诸方的真实情况。二是调查建设项目的工程概况及其现场自然条件、社会协作条件；招标单位、上级和地方的意向；当地施工企业竞争对手的实力、优势、信誉；相似项目报价、计标定额、工程成本；各竞争对手的动态、报价情况。弄清各方前提条件，以制定策略。

（2）决策投标的态度和竞争方针。先研究承包该工程能得到的利益和自身能力能否胜任，然后再决策抱什么态度、采取什么方针。若为本单位长远利益，要抢占某一市场，可采用高价策略，中标可赚一大笔钱，不中标也无关紧要；或分析各竞争方优劣势，以优势和长处取胜，击败各方。

（3）在投标竞争中不断地研究和修正策略。竞争的形势是多变的，要根据情况的变化不断地改变自己的竞争策略。报价是投标中最复杂最难决策的问题，一般需事前算两笔账，一是按现行编制预算办法算一笔账；二是按现行编制施工工程成本办法算一笔账。策略上可采用扩大标价；或是先低再增加的逐步升级法；或在决策前突然降价，使竞争对手措手不及；或几家实力雄厚的承包商联合起来控制报价，以保中标。总之，要随时掌握主动权，在确认确实有利时才决策"干"，否则就当机立断，放弃投标或放弃某一部分工程。

五、国际工程投标技巧

1. 选择合适的项目投标

对投标企业而言，并不是所有的招标项目都适合企业参加投标。如果投标中标概率小或赢利能力差的项目，既浪费经营成本，又有可能失去其他更好的机会。因此，经营人员要协助投标班子的负责人在众多的招标信息中选择适合的项目投标。在选择项目时要结合企业、项目和市场的具体情况综合考虑，并注意以下几个问题：

（1）确定信息的可靠性。目前，公开发布的招标信息一般是真实的，但在招标信息公开发布前往往有很多小道消息，真伪并存，其真实性、公平性、透明性存在不少问题，而企业对投标项目的选择不能一味等待公开信息的发布，因此，要参加投标的企业必须认真分析验证所获信息的真实可靠性。

（2）对业主进行必要的调查研究。对业主的调查了解是确定项目的酬金能否收回的前提。有些业主单位长期拖欠工程款，致使承包商不仅不能获取利润，甚至连成本都无法收回。还有些业主单位的工程负责人利用职权与分包商或材料供应商等勾结，索要巨额回扣；或直接向承包商索要贿赂，致使承包商苦不堪言。投标人必须对获得项目之后业主履行合同的各种风险进行认真的评估分析。

（3）对竞争对手进行必要的了解。通过对竞争对手的数量、实力、在建工程和拟建工程的状况的了解，确定自己的竞争优势，初步判断中标的概率。如果竞争对手很多，实力又很强，就要考虑是否值得下功夫去投标。

（4）对招标项目的工程情况做初步分析。投标人应了解工程的水文地质条件、勘测深度和设计水平、工程控制性工期和总工期。如果工程规模、技术要求超过本企业的技术等级，就不能参加投标。

（5）对本企业实力的评估。投标人应对企业自身的技术、经济实力、管理水平以及目前在建工程项目的情况有清醒的认识，确认企业能够满足投标项目的要求。如果接受超出自身能力的项目，那就可能导致巨大的经济损失，并损害企业信誉，在竞争激烈的市场上给以后的工作埋下很大的隐患。

2. 项目跟踪，收集技术经济情报资料并经常进行分析研究

项目的跟踪和选择也就是对工程项目信息的连续地收集、分析、判断，并根据项目的具体情况和营销策略进行选择直至确定投标项目的过程。一个成功的承包商应该拥有广泛的项目信息来源，还应该有完整的信息收集分析以及不断的信息反馈，根据市场现实情况结合自己的营销方针和市场计划，进行详细认真的筛选和反复的论证后确定投标对象。工程项目信息的跟踪和选择关系到承包公司能否广泛地获得足够的项目信息，能否准确地选择出风险可控、能力可及、效益可靠的项目，使自己的业务得到发展和成功，可以说它是国际工程承包商投标工作的"龙头"。因此，每个国际工程承包商一般都有一个专门的配备现代化信息工具的机构负责此项工作。

广泛收集工程项目信息，可以通过以下途径：

（1）通过国际金融机构的出版物。

所有使用世界银行、亚洲开发银行等国际性金融机构贷款的项目，都要在世界银行的《商业发展论坛报》、亚洲开发银行的《项目机会》上发表。在这些刊物上发表的项目信息，从项目立项开始逐月地进行跟踪，直至发表该项目的招标公告。

（2）通过一些公开发行的国际性刊物。

如《中东经济文摘》（MEED）、《非洲经济发展月刊》（AED）也会刊登一些招标邀请通告。

（3）通过公共关系网和有关个人的接触。

对于有一定知名度的公司，往往会有一些国外代理商直接和它们接触，提供一些项目信息。有时承包商通过接触一些国外的代理商、朋友也会获得一些信息，这是国际上采用最为普遍的方法。通过个人接触不仅能得到有关的项目信息，还可以了解当地的政治、经济等其他方面的情况。因此，国际承包商需要加强企业的自我宣传，通过业务交流、宣传资料、广告等形式宣传自己的专长、实力、业绩以增强知名度，使外界了解企业的实力与水平。扩大知名度自然会增加获得信息的机会，有时甚至会得到业主的直接邀请而参加投标。

（4）通过驻外使馆、有关驻外机构、外经贸部或公司驻外机构。他们与当地政府和公司接触频繁，因此得到的信息也十分丰富。

（5）通过与国外驻本国机构的联系。如各国使馆，联合国驻本国机构或世界银行驻本国机构等。

（6）通过国际信息网络。

3. 研究招标项目的特点，根据招标项目的类别、施工技术条件等综合考虑报价策略

除了对情报进行分析外，投标人还必须对招标文件进行认真的分析研究，必须吃透标书，弄清楚各项条款的内容及其内涵。对招标文件的研究，重点是投标者须知、合同条款、技术规范、图纸及工程量表。另外，还要弄清楚工程的发包方式；报价的计算基础；工程规模和工期要求；施工组织设计；合同当事人各方的义务、责任和所享有的合法权益等；招标文件中规定的技术要求、支付条件及法律条款等工程必须遵循的规范、标准及对物资采购的要求等；图纸、施工说明书及工程量表等。上述内容都必须在投标前认真分析，并结合现场勘察掌握的新情况进行综合研究，从而制定科学正确的、有竞争力的策略。

第三节　国际工程投标的有关规定

一、世界银行对投标采购活动的有关规定

采购是世界银行实现发展援助和政策意图的重要手段。多年来，世界银行以高标准采购体系引领了主要政府间国际金融机构的采购制度和管理模式。2016年7月，世界银行发布了新采购体系（New Procurement Framework），建立了采购发展战略管理制度（Project Procurement Strategy for Development，PPSD），将采

购需求的确定和实现贯穿于项目执行全过程，确保采购活动最大限度地实现项目预期目标。

具体采购程序取决于每个项目的特定情况，但是总的来说，指导世界银行上述要求的是以下四项基本考虑：

第一，在项目实施（包括有关的货物和工程采购）中，必须注意节约和效率。

第二，世界银行力图为所有合格的供应商提供竞争合同的机会。

第三，作为一个开发机构，世界银行愿意促进借款国国内承包业和制造业的发展。

第四，采购过程要有高度的透明度。

实行这些原则主要是出于以下考虑：

（1）世界银行贷款项目的金额都比较高，其中绝大部分用于货物或工程的采购，如果不能经济地实施，就会造成项目贷款的浪费，效益不能充分实现。不仅使借款人遭受损失，对世界银行也不利。

（2）采购是项目实施的关键环节之一，如果不能节俭高效地采购，很可能会增大成本、推迟项目的及时建成，难以实现项目效益，损害了借款人和世界银行的利益。

（3）世界银行的贷款项目还必须考虑所有会员国，包括发展中国家和发达国家的利益。世界银行规定所有会员国对世界银行贷款项目的采购招标均有公平竞争的机会，但由于发展中国家的企业无论资金实力还是技术水平、管理能力等都与发达国家有很大差别，所以，公开招标胜利者主要是发达国家的厂商企业。因此，世界银行的《采购指南》专门规定对发展中国家实行一定程度的优惠。

（4）世界银行是一个国际开发机构，目前的根本任务是帮助发展中国家发展经济，贷款项目的最终目的是促进发展中国家的经济发展。世界银行规定，在采购中发展中国家的本国投标商可以享受一定的优惠。这一政策有利于发展中国家工业和承包业的发展，既符合发展中国家发展经济的要求，也合乎国际惯例。

（5）强调采购过程中透明度的重要性是世界银行在最新版本中特别增加的一条原则。透明度原则不仅可以保证采购程序的公开、公正和公平，还能促进采购的各项政策目标的实现，并且对防止采购中出现腐败有极其重要的作用。

世界银行认为，在大多数情况下，《采购指南》的要求和意愿可以通过管理得当的并且给予国内承包商适当优惠的国际竞争性招标得以充分实现。世界银行规定采取国际竞争性招标的目的是将借款人的要求及时充分地通知给所有合格的、有意参加投标的投标人，并为其提供货物和土建工程进行投标的平等机会。但是，在有些情况下，最经济有效的采购方式不是国际竞争性招标，而是贷款协议中规定的其他采购方式,《采购指南》第三章描述了其他采购方式以及在什么情况下采用这些方式较为合适。一个具体项目的货物和土建将采用何种采购方式在项目的贷款协定中有明确的规定。

在国际竞争性招标程序中详细说明了这种方式的程序和方法,包括总则、招标文件、开标、评标和授标。修改后的国际竞争性招标规定了会员国的供应商和承包商都有公平地参与投标竞争的机会。根据不同地区和国家的情况,规定凡采购金额在一定限额以上的货物和工程合同都必须采用国际竞争性招标。对于一般的借款国而言,10万~25万美元以上的货物采购合同、大中型的工程采购项目都应使用国际竞争性方式。在世界银行用于采购的贷款总额中,国际竞争性招标占80%左右。世界银行的《采购指南》规定在无法事先确定技术规格的特殊情况下可以采用两阶段招标程序,这个特殊情况是指交钥匙的合同或大型复杂的工厂或特殊性质的土建工程。两步法招标程序的步骤是:第一阶段,先由投标人根据基本的运转和性能要求提出技术性建议,经与几个投标人谈各个建议的优点,达成共同的技术标准和性能技术规格。第二阶段,提出最终的建议书和带报价的投标书,按照正常的招标方式进行招标。

世界银行的《采购指南》通过附录的方式规定了严格的银行审查制度。借款人的采购程序、采购文件、评标和授标以及合同都要经银行审查,以确保采购过程按照贷款协议的程序进行。由世界银行贷款支付的不同类别的货物和工程的审查程序在贷款协议中有明确规定。在本附录中,详细规定了银行审查的程序,包括事先审查和事后审查。银行有权根据审查结果,要求借款人对采购活动中的任何决定说明理由和接受银行的建议。

在国际竞争性招标中,投标书的准备和提交时间的确定应考虑项目的具体特点和合同的规模及复杂程序。一般来说,国际竞争性招标的投标书准备不少于招标通告刊登之日起或招标文件发布之日起6周的时间。如果是大型工程或复杂的设备,则投标书的准备时间不得少于12周,以便投标商在提交投标书之前进行调查。在这种情况下,鼓励借款人举办标前会和安排现场实地考察。应该允许投标商采用邮寄或直接送达的方式递交投标书。招标通告中应明确规定接收投标书的截止日期和地点。

投标截止日期以后不得允许投标商修改投标书。借款人应该要求投标商就评标所需的问题进行澄清,但不得要求或允许投标商在开标之后改变投标书的实质性内容或价格。澄清的要求和投标商的答复均应采取书面形式。但如果最低评标价的投标大大超过借款人标前的估算成本,借款人应调查超出成本的原因并考虑重新招标。另外,借款人可以与最低评标价的投标商进行谈判,以尝试通过减少合同范围和(或)重新分配风险及减少合同价后反映出的责任来取得满意的合同。但是，实质性的减少合同范围或修改合同文件可以要求重新招标。在废除所有投标、重新招标或与最低评标价的投标商进行谈判之前，必须征得银行的同意。

二、亚洲开发银行对投标采购活动的有关规定

虽然采购项目所需的货物与工程的最终责任在借款人，但是亚行有义务确保其贷款资金的使用能够充分注重经济和效率。鉴于此，亚行贷款下的采购强调四条基本原则：

第一，特别基金贷款下的采购只限于对该基金捐款的发达成员国以及所有发展中成员国。除董事会根据亚行章程另行规定外，贷款资金只能用于采购亚行成员国提供或生产的货物和工程。

第二，为使采购达到经济和效率，亚行要求借款人通过国际竞争性投标的方法来采购货物与工程。除非在特殊情况下，亚行和借款人都已同意使用其他更合适的方法。

第三，作为一个国际合作机构，亚行给予所有成员国向其贷款项目提供货物与工程的机会。

第四，为达到经济和效率，以及抵制欺诈与腐败，在采购过程中必须具有透明度。

国际竞争性招标旨在向借款人提供广泛的机会，从相互竞争的供货商、承包商中选择最佳投标商，并向所有来自合格国家的有意参加亚行贷款采购货物和工程项目的投标商提供充分、公平和平等的机会。

对于大多数土建工程合同、交钥匙合同以及昂贵的、技术上复杂的设备供货合同，要求对投标商进行资格预审，以确保只有在技术和财务上都有能力的公司才能应邀投标。资格预审应完全以有意投标的公司能令人满意地承担特定工作为基础，应考虑：①相关经验和以往业绩；②人员、设备和厂房等方面的能力；③财务状况。亚行要求借款人（包括亚行贷款的受益人）以及亚行资助合同下的投标商/供货商/承包商在采购和执行合同的过程中遵守最高的伦理标准。

（1）邀请货物投标，对于海外提供的所有货物，应以到岸价 CIF 或运费保险付至（目的地）价 CIP 为基础；对于当地提供、制造或组装的货物，包括那些以前进口的货物，应以出厂价（EX works，EXW）为基础。如果要求投标商承担内陆运输、安装、调试或其他类似的服务，如与"供货和安装"合同一样，应要求投标商对这些服务另外提出一个报价。

（2）如果借款人希望将进口货物的运输和保险交由国内公司或其他指定的

机构承担，则应要求投标商在报出上面提到的 CIF 或 CIP 之外，还要报出离岸价 FOB 或成本加运费价 CFR。最低评标价的选择应以 CIF 或 CIP 为基础，但是借款人可以签署基于 FOB 或 CFR 条款的合同，自行安排运输和保险。

（3）在交钥匙合同情况下，应要求投标商报出现场安装完毕的工厂价格，其中包括以下方面的所有费用：设备供应、海上和当地运输及保险、安装和调试以及包含在合同范围内的配套工程和所有其他服务，如设计、运行和维护。除非在招标文件中另行规定，交钥匙价格应包含全部关税、税费以及其他征收费用。

（4）对于土建工程合同的投标商，应要求其报出承担该工程的单价或一次性总付价，该报价应包括全部关税、税费以及其他征收费用。应允许投标商从任何合格的来源获得所有的投入物，以使其能够提供最具竞争力的投标。

投标商一旦收到资格预审文件或招标文件，就应该认真地进行研究，从而确定自己是否能满足技术、商务和合同条件，如果能够满足，就可以着手准备投标书。投标商应该着重审查这些文件中是否有含糊不清、遗漏或自相矛盾的地方，是否有不明确或带有歧视性、限制性的技术规格或其他条件，如果有，投标商应该要求借款人进行澄清，澄清应该采取书面形式在招标文件中规定的时间内进行。

挑选中标商的标准和方法在招标文件中有明确规定，一般写在投标须知和技术规格中。如果对这些规定不清楚，投标商应该要求借款人进行澄清。关于这一点，应该着重强调的是借款人发布的具体的招标文件只适用每一项具体的采购。

投标商的责任是在提交投标书之前，指出招标文件中含糊不清、相互矛盾或遗漏的问题，以保证提交一份完全符合要求的投标书，包括招标文件中要求的证明文件。不满足主要（技术和商务）要求的投标将予以废标。投标商如果希望对非关键性的要求提出偏离或替代性的方案，应该先对完全符合要求的投标报价，然后在其提出的偏离或替代方案可能接受的条件下单独注明价格调整。一旦借款人收到投标书并已公开开标，就不得要求或允许投标商改变投标价格或投标的实质内容。

三、其他相关规定

（一）国际复兴开发银行贷款和国际开发协会信贷采购指南

投标人应按要求在招标文件规定的期限内提交有效的投标书，以使借款人有充足的时间完成对投标的比较和评价、同世界银行一起审查授标建议（如果采购计划有要求），并获得一切必要的批准，以便能在该期限内授予合同。

借款人可以选择是否要求投标人提交投标保证金。如果要求提交投标保证金，投标保证金应该按照招标文件中规定的金额和格式提交。投标保证金应在投标有效期满后的 4 周内保持有效，以使借款人在需要索取保证金时，有合理的时间采取行动。在与中标人签订合同之后，应及时退还未中标的投标人的投标保证金。如果不要求提供投标保证金，借款人可以要求投标人签署一项声明，声明如果在投标有效期内不能在招标文件规定的截止日期前提交履约保证金，该投标人的投标资格将被暂停一段时间，从而不得参与借款人有关的任何合同的投标。

资格预审文件、招标文件以及投标书的编写应使用借款人选择的下述三种语言中的一种：英语、法语、西班牙语。与中标人签订的合同应使用招标文件所使用的语言，该语言应作为主导借款人和中标人之间的合同关系的语言。除了使用英语、法语、西班牙语外，借款人还可以选择采用本国语言（或者借款国全国性商业活动所采用的语言）编写资格预审文件和招标文件。如果资格预审文件和招标文件采用两种语言编写，应允许投标人使用其中的一种提交他们的投标书。这时，与中标人之间的合同应该使用投标书的语言签订。如果使用英语、法语或西班牙语之外的语言签订合同，而且该合同需要世界银行事前审查，借款人应该使用编写招标文件时所使用的国际通用语言翻译该合同文件，并提交给世界银行审查，不应该要求或允许投标人使用两种语言签订合同。

（二）国际招投标法

国际招标投标要遵循世贸采购条例及国际标业法则进行。招标投标是市场经济的产物，国际上主要依靠市场经济自由竞争、优胜劣汰的手段和规律来管理和调节，政府只进行监督和引导。政府制定官方的物价指数，供长期合同在市场物价波动需调整合同价格时使用。政府不审查咨询人、招标代理、监理人、承包商和供应商的资质，不发放各种资质证书。对投标人资质的审查要注重其所完成的类似项目的经验，避免出现冒牌顶替、借资投标的情况。投标人只有依靠诚信才能在市场长期立足和发展。行业协会或某些社会团体可以对投标人的投标业绩进行统计和排序，如美国工程新闻记录每年统计全球 225 家较大的承包商的情况等，但无法律效力。

联合国机构的采购由其自主执行，投标人必须事先注册登记，只有成为联合国的准供应商才有机会获得联合国采购的订单。联合国机构也可以作为采购代理为客户服务。国际金融组织贷款项目的采购由借款人进行和完成，国际金融组织进行监督和指导，投标人不需事先登记，随时可以投标。国际金融组织自己进行的采购则与联合国的采购类似，投标人需要事先注册登记。

中国国际招投标流程：①委托招标（业主选择合适的招标公司）。②编制招标文件（业主给招标公司所需设备的技术参数，招标公司主管商务部分）。③在中国国际招标网上注册项目，并抽取审核专家审核招标文件，随后按照专家意见修改招标文件（随项目性质不同在不同网上注册）。④商务部机电办批准，发售招标文件。⑤出售文件过程中，解答所有投标商疑问，并安排开标事宜。⑥每包满足 3 家按期开标。⑦评标。在国际招标网上抽取 3 名相关专家组成评标委员会。⑧结合专家、业主意见出中标通知书，相关文件送机电办审核。⑨项目归档。

复习与思考

（1）为什么要对国际承包市场进行评估？

（2）国际承包市场评估包括哪些内容？它的基本思路是什么？

（3）投标报价前，承包商应做哪些准备工作？在这些准备工作中，你认为哪些是关键环节，为什么？

（4）你认为承包商在融资方面应考虑哪些问题？

（5）投标书的编制和投送应注意什么？

第五章　国际工程投标报价

报价是整个投标工作的核心。它不仅是能否中标的关键，而且对中标后能否盈利和盈利多少也起着决定性的作用。在国际工程投标中，报价工作比国内工程投标复杂得多。合理的标价是既能中标又能盈利的，应满足的条件是工程项目各项费用计算比较准确，高低适中；标价和标底接近；标价与承包商自身的技术水平、设备条件、管理水平相适应；符合该承包商市场价格水平现况，即能随行就市。

第一节　国际工程报价计算程序

一、熟悉招标文件

招标文件的内容很广泛，承包商必须全面消化标书内容，关注任何一个细节，以下问题需要重视。

（一）关于合同方面

1. 工期

包括开工日期、动员准备期及施工期限等，是否有分段分批交付的要求。工期对施工方案、施工机具设备的配备、高峰期劳务人员的数量均有影响。误期赔偿金额是否有最高限额的规定，这对施工计划的安排和误期的风险大小也有影响。

2. 缺陷责任期长短和缺陷责任期间的担保金额

可确定何时收回工程尾款，确定承包商在缺陷责任期的维护费用，这对承包商的资金利息和保函费用计算有一定的影响。

3. 保函

包括投标保函、履约保函、预付款保函、施工机械临时进口再出口保函和维修期质量保证金保函等。保函值的要求，允许开保函的银行限制，保函有效期的规定，是转开保函还是转递保函等，这对承包商计算保函手续费用和用于银行开保函所需抵押金的占用有重要关系。

4. 付款条件

是否有预付款及其扣回方式如何，材料、设备到达现场并检验合格后是否可以获得部分预付款；中期付款方法，付款币种，保留金比例，保留金最高限额，退回保留金的时间和方法，拖延付款如何支付利息，中期付款有无最小金额限制，每次付款的时间规定等，这些都是影响承包商计算流动资金及其利息费用的重要因素。

5. 税收及关税

是否免税或部分免税，免哪种或哪几种税收，要分清 Tax 与 Duty 所表示的含义不同，这些将严重影响材料、设备的价格计算。

6. 保险

保险的种类（如工程一切险、第三方责任险、施工机械险、现场人员的人身事故险、设计险、海事险等）和最低保险金额，对保险公司有无限制，这与计算保险手续费有一定的关系。

7. 货币

外汇兑换和汇款规定，是否有外汇管制。

8. 索赔

相应的索赔条款，是否有明确的索赔费用计算方法。

9. 分包

对工程分包有何具体规定，对非土建类的工程是否属于指定分包，总承包商对指定分包商应提供何种条件、承担何种责任，如何对指定分包商计价。

（二）关于材料、设备和施工技术要求方面

1. 采用何种施工规范

特别应注意该施工规范与中国规范的差异，因为我们报价套用的企业定额采用的是中国规范。如混凝土强度，中国规范用的是圆柱体强度，而美国规范用的是立方体强度，因此，同样是 C20 级混凝土，美国规范等级要比中国规范高。

2. 特殊的施工要求

要列全技术规范对施工方案、机具设备和施工时间等的特殊要求，如桥梁钻

孔桩钢筋笼分几节吊装、单桩钻孔时间、桩混凝土灌注时间的限制等；特殊材料、特殊设备的技术要求。

摘选每种须进行国外询价的材料、设备，编制细目表，说明规格、型号、技术数据、技术标准并估算出需要量，以便及时向外询价。

项目及单项工程试运行、对业主相关人员培训的要求。

（三）关于工程范围和报价要求方面

认真研究报价合同是总价合同、单价合同还是成本补偿合同，不同的合同形式对承包商带来的风险也不相同。

仔细研究招标文件中工程量清单的组成内容，结合规范、图纸及其他合同文件认真考虑工程量的分类方法及每一项工程的具体含义和内容，这在单价合同中尤为重要。

永久性工程之外的项目的报价要求：工程师现场费用（住宿、办公、家具、车辆、水电、实验仪器、测量仪器、服务设施和杂务费用）、进出场费用、施工设计费用、勘查、临时工程、进场道路、水电供应是否单独列入工程量清单，若未单独列入工程量清单，则需将上述费用分摊到正式工程中。

是否还有特殊项目的报价要求，防止漏项。对不发达地区施工的国际工程项目：永久工程有关供水、供电部分，招标文件中往往指明产品品牌，且一般要求承包商在施工结束时为项目提供 3~5 年的配件，这些要求都直接影响承包商的报价。

二、现场踏勘

现场踏勘是标价计算之前的一项重要准备工作，是成功投标报价的基础，其主要内容包括以下几个方面。

（一）工程建设的政治、经济、社会环境

1. 政治情况

工程项目所在国的社会制度和政治制度；政策的开放性与连续性；政局的稳定性，有无发生政变、暴动或内战的因素；与邻国关系如何，有无发生边境冲突或封锁边界的可能；与我国的双边关系如何。

2. 经济条件

工程项目所在国的经济发展情况和自然资源状况；金融环境包括外汇储备、外汇管理、汇率变化、银行服务等；港口、铁路和公路运输以及航空交通与电信联络情况；当地的科学技术水平；对外贸易情况；保险公司的情况。

3. 法律方面

工程项目所在国的宪法；与承包活动有关的经济法、招投标法、工商企业法、建筑法、劳动法、税法、金融法、外汇管理法、经济合同法以及经济纠纷的仲裁程序等；民法和民事诉讼法；移民法和外国人管理法。

4. 社会情况

当地的风俗习惯；居民的宗教信仰；民族或部族间的关系；工会的活动情况；治安状况。

（二）工程所在国生产要素市场

工程所在国生产要素市场的调查包括以下四个方面：①主要建筑材料的采购渠道、质量、价格、供应方式。②施工机械的采购与租赁渠道、型号、性能、价格以及零配件的供应情况。③当地劳务的技术水平、工作态度与工作效率、雇用价格与手续等。④当地的生活费用指数、食品及生活用品的价格、供应情况。

（三）工程现场自然条件与施工条件

施工现场自然条件的调查包括：①工程所在国的地理位置和地形、地貌。②气象资料，包括年平均气温、年最高气温和最低气温，风向与风力，年平均降雨（雪）量和最大降雨（雪）量，其中尤其要分析全年不能和不宜施工的天数等。③水文资料，包括地下水位、潮汐、风浪等。④地震、洪水及其他自然灾害情况等。⑤地质情况，包括地质构造及特征，承载能力，地基是否有大孔土、膨胀土，冬季冻土层厚度等。

现场施工条件调查包括：①工程现场的用地范围、地形、地貌、地上或地下障碍物、现场的三通一平情况。②工程现场周围的道路、进出场条件，有无特殊交通限制（如单向行驶、夜间行驶、转弯方向限制、货载重量、窝度、长度限制等）。③工程现场场地情况，包括施工临时设施、施工机具、材料等现场安排的可能性。④工程现场的水、电、通信等基础设施情况。⑤当地政府有关部门对施工现场管理的一般要求、特殊要求及规定，是否允许节假日和夜间施工等。⑥现场附近各种服务设施情况，如当地的医疗、公共交通、文化娱乐设施情况，有无特殊的地方病、传染病等。

（四）工程项目业主与承包商自身

工程项目业主的调查包括：①工程的资金来源、额度、落实情况。②工程各项审批手续是否齐全。③业主的工程建设经验，是否第一次承担建设项目，对承包人的态度和信誉，是否及时支付工程款、合理对待承包人的索赔要求。④监理工程师的资历和水平，工作方式和习惯，对承包人的基本态度，当出现争端时能否站在公正的立场上提出合理的解决方案等。

投标人内部情况调查的主要内容包括：①公司的施工能力和特点。②公司的设备和机械，特别是临近地区有无可供调用的设备和机械。③有无从事类似工程的经验。④有无垫付资金的来源。⑤投标项目对公司今后业务发展的影响。

（五）竞争对手

竞争对手的调查包括：①历次招标中本行业企业投标人的数目。只有经过一定时间的积累后，方可找到投标人数的规律。在未来的投标中，投标企业可以遵循此规律，结合投标合同的大小和本行业经营状况，估算出将要投标的企业数目。这个数字决定了企业的报价策略。②每个企业的投标经历。即竞争对手过去参加过哪些投标、参加的次数、中标的次数、得次低标的次数、开标后降价的幅度。③竞争对手的经营情况、生产能力、技术水平、产品性能、质量及知名度等。④有多少家公司获得本工程的投标资格、购买了投标文件，有多少家公司参加了标前会议和现场踏勘，从而分析可能参与投标的公司。

三、参加标前会议

标前会议也称投标预备会或招标文件交底会，是招标人按投标须知规定的时间和地点召开的会议，也是投标前的一次非常重要的会议，一般由参加现场勘察的人员参加。

对于规模较大的工程项目招标，通常在报送投标报价前由招标机构召开一次标前会议，以便向所有有资格的投标人澄清他们提出的各种问题。一般来说，投标人应当在规定的标前会议日期之前将问题以书面形式寄给招标机构，由招标机构将其汇集起来研究，做出统一的解答。公开招标的规则通常规定招标机构不得向任何投标人单独回答其提出的问题，只能统一解答，并且要将所有问题的解答发给每一个购买了招标文件的投标人，以示公平对待。

在标前会议期间，招标机构往往会组织投标人到拟建工程现场参观和考察，投标人也可以在会后到现场专门考察当地建设条件，以便正确做出投标报价。标前会议和现场踏勘的费用通常由投标人自行负担。如果投标人不能参加标前会议，可以委托其当地的代理人参加，也可以要求招标机构将标前会议的记录寄给投标人。

四、核算工程量

工程量是指以自然计量单位或物理计量单位表示的各分项工程或结构构件的

工程数量，如灯箱、镜箱、柜台以"个"为计量单位。工程量在报价中占有重要位置。首先，由于工程量是工程计价的基础，所以工程量计算的准确与否直接影响工程造价的准确性，以及工程建设的投资控制。其次，工程量是施工企业编制施工作业计划，合理安排施工进度，组织现场劳动力、材料以及机械的重要依据。最后，工程量是施工企业编制工程形象进度统计报表，向工程建设投资方结算工程价款的重要依据。

（一）工程量计算的内容

1. 工程量清单

工程量清单是表现拟建工程的分部分项工程项目、措施项目、其他项目名称和相应数量的明细清单。

2. 项目编码

项目编码采用十二位阿拉伯数字表示。一至九位为统一编码，其中，一、二位为专业工程代码；三、四位为附录分类顺序码；五、六位为分部工程顺序码；七、八、九位为分项工程顺序码；十至十二位为清单项目名称顺序码。

3. 综合单价

综合单价是指完成工程量清单中一个规定计量单位项目所需的人工费、材料费、机械使用费、管理费和利润，并考虑风险因素。

4. 措施项目

措施项目是指为完成工程项目施工，发生于该工程施工前和施工过程中技术、生活、安全等方面的非工程实体项目。

5. 预留金

预留金是指招标人为可能发生的工程量变更而预留的金额。

6. 总承包费

总承包费是指为配合协调招标人进行的工程分包和材料采购所需的费用。

7. 零星费用

零星费用是指完成招标人提出的，工程量暂估的零星工作所需的费用。

8. 消耗定额

消耗定额是指由建设行政主管部门根据合理的施工组织设计，按照正常施工条件下制定的生产一个规定计量单位工程合格产品所需人工、材料、机械台班的社会平均消耗量。

9. 企业定额

企业定额是指施工企业根据企业的施工技术和管理水平，以及有关工程造价资料制定的，并供企业使用的人工、材料和机械台班消耗量。

10. 招标标底

招标标底是指招标人或受其委托的工程造价咨询机构，依据招标文件中的工程量清单和有关要求、施工现场实际情况，合理的施工方法以及按照省、自治区、直辖市建设行政主管部门制定的有关工程造价计价办法，编制的招标预期价格。在工程量清单计价模式下的工程招标中，标底并不是决定能否中标的标准价，而是对投标进行评审和比较时的一个参考价。

11. 投标报价

投标报价是由投标人依据招标文件中的工程量清单和有关要求、施工现场实际情况，以及拟订的施工方案或施工组织设计、企业定额（或参考当地建设行政主管部门发布的社会平均消耗量定额）、市场价格信息，结合自身的施工技术和管理水平编制的工程竞标价格。

12. 建设项目

建设项目是指经过有关部门批准的立项文件和设计任务书，经济上实行独立核算，行政上实行统一管理的工程项目。

建设项目的名称一般是以这个建设单位的名称命名。一个建设单位就是一个建设项目，如××汽车修配厂、××水泥厂、××专科学校、××医院等。

一个建设项目由多个单项工程构成，有的建设项目如改扩建项目也可能由一个单项工程构成。

13. 单项工程

单项工程是指在一个建设项目中，具有独立的设计文件，建成后可以独立发挥生产能力和使用效益的项目。

单项工程是建设项目的组成部分。例如，一个工厂的车间、办公楼、配电房、食堂等。

14. 单位工程

单位工程是指具有独立的设计文件，可以独立组织施工和单项核算，但不能独立发挥生产能力和使用效益的工程项目。单位工程不具有独立存在的意义，是单项工程的组成部分。

工业与民用建筑物工程中的建筑工程、装饰装修工程、电气照明工程、设备安装工程等均属于单位工程，一个单位工程由多个分部工程构成。

15. 分部工程

分部工程是指按工程的部位、结构形式的不同等划分的工程项目。例如，建筑工程中包括土（石）方工程、桩与地基基础工程、砌筑工程、混凝土及钢筋混凝土工程、厂库房大门、特种门木结构工程、金属结构工程、屋面及防水工程等多个分部工程。

分部工程是单位工程的组成部分，一个单位工程由多个分部工程构成。

16. 分项工程

分项工程是根据工种、构件类别、使用材料不同划分的工程项目。例如，混凝土及钢筋混凝土分部工程中的带形基础、独立基础、满堂基础、设备基础、矩形柱、有梁板、阳台、楼梯、雨篷、挑檐等均属分项工程。

分项工程是工程量计算的基本元素，是工程项目划分的基本单位，因此工程量均按分项工程计算。

（二）计算工程量

计算工程量应分别不同情况，一般采用以下几种方法：

1. 按顺时针顺序计算

以图纸左上角为起点，按顺时针方向依次进行计算，当按计算顺序绕图一周后又重新回到起点。这种方法一般用于各种带形基础、墙体、现浇及预制构件计算，其特点是能有效防止漏算和重复计算。

2. 按编号顺序计算

结构图中包括不同种类、不同型号的构件，并且分布在不同的部位，为了便于计算和复核，需要按构件编号顺序统计数量，然后再进行计算。

3. 按轴线编号计算

对于结构比较复杂的工程量，为了方便计算和复核，有些分项工程可按施工图轴线编号的方法计算。例如，在同一平面中，带形基础的长度和宽度不一致时，可按 A 轴①~③轴，B 轴③、⑤、⑦轴这样的顺序计算。

4. 分段计算

在通长构件中，当其截面有变化时，可采取分段计算。例如，当多跨连续梁中某跨的截面高度或宽度与其他跨不同时，可按柱间尺寸分段计算，又如楼层圈梁在门窗洞口处截面加厚时，其混凝土及钢筋工程量都应按分段计算。

5. 分层计算

分层计算法在工程量计算中较为常见，如墙体、构件布置、墙柱面装饰、楼地面做法等各层不同时，都应按分层计算，然后再将各层相同工程做法的项目分别汇总项。

6. 分区域计算

大型工程项目的平面设计比较复杂，可在伸缩缝或沉降缝处将平面图划分成几个区域分别计算工程量，然后再将各区域相同特征的项目合并计算。

7. 快速计算

快速计算法是在基本方法的基础上，根据构件或分项工程的计算特点和规律总结出来的。其核心内容是利用工程量数表、工程量计算专用表、各种计算公式加以技巧计算，从而达到快速、准确计算的目的。

例：墙体工程量的计算方法

1. 墙体体积＝长×宽×高−门窗洞口体积−墙内过梁体积−墙内柱体积−墙内梁体积等

（1）实心砖墙、空心砖墙及石墙均按设计图示尺寸以体积计算。扣除门窗洞口、过人洞、空圈、嵌入墙内的钢筋混凝土柱、梁、圈梁、挑梁、过梁及凹进墙内的壁龛、管槽、暖气槽、消火栓箱所占体积。不扣除梁头、板头、檩头、垫木、木楞头、沿缘木、木砖、门窗走头、砖墙内加固钢筋、木筋、铁件、钢管及单个面积 $0.3m^2$ 以内的孔洞所占体积。凸出墙面的腰线、挑檐、压顶、窗台线、虎头砖、门窗套的体积亦不增加，凸出墙面的砖垛并入墙体体积内。

a. 墙长度：外墙按中心线，内墙按净长计算。

b. 墙高度：

i. 外墙：斜（坡）屋面无檐口天棚者算至屋面板底；有屋架且室外均有天棚者算至屋架下弦底另加 200mm；无天棚者算至屋架下弦底另加 300mm，出檐宽度超过 600mm 时按实砌高度计算；平屋面算至钢筋混凝土板底。

ii. 内墙：位于屋架下弦者，算至屋架下弦底；无屋架者算至天棚底另加 100mm；有钢筋混凝土楼板隔层者算至楼板顶；有框架梁时算至梁底。

iii. 女儿墙：从屋面板上表面算至女儿墙顶面（如有混凝土压顶时算至压顶下表面）。

iv. 内外山墙：按其平均高度计算。

v. 围墙：高度算至压顶下表面（如有混凝土压顶时算至压顶下表面）围墙柱并入围墙体积内。

（2）现浇混凝土墙按设计图示尺寸以体积计算。扣除门窗洞口及单个面积 $0.3m^2$ 以外的孔洞所占体积，墙垛及突出墙面部分并入墙体体积计算内，不扣除构件内钢筋、预埋铁件所占体积。

a. 钢筋混凝土墙应扣除门窗洞口所占的体积。

b. 墙的高度按下层板上皮至上一层板下皮的高度计算。

c. 混凝土墙与柱连在一起时，如混凝土柱不突出墙外，混凝土柱的体积并入墙体内计算；如混凝土柱突出墙外，混凝土墙的长度算至柱子侧面，与墙连接的柱另行计算。

d. 混凝土墙与梁连在一起时，如混凝土梁不突出墙外且梁下没有门窗（或洞口），混凝土梁的体积并入墙体内计算；如混凝土梁突出墙外或梁下有门窗（或洞口），混凝土墙与梁应分别计算。

2. 砼墙体的模板＝墙体的外露面积＋洞口侧壁面积

天津 2004 计算规则：混凝土、钢筋混凝土模板及支架按照设计施工图示混凝土体积计算。

3. 砼墙高度超过 3.6m 增价＝砼墙高度超过 3.6m 的墙体体积总和

4. 内外脚手架按墙面垂直投影面积计算。外墙脚手架长度按外墙外边线计算，内墙脚手架长度按内墙净长计算。高度按自然地坪至墙顶的总高计算。

五、制定施工方案

施工方案是根据一个施工项目制定的实施方案，其中包括组织机构方案（各职能机构的构成、各自职责、相互关系等）、人员组成方案（项目负责人、各机构负责人、各专业负责人等）、技术方案（进度安排、关键技术预案、重大施工步骤预案等）、安全方案（安全总体要求、施工危险因素分析、安全措施、重大施工步骤安全预案等）、材料供应方案［材料供应流程、接保检流程、临时（急发）材料采购流程等］。此外，根据项目大小还有现场保卫方案、后勤保障方案等。施工方案是根据项目确定的，如项目简单、工期短就不需要制定复杂的方案。

施工方案的内容一般包括：

（1）编制依据、原则。

（2）编制范围。

（3）工程概况。

（4）总体布置及工期安排。

（5）施工技术方案。

（6）工期保证措施。

（7）质量目标、保证体系及保证措施。

（8）安全生产目标及保证措施。

（9）应急救援预案。

（10）夏季、冬季施工保证措施。

（11）环境保护措施。

（12）文明施工要求。

（13）与甲方监理、设计间的协调。

六、分包工程询价

分包工程是指在建筑施工单位签订的施工合同中，因为市场原因或工期太紧，或施工单位的资质限制，往往需要将承包工程的一部分或几部分分包给其他单位施工的分项或分部工程。承包人所承包工程中的非地基和非主体结构工程的部分，经发包人同意，由总承包人和分包人就分包项目达成一致。

国际上惯用的分包方式主要有两种：一种是由业主直接与分包商签订合同，总包商仅负责在现场为分包商提供必要的工作条件、协调施工进度和照管器材，并向业主计取一定数量的管理费和利润，按这种方式签约的分包商称为业主指定的分包商。另一种是分包单位完全对总承包商负责，而不与业主发生关系，此种分包单位称为承包商选定的分包商。后一种方式对标价有一定的影响，因此在报价之前应进行分包询价。通常是将准备发包的专业工程图纸和技术说明送交预先选定的几个分包单位，请它们在约定的时间之内报价，以便进行比较选择。有时，业主特意向总承包商推荐专业分包单位还应注意正确处理与这些被推荐单位的关系，共同为报价做好准备。

分包工程价格作为报价的一部分，总承包商在分包询价中，根据工程项目选择技术好、报价性价高的公司合作。

第二节 国际工程报价计算

一、国际工程报价组成

标价是报价书中的主要内容，在国际招标投标中，尤其是世界银行和亚洲开发银行的项目都是采取最低标价优先中标的原则，因此标价高低直接影响和决定着投标人是否能中标，而且标价是否合理也决定着项目能否盈利或在标价范围内完成。标价中的费用有以下各项：直接费用、间接费用、税金利润和其他。

(一) 直接费用

直接费用是指根据设计图纸采用实物法计算的单项工程的人工费、材料费、机械设备费，其计算方法与国内工程大同小异。

1. 人工费计算

人工费的计算步骤一般是先确定综合工日单价，需综合出国职工、出国民工、当地工人来计算工日单价；再结合工程所在国的情况，根据企业定额分析工程消耗的总工日数；最后计算出人工费用。

2. 设备、材料费的计算

根据材料供应的渠道及价格不同，应采用不同的计算方法。

若为国内采购材料，则材料预算价＝出厂价+国内段运输费+港口仓储费+海洋段运保费+当地运杂费。

其中，港口仓储费包括材料到港口的码头仓储保管费、倒运费、上船装船等费用。海洋运保费包括基本运费、附加费、保险费等。当地运杂费包括材料卸船到码头仓库的上岸费、关税、保管费、手续费、清关代理费、当地运输费、工地卸货费等。

若为当地采购材料，则材料预算价＝批发价+运杂费。

若为第三国采购材料，则材料预算价＝CIF 报价+当地运杂费。

其中，当地运杂费包括材料卸船到码头仓库的上岸费、关税、保管费、手续费、清关代理费、当地运输费、工地卸货费等。

3. 机械费计算

一般分为以下几个部分计算机械费：

（1）月租费。对自有机械而言，根据企业的月租费标准，按施工组织设计编排的使用时间计算。计算使用时间时，必须考虑运输时间和停机的时间。

（2）安装拆卸费用。根据工程特点，逐项计算安装拆卸费用。

（3）运杂费。即施工机械由厂家（或另一工地）运至施工现场所发生的国内外一切运杂费，根据施工机械的数量清单，分别计算国内运杂费、海运费及保险费、国外运杂费，包含进场时和出场时的运杂费。投标报价时也往往将这一部分费用单独列为进出场费。

（4）燃油料费。根据企业定额及施工机械性能计算。

（5）国外租赁施工机械费。根据施工组织设计安排的使用时间和当地调查的租赁价格计算，考虑进出场费、燃油料费等。

（二）间接费用

除工程量清单中列明的项目外，还有一部分费用未单独列项，我们称为工程间接费用。这部分费用的计算过程并不复杂，但是因为项目较多，因此在编制报价时，应将所有费用逐项列出，防止漏项。

1. 管理费

管理费是指按现场管理人员人数（包含聘请的当地管理人员，如保安、厨师、清洁工、办公室雇员、司机等）按月分别计算管理人员工资、工资附加费、办公费、差旅费、劳动保护费、业务招待费、固定资产折旧费、低值易耗品费用。

2. 投标费

投标费主要包括购置招标文件费、投标期间差旅费、编制标书费用、礼品费用及投标代理人佣金。

3. 保险手续费

保险主要分为工程全险；第三方责任险；承包商施工机械、设备险；人身险；设计险，需要承包商进行设计的，往往需要承包商对设计进行保险；海事险，通常要求对承包商的大型船舶单独投保海事险。

4. 保函手续费

保函手续费是银行、保险公司、担保人为客户开立保函业务时，需要向客户征收一定比例的手续费。一般按季度收取。

5. 税金

需调查工程所在国的纳税范围、内容、税率和计算基础，一般有如下税种：营业税、增值税、合同税、个人所得税、印花税等。

6. 贷款利息

尽管多数项目有工程预付款，但由于工程预付款一般不能满足工程前期的所有需要，承包商要向银行贷款，所以需要在标价中计算贷款利息，贷款利息可以根据国内银行或国外银行规定的利息标准计算。

7. 利润

根据工程特点、中标期望值及投标对手情况由决策者最终确定。

8. 设计费

国际工程招标往往未进行施工图设计，因此中标后承包商需进行详细的施工图设计，报价时应考虑相应设计费用。

9. 物价上涨调整费用

若合同条款中有调价条款，该部分费用可以不予考虑；若没有调价条款，则报价时必须根据近几年工程所在国的物价上涨情况予以考虑。

10. 不可预见费

国际工程项目比国内工程风险高很多，因此，投标报价时一般考虑 5% ~ 10%的不可预见费。

11. 其他费用

其他费用如国内辅助费用，包括国内工作组费用、开发费等。

12. 与工程施工国有关的特殊费用

如在某些国家施工时必须支付给相关部门、机构及人员的佣金。

将直接费用和间接费用进行汇总即得到整个项目的报价。图 5-1 为我国对外投标（报价）工程费用组成，以供参考。

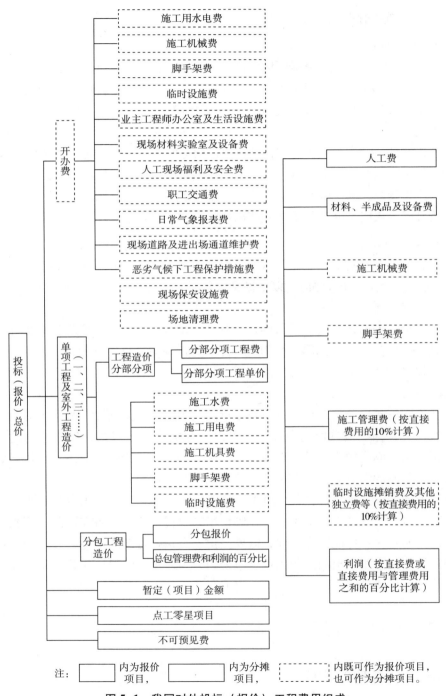

图 5-1 我国对外投标（报价）工程费用组成

(三) 预期利润和其他

1. 预期利润

国际工程承包市场上的利润随市场需求变化很大，在 20 世纪 70 年代末 80 年代初可达 10%～15%，到了 80 年代中后期，国际承包市场疲软，竞争激烈，利润率在 3%～5%，甚至更低，成为"无利润投标"。

2. 暂定金额

暂定也叫待定金额或备用金，是业主在招标文件中明确规定数额的一笔资金。承包商投标时均将暂定金额列出，计入工程总报价，但无权使用。它可以用于工程施工、提供物料、购买设备、技术服务、指定增加子项及其他意外开支等，均需按照工程师指令决定，可以全部或部分动用这笔款项，也可以完全不用。

(四) 经济分析

当报价书初审完成后，报价人员应进行系统分析，包括标底分析和盈亏分析（包括盈余分析和风险分析），以便做到报价时心中有数，提供领导决策。

1. 标底分析

要根据掌握的该国同类项目的造价资料，结合工程特点，合理推算出业主标底或其他投标商的报价范围。利用这一方法进行预测，可以做到知己知彼、心中有数，提高投标报价的准确度。

2. 盈亏预测

从不同的角度分析造价，分析在报价过程中哪些地方偏紧，哪些地方没有把握或有风险，哪些地方留有余地，还可以采取措施降低成本，从而进行对比分析，预测出利润的幅度，并据以提出高、中、低三档标价供领导决策，以随时应付其他承包商的激烈竞争，并尽可能争取企业利益最大化。

以上即国际工程投标报价应遵循的基本程序。当然，不同的合同类型、不同的工程项目、不同的人员对工程所在国市场熟悉程度等都导致在国际工程投标报价时遵循的程序不可能完全一样，需要报价人员结合自己的经验在投标中加以领会和总结。对于刚走出国门的工程承包公司，为避免大的投标报价风险，以上投标报价程序可资借鉴。

二、基价的计算

(一) 人工费的计算

在国外承包工程的工人工资，应按出国工人和当地雇用工人分别确定。

1. 出国工人工资单价的计算

以我国为例，我国出国工人工资单价一般按下列公式计算：工人日工资＝一名工人出国及在国外期间的费用÷〔工作年数×（年工作日＋有薪非工作日）〕

出国及在国外期间的费用一般包括以下内容：

（1）出国前期费。包括出国体检费、技术考核费、外派劳务培训费、办理护照及入境签证费，出国前集中与回国后返回原单位所发生国内交通、食宿以及回国入境时的体检费，这些费用一般由出国人员个人承担。有些单位采取派人单位承担的办法，这样就容易导致人工费加大，否则就得压减工人的国外工资。这种做法不利于与国际通行做法接轨，因此多数单位采取由个人承担或由单位垫付后再从个人的工资中扣还的办法。若按这种做法，在计算人工费时应将这笔费用扣除，而将工人的工资相应提高。

（2）往返机票费（包括旅行人身保险费和机场费）。

（3）人身意外保险费。例如，中国人民保险公司规定每人投保金额为每年60 000万元，年保险费率为1%，按月摊销。

（4）医疗保险费，根据当地医疗费用标准测算。

（5）住宿费。根据公司的安排，如果能安排工人住工地或生活基地，则仅计算生活设施费用即可，否则按住房租金加生活用具费计算。

（6）上下班交通费。如住基地则相应计算交通工具费，若住工地则不发生该笔费用。

（7）税费。通常包括除个人所得税以外的各项应由个人承担的税金和费用，如劳工税、居住证、工作许可等费用。

（8）工资。包括工人的伙食费、个人所得税。

（9）其他费用。指根据具体情况而必须发生的费用，如艰苦地区补贴、岗位补贴等费用。

从每一出国工人来看，以上所需费用大致相仿，因此可执行一种平均工资标准而不必再细分技工和普工。计算年工作日时应考虑有薪休假及因恶劣气候导致无法工作且必须发放工资的时间。

对工期较长的标的工程，还应考虑工资上涨的因素，每年的上涨率可按5%～10%估计。

2. 国外雇用工人工资单价的确定

根据我国《国营对外承包企业财务管理试行办法》关于成本项目划分的规定，在工程所在国雇用工人的工资应包括基本工资、加班费、各种津贴（通常有房租津贴、交通费津贴等）以及招募、解雇费等，按当地劳动部门的有关规定结合本企业的具体情况而定。工期在1年以上时，也需考虑工资上涨的因素，适当预计上涨率。

此外，如果招标文件或当地法律规定雇主需支付个人所得税、社会安全税等个人应纳税金时，则也应计入工资单价之中。

（二）材料、半成品和设备预算价格的计算

材料、半成品和设备的预算价格应按当地采购、国内供应和从第三国采购分别确定。

1. 当地采购

在工程项目所在国就地采购的器材，其预算价格为施工现场交货价格，通常按下式计算：

预算价格＝市场批发价＋运杂费

2. 国内供应

由国内供应的器材，其预算价格为到岸价格及卸货口岸至施工现场仓库运杂费之和。具体内容如下：

（1）器材原价及出厂价，视实际情况按国家统配价和议价确定。

（2）物资供应部门的管理费。

（3）国内运杂费，即器材由供货单位仓库运抵出口港上船所发生的包装、运输、装卸、仓储和装船的全部费用。

（4）海运及保险费，即货物从出口港启运，到达卸货口岸的海运费用和保险费，应参考远洋运输公司和中国人民保险公司有关规定计算。

（5）当地运杂费，即器材从卸货口岸运抵施工现场仓库所发生的运输、装卸及其他杂项费用，应根据当地运价、运输距离及有关规定计算。

3. 从第三国采购

从第三国采购的器材，其预算价格为 CIF 与当地运杂费及关税（如果有关税）之和。

如果同一种器材来自不同的供应来源，则应该按各自所占比重计算加权平均价格，作为预算价格。

（三）施工机械使用费的计算

施工机械使用费由基本折旧费、运杂费、安装拆卸费、燃料动力费、机上人工费、维修保养费以及保险费等组成，其计算方法分别说明如下：

（1）基本折旧费。基本折旧费不能按国内规定的固定折旧率计算，可以按以下公式计算：

基本折旧费＝（机械总值－残值）×折旧率

其中：机械总值可根据施工方案提出的机械设备清单及来源确定。残值是工

程结束施工机械设备的残余价值，应按其可用程度和可能的去向考虑确定。除可转移到其他工程上继续使用或运回国内的贵重机械设备外，一般可不计残值。折旧率一般按折旧年限不超过五年计算。对工期较长（如三年以上）的工程，机械设备可以考虑一次摊销。

（2）运杂费。运杂费可参照运杂费的计算方法。

（3）安装拆卸费。安装拆卸费是指各种需拆装的机械设备在施工期间的拆装次数和每次拆装费用的总和。

（4）燃料动力费。燃料动力费按消耗定额乘以当地燃料电力价格计算。

（5）机上人工费。机上人工费按每台机械上应配备的工人数乘以工资单价确定。

（6）维修保养费。维修保养费指日常维修保养和中小型修理的费用。凡替换部件、工具附件、润滑油料等，均按消耗定额乘以当地价格确定，人工费按定额工日乘以工资单价确定，考虑到当地的具体工作条件，定额工日还应确定适当的降效系数，大修理费用一般不需考虑。

（7）保险费。指施工期间机械设备的保险费，其投保额一般为机械设备的重置价值；保险费率，按所在国保险公司的规定计算。

在国际承包工程投标报价中，机械使用费有三种表现形式，即在开办费项下列入一笔机械费总数；或在每一单位（或单项）工程的报价单内列出一笔机械费；或在分部分项工程单价内包括机械费，但在报价单中不单独出现。至于具体如何处理，则应视招标文件对报价项目的要求而有所不同。

三、国际工程直接费（Direct Cost）计算

（一）人工费单价计算

人工费在确定时主要考虑两个因素：一个是人工费单价；另一个是单位估价表内的工日数量，即不同分项工程工时耗。后一个因素可根据工人的劳动效率参考国内定额等确定，而人工费单价则需根据工人来源情况确定。

国外承包工程的劳动力来源主要有三个：一是国内派遣工人；二是雇用当地工人；三是雇用第三国工人，其中后两个人工费可按同一标准确定。一般在编制报价前还不能确定国内工人与国外工人所占比例和承担的具体任务，必须先了解当地劳动法规是否有明确规定，当地工人的技术水平如何，再对两者的实际工资标准进行测算。如果国外工人工资标准高于国内，则适当多派遣国内工人；如果当地工人工资标准低于国内，则尽可能招募国外工人。根据我国对外工程承包的

经验，一些国家尤其是中东地区的工人技术水平不如国内工人，但有些国家为了保护本国的劳务市场，对国内派遣工人数有一定的限制，这样我们就不得不按比例招收一部分国外工人，而国内则派一些技术较强的工人。

人工费＝工程总用工量（工日）×综合工日单价（美元／工日）

＝人工工日量（工日）×人工折减系数×综合工日单价

人工折减系数为 0.8%～0.85%。

考虑工效的平均工资单价 $L_p = L_c ×$（国内派出工人工日占总工日百分比）$+CI×$（雇用当地工人工日占总工日百分比）×工效比

工效比＝当地工人工效÷中国工人工效。L_c 为国内派出工人工资单价，CI 为雇用当地工人工资单价。

对报价计算中所采用的工资单价就是在确定了两类工人比例的基础上，用加权平均的工资标准计算而得。

1. 国内派遣工人人工费确定

国内派遣工人人工费单价计算式如下：

综合工日单价＝每名工人出国期间的全部费用÷每名工人参加施工年限×年工作日

每名工人出国期间的全部费用可由国内和国外两部分构成。工人施工年限是指工人参加国外工程施工的平均年限，可按投标时所编制的施工进度计划确定，但为了计算简便，一般均按两年计算。

工人的年工作日是指工人在一年内的纯工作天数。一般情况下可按年日历天数扣除星期日、法定假日及气候可能影响的天数计算。在实际报价计算中，每年工作日不少于 300 天，另外，每日工作时间都有所增加，这样所确定的人工费单价较低，以利于提高报价的竞争能力。

对工人的劳动效率即定额用工问题，一般是将国内现行预算定额水平提高 10%～30%。这是因为国内制定定额时考虑了许多因素，但去国外施工的工人都是经过挑选的、技术水平较高的壮劳力，国外施工机械比较先进，停窝工现象也明显减少，所以不提高定额水平就不能反映出实际的劳动效率，根据其计算的报价也缺乏竞争力。在实际计算报价时，砌筑、抹灰、木作、钢筋工程在国内定额的基础上提高了 10%～15%，混凝土工程提高了 25%～30%。

2. 国外工人人工费单价

国外工人人工费根据本国的有关规定一般包括下列内容：

（1）日标准工资。

（2）带薪法定假日工资，如中东、北非地区年节日有的高达 100 天。

（3）夜间、冬雨季施工增加的工资。

（4）带薪休假工资。

（5）工人招募和解雇费用。

（6）规定由承包商支付的福利费、所得税和保险费等。

（7）工人上下班交通费。

（8）按有关规定应支付的各种津贴和补贴等。

在计算报价时，一般直接按工程所在地各类工人的日工资标准的平均值计算。中国公司在国际工程报价中，人工费平均控制在 400~500 美元。

（二）设备、材料价格计算

承包工程的设备、材料供应渠道分国内采购、当地采购和向第三国转口采购。只要价格适当，并能保质保量按时供应，应该尽可能地从国内采购。在确定价格时，要掌握国内、国际市场价格，综合考虑各种因素，方可作为投标计价的依据。

对当地采购或向第三国转口采购，必须认真落实设备、材料的货源地、价格、规范和供货期限，方可作为投标计价依据。

1. 国内采购设备、材料

设备、材料预算价＝原价＋全程运杂费

（1）原价。

从国内实际情况来看，应在规定价格的基础上考虑下述几个的问题：

1）国内厂家因满足承包工程的质量要求须增加的费用。

2）改善设备、材料包装而增加的费用。

3）根据当前物价政策和客观上存在的问题，需部分按议价或向国外购置增加的费用。

4）出口设备和材料需收取的加价费用（包括成套公司管理费、手续费等）。

因此，国内设备、材料原价应通过询价按厂家的实际报价计算，一般比国内价格高 25%~35%，如设备原价按下列公式计算：

$$M = Mi \times KI \times P \times K2 \qquad (5-1)$$

其中，M 为出口原价；Mi 为出厂价；KI 为质量加成系数，一般为 1.3~1.35；P 为人民币美元汇率；$K2$ 为国内价与国外价平衡系数，一般为 2~2.5。

（2）全程运杂费。

1）国内段运输包括设备、材料由厂家运至出口港船上所发生的包装、运输、装卸、采购保管等一切运杂费（不包括已计入出厂价内的包装及厂内上站等费用），计算方法同国内预算编制方法。

国内段合程运杂费＝全程运输费＋港口仓储费

全程运杂费：设备一般为5%~8%；材料一般为10%~12%。

设备、材料港口仓储费也叫港杂费，指设备、材料到港口后的码头仓库储保费、倒运费、上船装舱等费用。

2）海洋段运保费包括设备、材料由出口港船上运至卸货港口所发生的一切运输费和保险费。

海洋运保费=基本运价+附加费+保险费

基本运价按国家远洋海运局规定的运价计算不同货物品种，等级、航线有不同基价。

（3）当地运杂费。

当地运杂费包括设备、材料由卸货港口运至施工现场所发生的一切费用。

当地运杂费=上岸费+运距×运价+装卸费

上岸费包括把设备及材料卸船到码头仓库，并计入关税、保管费、手续费等。

运价及装卸费应按当地政府及运输公司规定计算。

2. 当地采购设备材料

设备、材料预算价=市场价或计划价+运杂费

运杂费可按出厂价的5%~8%计算。

当国内用函询当地的设备、材料时，一般均按厂商报价资料供给，这里往往未考虑由于采购量较大而用批发价计算，也未考虑送至现场的运杂费，所以编制标价时应特别注意。

3. 从第三国采购设备

从第三国采购设备可按到岸价CIF加送至现场的运杂费计算。运杂费可按CIF价的3%~5%计取。

四、报价分析

某一发电厂工程的土建部分总标价为7600万美元，建筑面积为60700m²，地处西亚高温区，工期40个月，试估算临时费用。设企业全员劳动生产率为2000美元/人·月，则估算所需工人及管理人员为：

每月需完成产值：7600万美元÷40=190万美元

平均每月需职工：190万美元÷0.2万美元/人=950人

考虑不可能经常均衡生产及提高工效挖潜等措施，故调整系数为0.9，则：

实需职工：950人×0.9=855人≈850人。

假设管理人员占员工总数的12%，共计约100人，其余750人为工人。管理

人员宿舍办公用房等标准相对较高，每人为 $10m^2$，单价为 130 美元/m^2。窗式空调设备平均每 4 人一台，共计 25 台，价格为 1000 美元/台。一般工人宿舍及公共设施为每人 $8m^2$，单价为 100 美元/m^2。窗式空调设备平均每 6 人一台，共计 130 台，价格为 1000 美元/台。生产用房估计约占主体建筑的 6%，计 $3600m^2$，单价为 70 美元/m^2。生活、生产用水电设施费估计占上述房屋设施费用的 6%。临时道路及广场估计共需 $5000m^2$ 碎石路面，单价为 5 美元/m^2。共需临时电话分机 12 台，单价为 250 美元/台（包括引入线路、室内线路插座等），使用费为 15 美元/台·月。

根据上述估计，施工期 3 年以上可不考虑残值回收，具体计算各项费用如下：

A. 管理人员生活用房费：

100 人×$10m^2$×130 美元/m^2＝130000 美元

B. 管理人员空调设施费：

25 台×1000 美元/台＝25000 美元

C. 工人生活用房费：

750×$8m^2$×100 美元/m^2＝600000 美元

D. 工人空调设施费：

130 台×1000 美元/台＝130000 美元

E. 生产用房费：

$3600m^2$×70 美元/m^2＝252000 美元

F. 生活、生产用水电设施费：

（130000+600000+252000）×6%＝59000（美元）

G. 临时道路广场费：

$5000m^2$×5 美元/m^2＝25000 美元

H. 临时电话费：

12 台×250 美元/台＝3000 美元

合计：1224000 美元。

临时设施费估计为 122.4 万美元，约占总标价 7600 万美元的 1.61%，略低于国内临时设施包干费率（2%），主要是因为国外永久性工程造价比国内高得多，而临时设施标准并不比国内高很多。

第三节 报价决策

一、影响因素

影响工程报价的因素多种多样，主要包括：

（1）承包商自身的信誉。承包商的信誉好坏取决于企业的技术和管理素质、经营管理水平和生产能力。

企业的公共关系包括企业与业主、社会公民、所有国政府、保证人及金融财团、竞争者、供应集团、各种专业学会等方面的关系；企业的内部关系包括企业与工人、管理人员、分公司、工地指挥部等方面的关系，这些关系处理的好坏直接影响企业的信誉。

（2）管理实力。管理实力是指能否抽出足够的、水平相当的管理人员参加该工程项目的实施和管理。管理人员的水平、经验和资质往往对项目实施的成败起决定性作用。

（3）技术、设备实力。技术、设备实力是指企业的技术水平和技术工人的工种、数量能否满足该工程项目对技术的要求，以及本企业所具有的施工机械设备的品种、数量能否满足该工程项目对设备的要求。

（4）业绩信誉实力。业绩信誉实力是指企业自身的业务经验和经营能力，工程量的准确程度，情报来源及信息的灵通程度，有无以往同类工程的业绩、经验可供参考和借鉴。

（5）经济实力。经济实力是指本企业的资金来源、额度对项目的实施是否有充足的保障。分析招标方和监理工程师的情况，包括对工程项目本身、招标方和监理方情况、当地市场行情等方面进行细致分析。分析该项目的工期要求及交工条件，本公司现有条件能否满足要求。分析竞争对手的情况，包括竞争对手的数量、实力以及与业主的关系等。

（6）分析风险情况。风险指的是损失的不确定性。决定是否投标前应对工程项目进行风险分析，分析的风险因素包括国家、组织、经济、技术、管理、环境等方面。

二、报价技巧

报价技巧是指在投标报价中采用什么手法，达到既可以使业主接受报价而中标，又能获得更多利润的目的。

报价时既要考虑企业自身的优势和劣势，也要分析招标项目的整体特点，按照工程的类别、施工条件等考虑报价策略。

1. 高报价法

一般来说下列情况下报价可高一些。

（1）施工条件差（如场地狭窄、地处闹市）的工程。

（2）专业要求高的技术密集型工程，而企业自身在这方面有专长，声望也高。

（3）总价低的小工程，以及自己不愿意做而被邀请投标时不得不投标的工程。

（4）特殊的工程。

（5）业主对工期要求急的工程。

（6）投标对手少的工程。

（7）支付条件不理想的工程。

2. 低报价法

对下述情况报价应低一些：

（1）施工条件好、工作简单、工程量大而一般公司都可以做的工程，如储运工程、钢结构工程等。

（2）公司目前急于打入某一市场、某一地区，或虽已在某地区经营多年，但即将面临没有工程的情况（某些国家规定，在该国注册公司一年内没有经营项目时，就要撤销其营业执照），机械设备等无工地转移时。

（3）附近有工程而本项目可利用该项目工程的设备、劳务或有条件短期突击完成的。

（4）投标对手多、竞争力强时。

（5）非急需工程。

（6）支付条件好，如现汇支付。

3. 不平衡报价法

不平衡报价法是相对通常的平衡报价（正常报价）而言的，指在总价基本确定以后，通过调整内部子项目的报价，以期既不提高总价影响中标，又能在结算时得到理想的经济效益。可以提高单价的子项目包括能够早日结账收款的项目、预计今后工程量会增加的项目、暂定项目中肯定要做的项目等。国际上通常采取的"不平衡报价法"有下列几种：

（1）对先拿到资金的项目（如开办费、土方、基础等）的单价可定高一些，有利于资金周转，存款也有利息，对后期项目（如粉刷、油漆、电气等）的单价可适当降低。

（2）估计以后会增加工程量的项目，其单价可以提高，工程量会减少的项目单价可以降低。

（3）图纸不明确或有错误的，估计今后会修改的项目单价可以提高，工程内容说明不清楚的单价可降低，这样做有利于以后索赔和调价。

（4）没有工程量、只填单价的项目（如土石方工程中的挖淤泥、岩石等备用单价）可以提高单价，这样做既不影响投标报价的竞争力，以后发生时又可多获利。

（5）对暂定数额（或工程），分析以后做的可能性大，价格可定高些，估计不一定发生的价格可定低些。

（6）零星用工（计日工作）一般可高于工程单价中的工资单价，这是因为它不属于承包总价的范围，发生时实报实销，也可多获利。

（7）对允许价格调整的工程，后期材料用量较大，且上涨幅度不大，又能保障供应的工程部分，单价适宜定高些，以利于后来的调价。

4. 倒计时报价法

由于投标竞争激烈，为迷惑对手，在报价过程中可按照一般情况进行，甚至有意泄露一些虚假情况，如宣扬自己对该工程兴趣不大、不打算参加投标（或准备投高标）、表现出无利可图不想干等假象，到投标截止前几小时突然前往投标，并压低投标价（或加价），从而使对手措手不及而落标。

5. 低价（亏损）投标法

低价投标夺标法有时被形象地称为拼命法。采用这种方法必须有十分雄厚的实力或有国家、大财团做后盾，即为了想占领某一市场或为了争取未来的优势，宁可目前少盈利或不盈利，或采用先亏后赢法，先报低价，然后利用索赔扭亏为盈。这种方法虽然是标价低到其他承包商无法与之竞争的地步，但还要看他的工程质量和信誉如何，如果以往的工程质量和信誉不好，则业主也不一定选他中标，此外，这种方法即使一时奏效，但这次中标承担的结果大都是亏本，而以后能否赚回来并盈利还很难说，因此，这种方法实际上是一种"冒险法"。

6. 联合投标报价法

当一家企业实力不足或工程风险较大时，可由几家企业组成联合体并签订联合协议，由一家企业为主体进行投标，中标后按照协议商定方案进行施工。

7. 扩大标价法

这种方法比较常用，即除了按正常的已知条件编制价格外，对工程中变化较大或没有把握的工作，采取扩大单价、增加"不可预见费"的方法来减少风险。但是，用这种方法做标，往往因为总价过高而不易中标。

8. 开口升级报价法

开口升级报价法是将报价看作协商的开始。首先对图纸和说明书进行分析，把工程中的一些项目，如特殊基础造价最多的部分抛开作为活口，将标价降至无人与之竞争的数额（在报价单中应加以说明）。然后利用这种"最低标价"吸引业主，从而取得与业主商谈的机会，再利用活口进行升级加价，以达到最后赢利的目的。

9. 多方案报价法

多方案报价法是指在投标书上报两个价格，先是按照原招标文件报一个价，然后再提出如果技术方案或招标文件中相关条款能够做适当改动时，则本报价人的报价可以降低，从而给出一个较低价以吸引业主。

10. 推荐方案报价法

有的承包商为战胜业绩相似的主要竞争对手，在按要求报价后，通常会根据自己的以往同类工程经验提出推荐方案，以重点突出新方案在提高质量、缩短工期以及节省投资等方面的优势吸引业主。但是推荐方案的技术方案不能提供得太具体，应该保留关键技术，防止业主将此方案交给其他承包商，同时所推荐的方案一定要比较成熟，或过去有成功的业绩，否则易造成不良后果，带来不可估量的损失。

11. 有二期工程的项目

对大型分期建设的工程，如炼油、化工工程等，在第一期工程投标时，可以将部分间接费分摊到第二期工程中去，少计利润以争取中标。这样在第二期工程招标时，凭借第一期工程的经验、临时设施，以及创立的信誉，比较容易拿到第二期工程。但应注意分析第二期工程实现的可能性，如前景不明确，后续资金来源不明确，实施第二期工程遥遥无期时，则不可以这样考虑。

此外，还有开标后的投标技巧。

1. 降低投标价格

投标价格不是中标的唯一因素，但却是中标的关键因素。在议标中，投标者适时提出降价要求是议标的主要手段。降低投标价格通常从三个方面考虑：降低工程利润、降低经营管理费、降低预备系数。

2. 补充投标优惠条件

缩短工期，提高工程质量，降低付款要求，提出新工艺、新施工方案等，争取招标人的赞许和信任，提高中标的机会。

第四节　投标报价实例

某国际发包工程有两个分部工程，其中之一（通常挖土方）的实际工程量为 20 万 m^3，但工程师的估算为 15 万 m^3，承包商预测和判断出这一失误后，采用了不平衡报价法，使其在实际承包工程时多赚取了 2.5 万美元（见表 5-1 和表 5-2）。

表 5-1　平衡和不平衡报价表（未执行前）　　　　　单位：美元

报价项目	工程师的估算（m^3）	平衡报价		不平衡报价	
		单价	合计	单价	合计
通常挖土方	150000	1.00	150000	1.50	225000
选择挖土方	100000	3.10	310000	2.35	235000
总计		460000		460000	

表 5-2　平衡和不平衡报价表（实际执行后）　　　　　单位：美元

报价项目	实际工程量（m^3）	平衡报价		不平衡报价	
		单价	合计	单价	合计
通常挖土方	200000	1.00	200000	1.50	300000
选择挖土方	100000	3.10	310000	2.35	235000
总计		510000		535000	

复习与思考

（1）影响工程报价的因素有哪些？报价时应如何考虑哪些因素？

（2）国际承包工程报价有哪些常见技巧？

第六章　国际工程开标、评标和定标

开标、评标、定标及商签合同是招标程序的最后阶段，也是整个招标工作能否获得成功达到预定目标的关键环节。

第一节　国际工程开标

开标是指在招标文件规定的日期、时间和地点将全部投标人送达的投标报价书所列标价予以公开宣布、记录在案，所有投标人均可了解各家标价及最低标价。

国际工程开标应当按招标文件规定的时间、地点和程序，以公开方式进行。开标时间与投标截止时间应为同一时间，唱标内容应完整、明确。只有唱出的价格优惠才是合法、有效的，唱标及记录人员不得将投标内容遗漏不唱或不记。

开标既然是公开进行的，就应当有一定的相关人员参加，一般情况下，开标由招标人主持，在招标人委托招标代理机构代理招标时，也可由该代理机构主持。主持人按照规定的程序负责开标的全过程。其他开标工作人员办理开标作业及制作记录等事项。所有投标人自主决定是否参加。实行电子开标的，所有投标人应当在线参加，可以使投标人得以了解开标是否依法进行，有助于使他们相信招标人不会任意做出不适当的决定；同时也可以使投标人了解其他投标人的投标情况，做到知己知彼，大体衡量一下自己中标的可能性，这对招标人的中标决定也起到一定的监督作用。此外，为了保证开标的公正性，一般还邀请相关单位的代表参加，如招标项目主管部门的人员、监察部门代表等。有些招标项目，招标人还可以委托公证部门的公证人员对整个开标过程依法进行公证。

常见的国际工程的开标方式有公开开标和秘密开标两种。

1. 公开开标

公开开标是向所有投标者和公共机构保证其招标程序公平合理的最佳方式。世界银行为此特别制订了开标程序，且这一程序已得到了普遍承认。

《世界银行采购指南》规定了从招标到投标的间隔时间。世界银行认为给予拟定投标的时间，很大程度上取决于合同的重要性和复杂性。一般来说，给予国际投标的时间应不少于 45 天，如系大型土木工程一般不少于 90 天。这样，投标人可以获得足够的时间完成投标所需的工作，包括赴现场踏勘。

在没有特殊原因的情况下，开标应于投标截止日的当天或次日举行。开标的地点及具体时间都在招标广告或通知中明文规定，投标人或其代表应按时赴约定地点参加开标。开标一般由招标人组织的开标委员会负责，开标时应当众打开在规定时间内收到的所有标书。凡在规定时间以后收到的投标书应原封退回。开标委员会主席当众宣读并记录投标人姓名以及每项投标方案的总金额和经要求或许可提出的任何可供选择的投标方案的总金额，各投标人的报价可写在黑板上或放映在银幕上，参加人都可以记录，但不得查阅标书。

一旦开标，任何投标人均不得修改其投标，只能进行不改变投标实质的澄清。招标人可以要求投标人对其投标进行澄清，但不得要求投标人改变其投标的实质内容或报价。

按世界银行模式进行的公开开标大会上只宣读各家投标内容，按标价排出顺序，不宣布得标人。

法语地区的拍卖性招标也是采取公开开标办法，程序与世界银行一样。不同的是拍卖性招标根据报价自动判标，因此在公开开标排出名次后即当场判定临时得标人。判定临时得标人主要是防止因当场来不及详细审核报价是否完全合乎规定，为防止一时疏忽和以后在复审标书时能有弥补过失的机会，故有临时得标人和最终得标人之分。

2. 秘密开标

秘密开标的做法常见于有限招标和法语地区的询价式招标。

采用秘密开标程序的招标人通常组织一个标书开拆委员会，该委员会的任务仅限于集中所收到的投标报价材料，选出在投标截止日之前收到的投标材料，确认已收到的投标材料是否符合条件，登记报价数额并编制标书开拆工作会议纪要，原封退回迟于规定期限到达的标书信函。

秘密开标不公开各投标人的报价材料及建议方案，投标人也不得出席秘密开标会议。

实际上，秘密开标是为业主后来进行多角议标做准备。原因是经过秘密开标后，业主可以选择几家有可能得标的承包商分别进行谈判，以此压彼，引起承包商的再度竞争，以达到压价成交的目的。

一、开标流程

开标应当按照一定的程序进行。

（一）宣布在提交投标文件截止时间前收到的投标文件数量

在开标当日且在开标地点递交的投标文件的签收应当填写投标文件报送签收一览表，招标人专人负责接收投标文件。提前递交的投标文件也应当办理签收手续，由招标人携带至开标现场。在招标文件规定的截标时间后递交的投标文件不得接收，由招标人原封退还给投标人。在截标时间前递交投标文件的投标人少于3家的，招标无效，开标会即告结束，招标人应当依法重新组织招标。

2019年12月23日，宿迁市中心城市西南片区水环境综合整治PPP项目废标，废标原因为投标供应商不足3家。这个逾30亿元的项目曾引来七大"中"字头+水务龙头联合体竞夺，联合体单位中包含碧水源、葛洲坝、首创股份、北控水务、国祯环保、岭南股份等。

对未按规定日期和时间送达的报价书，原则上应视为废标，可予以原封退回。但如果这种延误并非投标人的过失（如由于自然灾害造成邮路中断等），且接受这种迟到的报价书也不会使该投标人得到某种优惠时，招标单位也可以考虑同意该标书为有效标书。

投标文件有下列情形之一的，招标人不予受理：

（1）逾期送达或者未送达指定地点的。

（2）未按招标文件要求密封的。

投标文件有下列情形之一的，由评标委员会初审后按废标处理：

（1）无单位盖章且无法定代表人或法定代表人授权的代理人签字或盖章的。

（2）未按规定的格式填写，内容不全或关键字迹模糊、无法辨认的。

（3）投标人递交两份或多份内容不同的投标文件，或在一份投标文件中对同一招标项目报有两个或多个报价，且未声明哪一份有效，按招标文件规定提交备选投标方案的除外。

（4）投标人名称或组织结构与资格预审时不一致的。

（5）联合体投标未附联合体各方共同投标协议的。

对电子投标出现下列情形，将予以否定：

（1）不同投标人的投标文件由同一电子设备编制、打印加密或者上传。

（2）不同投标人的投标文件由同一投标人的电子设备打印、复印。

（3）不同投标人的投标文件由同一投标人送达或者分发。

（4）不同投标人的投标文件的实质性内容存在两处以上细节错误一致。

（5）投标人递交的已标价工程量清单 XML 电子文档未按规定记录软硬件信息。

（6）记录的软硬件信息经电子招标投标交易平台验证认定为被篡改。

（二）宣布开标纪律、开标人员名单

开标会纪律一般包括：

（1）场内严禁吸烟。

（2）凡与开标无关人员不得进入开标会场。

（3）参加会议的所有人员应关闭手机，开标期间不得高声喧哗。

（4）投标人代表有疑问应举手发言，参加会议人员未经主持人同意不得在场内随意走动。

投标文件有下列情形之一的，应当场宣布为废标：

（1）逾期送达或未送达指定地点。

（2）未按招标文件要求密封。

（3）投标文件雷同。2019 年 1 月 24 日，龙岩市"城厢镇云礤村道路改造提升工程 B 标段"开标。其中 6 家因投标文件雷同被否决投标，114 万元的投标保证金不予退还，该工程投资近 1000 万元。

1）湖南松雅建设工程有限公司、福建腾理建设有限公司：①软硬件信息明细中的计价软件加密锁序列号相同；②计算机硬件信息（网卡 MAC 地址、CPU 序列号、硬盘序列号）相同。投标保证金不予退还，否决其投标。

2）福建省春源水电工程有限公司、福建省创进建设工程有限公司、福建省晖元工程建设有限公司、福建省星海建设工程有限公司：计算机硬件信息（网卡 MAC 地址、CPU 序列号、硬盘序列号）相同。投标保证金不予退还，否决其投标。

（三）确认投标人或者其委托人是否到场

投标人授权出席开标会的代表本人填写开标会签到表，招标人专人负责核对签到人身份，应与签到的内容一致。招标人代表当众核查投标人的授权代表的授权委托书和有效身份证件，确认授权代表的有效性，并留存授权委托书和身份证件的复印件。法定代表人出席开标会的要出示其有效证件，主持人还应当核查各投标人出席开标会代表的人数，无关人员应当退场。

（四）检查并确认投标文件密封是否完好，也可以由招标人委托的公证机构检查并公证

投标人数较少时，可由投标人自行检查；投标人数较多时，也可以由投标人推举代表进行检查，招标人也可以根据情况委托公证机构进行检查并公证。招标人和投标人的代表共同（或公证机关）检查各投标书密封情况。密封不符合招标文件要求的投标文件应当场废标，不得进入评标。密封不符合招标文件要求的，招标人应当通知有关监管人员到场见证。

公证是指国家专门设立的公证机构根据法律的规定和当事人的申请，按照法定的程序证明法律行为、有法律意义的事实和文书的真实性、合法性的非诉讼活动。公证机构是国家专门设立的，依法行使国家公证职权，代表国家办理公证事务，进行公证证明活动的司法证明机构。是否需要委托公证机关到场检查并公证，完全由招标人根据具体情况决定。

（五）开启密封完好且符合招标文件密封要求的投标文件

投标人或者投标人推选的代表或者公证机构对投标文件的密封情况进行检查以后，确认密封情况良好，没有问题，则由指定的开标人在监督人员及与会代表的监督下当众拆封，拆封后应当检查投标文件组成情况并记入开标会记录。

（六）设有标底或者最高投标限价的，宣读标底或者最高投标限价

开标人应将投标文件和投标文件附件以及招标文件中可能规定需要唱标的其他文件交唱标人进行唱标。唱标内容一般包括投标报价、工期和质量标准、质量奖项等方面的承诺、替代方案报价、投标保证金、主要人员等，在递交投标文件截止时间前收到的投标人对投标文件的补充、修改同时宣布，在递交投标文件截止时间前收到投标人撤回其投标的书面通知的投标文件不再唱标，但需在开标会上说明。

招标人设有标底的，必须由唱标人公布标底。

（七）宣读投标人名称、投标报价和投标文件的其他内容

投标文件的其他内容主要是指投标报价有无折扣或者价格修改等。如果要求或者允许报替代方案，还应包括替代方案投标的总金额。例如，建设工程项目还应包括：工期、质量、投标保证金等。这样做的目的在于使全体投标者了解各家投标人的报价和自己在其中的顺序，了解其他投标的基本情况，以充分体现公开开标的透明度。

（八）制作开标过程记录

开标记录由招标人代表、投标人代表、记录员以及有关监督人员签字确认，并存档备查。

开标会记录应当如实记录开标过程中的重要事项，包括开标时间、开标地点、出席开标会的各单位及人员、唱标记录、开标会程序、开标过程中出现的需要评标委员会评审的情况，有公证机构出席公证的还应记录公证结果，投标人的授权代表应当在开标会记录上签字确认，投标人对开标有异议的，应当场提出，招标人应当场予以答复，并做好记录。投标人基于开标现场事项投诉的，应当先行提出异议。

投标文件、开标会记录等送封闭评标区封存。实行工程量清单招标的，招标文件约定在评标前先进行清标工作的，封存投标文件正本、副本可用于清标工作。

二、开标注意事项

开标时间应当在提供给每一个投标人的招标文件中事先确定，使每一投标人都能事先知道开标的准确时间，以便准时参加，确保开标过程的公开、透明。

开标时间应与提交投标文件的截止时间一致。将开标时间规定为提交投标文件截止时间的同一时间，目的是防止招标人或者投标人利用提交投标文件的截止时间以后与开标时间之前的一段时间间隔做手脚，进行暗箱操作。例如，有些投标人可能会利用这段时间与招标人或招标代理机构串通，对投标文件的实质性内容进行更改等。关于开标的具体时间，实践中可能会有两种情况：如果开标地点与接受投标文件的地点一致，则开标时间与提交投标文件的截止时间应一致；如果开标地点与提交投标文件的地点不一致，则开标时间与提交投标文件的截止时间应有一个合理的间隔。关于开标时间的规定，国际通行做法大体一致。例如《联合国采购示范法》规定，开标时间应为招标文件中规定作为投标截止日期的时间。《世界银行采购指南》规定，开标时间应该和招标通告中规定的截标时间相一致或随后马上宣布，其中"马上"的含义可理解为需留出合理的时间把投标书运到公开开标的地点。

开标应当公开进行。所谓公开进行，就是开标活动都应当向所有提交投标文件的投标人公开，所有提交投标文件的投标人可以到场参加开标。通过公开开标，投标人可以发现竞争对手的优势和劣势，可以判断自己中标的可能性大小，以决定下一步应采取什么行动。法律这样规定是为了保护投标人的合法权益，只有公开开标，才能体现和维护公开透明、公平公正的原则。

招标人在招标文件要求提交投标文件的截止时间前收到的所有投标文件，开标时都应当众予以拆封，不能遗漏，否则就构成对投标人的不公正对待。如果是招标文件所要求的提交投标文件的截止时间以后收到的投标文件，则应当拒收不予开启，原封不动地退回。如果对截止时间以后收到的投标文件也进行开标，则有可能造成舞弊行为，出现不公正现象，是一种违法行为。

开标过程应当记录，并存档备查。这是保证开标过程透明和公正，维护投标人利益的必要措施。要求对开标过程进行记录可以使权益受到侵害的投标人行使要求复查的权利，有利于确保招标人尽可能自我完善、加强管理、少出漏洞。此外，还有助于有关行政主管部门进行检查。开标过程进行记录要求对开标过程中的重要事项进行记载，包括开标时间、开标地点、开标时具体参加单位、人员、唱标的内容、开标过程是否经过公证等。记录以后，应当存档备查。任何投标人要求查询记录都应当允许。对开标过程进行记录、存档备查是国际上的通行做法，《联合国采购示范法》《世界银行采购指南》《亚洲开发银行采购准则》以及瑞士和美国的有关法律都对此做了规定。

第二节　国际工程评标

开标完毕后便进入评标阶段，评标是指评标委员会和招标人依据招标文件规定的评标标准和方法对投标文件进行审查、评审和比较的行为。

评标必须与招标文件中规定的条件一致，不得采用招标文件规定以外的标准和方法进行评标，凡是评标中需要考虑的因素都必须写入招标文件。

招标人应当采取必要的措施，保证评标在严格保密的情况下进行。任何单位和个人不得非法干预、影响评标的过程和结果。

一、评标委员会组成

1. 评标委员会组成人员

（1）招标人的代表。招标人的代表参加评标委员会，以在评标过程中充分表达招标人的意见，与评标委员会的其他成员进行沟通，并对评标的全过程实施必要的监督。

（2）相关技术方面的专家。由招标项目相关专业的技术专家参加评标委员会，对投标文件所提方案的可行性、合理性、先进性和质量可靠性等技术指标进行评审比较，以确定在技术和质量方面确能满足招标文件要求的投标。

（3）经济方面的专家。由经济方面的专家对投标文件所报的投标价格、投标方案的运营成本、投标人的财务状况等商务条款进行评审比较，以确定在经济上对招标人最有利的投标。

（4）其他方面的专家。根据招标项目的不同情况，招标人还可聘请除技术专家和经济专家以外的其他方面的专家参加评标委员会。例如，对一些大型的或国际性的招标采购项目，还可聘请法律方面的专家参加评标委员会，以对投标文件的合法性进行审查把关。

2. 成员人数

评标委员会成员人数为五人以上单数，评标委员会成员人数过少，不利于集思广益，当然，评标委员会成员人数也不宜过多，否则会影响评审工作效率，增加评审费用。要求评审委员会成员人数须为单数，以便于在各成员评审意见不一致时，可按照多数通过的原则产生评标委员会的评审结论，推荐中标候选人或直接确定中标人。

3. 专家人数

在评标委员会成员中，应当满足专业分工需求，有关技术、经济或法律等方面的专家的人数不得少于成员总数的 2/3，以保证各方面专家的人数在评标委员会成员中占绝对多数，充分发挥专家在评标活动中的权威作用，保证评审结论的科学性、合理性。

4. 专家条件

参加评标委员会的专家应当同时具备以下条件：①从事相关领域工作满五年。②具有高级职称或者具有同等专业水平。具有高级职称，包括高级工程师，高级经济师，高级会计师，正、副教授，正、副研究员等。对某些专业水平已达到与本专业具有高级职称的人员相当的水平，且有丰富的实践经验，但因某些原因尚未取得高级职称的专家，也可聘请作为评标委员会成员。

作为招标人代表的外部专家由招标人直接确定；技术、经济或者法律等方面的专家由招标人从综合评标专家库或者行业评标专家库内的相关专业的专家名单中确定；一般招标项目可以采取随机抽取方式，特殊招标项目可以由招标人直接确定。

有下列情形之一的，不得担任评标委员会成员：①投标人或者投标人主要负责人的近亲属。②招标项目主管部门或者行政监督部门的人员。③与投标人有经济利益关系，可能影响对投标公正评审的人员。④在招标投标活动中从事违法行为而受过行政处罚未满三年或者刑事处罚的人员。⑤与投标人有其他利害关系的人。评标委员会成员有前款规定情形之一的，应当主动提出回避。招标人应当负责对评标委员会成员是否有前款规定的情形进行审查。评标委员会成员的名单在中标结果确定前应当保密。

此外，存在评标违规行为的，应当暂停评标资格，否决其相关评标。河南省鹤壁市住房和城乡建设局发布《鹤壁市住房和城乡建设局对高承恩等 36 名评标专家违规行为的处理通报》提出，在该局 2019 年度开展的招标投标专项检查和日常监督中，发现 36 名评标专家存在违规评标行为，给予通报批评，并暂停评标资格 6~18 个月。

二、评标原则

1. 公平、公正原则

评标是招标投标活动中十分重要的阶段，评标是否真正做到公开、公平、公正，决定着整个招标投标活动是否公平和公正；评标的质量决定着能否从众多投标竞争者中选出最能满足招标项目各项要求的中标者。有些国家规定凡收买、贿赂评标委员或通过其他途径威胁评标人员泄露情况者都要受法律制裁。不过，在国际承包实践中，行贿乃是众所周知的"秘密"，只是在做法上非常隐蔽而已。

2. 依法评标

评标要符合国际、国内相关法律规定。

3. 严格按照招标文件评标

只要招标文件未违反现行的法律、法规和规章，没有前后矛盾的规定，就应严格按照招标文件及其附件、修改纪要、答疑纪要进行评审。

4. 合理、科学、择优

5. 对未提供证明资料的评审原则

凡投标人未提供的证明材料（包括资质证书、业绩证明、职业资格或证书等），若属于招标文件强制性要求的，评委均不予确认，应否决其投标；若属于分值评审法或价分比法的评审因素，则不计分，投标人不得进行补正。

6. 做有利于投标人的评审

若招标文件表述不够明确，应做出对投标人有利的评审，但这种评审结论不应导致对招标人的具有明显的因果关系的损害。评标委员会可以书面方式要求投标人对投标文件中含义不明确、对同类问题表述不一致或者有明显文字和计算错误的内容做必要的澄清、说明或补正。评标委员会不得向投标人提出带有暗示性或诱导性的问题，或向其明确投标文件中的遗漏和错误。

7. 反不正当竞争

评审中应严防串标、挂靠围标等不正当竞争行为。若无法当场确认，那么事后可向监管部门报告。

2019 年 4 月 24 日，温州市审计局对两段公路工程进行审计过程中，发现串通投标嫌疑，将线索移交公安机关侦查，进而案发。浙江省泰顺县公安局破获，该案涉案人员共有 21 人，企业、私人资金账户 58 个，涉事企业 53 家，涉案金额达 1.37 亿元。8 月 15 日，该案嫌疑人罗某、何某等 5 人因涉嫌串通投标罪被移送至泰顺县人民检察院审查起诉。据了解，此次投标共有 53 家企业参与投标，通过查看标书外观，侦查人员发现有 5 家投标企业的标书做工粗糙，该 5 家公司的标书关键部分雷同，为同一人制作。

常见串标行为有：①招标文件雷同，如格式相同、字体一样、表格颜色相同。②招标文件中出错误的地方一致。③在电子投标中，不同投标人的投标报名的 IP 地址一致，或者 IP 地址在某一特定区域。④不同的投标人的投标文件由同一台电脑编制或同一台附属设备打印。⑤投标文件的装订形式、厚薄、封面等相似甚至相同。⑥一家投标人的投标文件中，装订了另一家投标人名称的文件材料，如出现了另一家法定代表人或者授权代理人签名，并加盖了另一家投标人公章等。⑦投标人代表不知道公司法定代表人的电话号码。⑧不同投标人在开标前乘坐同一辆车前往，有说有笑，开标现场却假装不认识。⑨不同投标人的投标报价总价异常一致，或者差异化极大，或者呈规律性变化。⑩不同投标人的投标总报价相近，但是各分项报价不合理，又无合理的解释。⑪故意废标，中标人无正当理由放弃中标，或不按规定与招标人签订合同。⑫故意按照招标文件规定的无效标条款制作无效投标文件。⑬投标人一年内有三次及以上参加报名并购买招标文件后，不递交投标文件。⑭递交投标文件截止时间前，多家投标人几乎同时发出撤回投标文件的声明。⑮不同投标人的投标保证金由同一账户资金缴纳。⑯多个投标人使用同一个人或者同一企业出具的投标保函。⑰售后服务条款雷同。⑱故意漏掉法人代表签字。⑲投标文件中法人代表签字出自同一人之手。⑳不同投标人的电子投标文件出自同一台电脑。㉑不同投标人的投标文件由同一投标人的附属设备打印、复印。㉒不同投标人的投标报价用同一个预算编制软件密码锁制作或者出自同一电子文档。㉓不同投标人的投标保证金虽然经由投标人自己的基本账户转出，但所需资金均是来自同一单位或者个人的账户。

此外，招标人或招标代理机构在建设工程招标活动中有下列情形之一的，认定其与投标人有串通投标行为：①在规定的开标时间前开启投标文件，并将投标信息传递给该项目的其他投标人。②在规定的提交投标文件截止时间后，协助投标人撤换投标文件、更改报价（包括修改电子投标文件相关数据）。③向投标利害关系人泄露投标人名称、数量或联系方式、标底、资格预审委员会或评标委员会成员名单、资格预审或评标情况等应当保密的事项。④在中标通知书发出前与投标人就该招标项目进行实质性谈判，或与投标人商定压低或者抬高标价，中标后再给投标人或者招标人额外补偿。⑤在评标结束前预先内定中标人，或在招标文件中设定明显倾向性条款，或向评标委员会进行倾向性引导评标的。⑥为参与该建设工程投标的投标人提供影响公平竞争的咨询服务或为其制作投标资料。⑦组织或协助投标人串通投标。⑧发现存在不同的投标人的法定代表人、委托代理人、项目经理、项目总监、项目负责人等由同一个单位缴纳社会保险情形而不制止，反而同意其继续参加投标。⑨发现有由同一人或分别由几个有利害关系人携带两个以上（含两个）投标人的企业资料参与资格审查、领取招标资料，或代表两个以上（含两个）投标人参加招标答疑会、交纳或退还投标保证金、开标等情形而不制止，反而同意其继续参加投标。⑩在资格审查或开标时发现不同投标人的投标资料（包括电子资料）相互混装等情形而不制止，反而同意其通过资格审查或继续参加评标的。⑪招标人与投标人委托同一造价咨询公司或招标代理机构或同一执业人员提供咨询、代理服务的。⑫招标代理机构在同一建设工程招标投标活动中，既为招标人提供招标代理服务又为参加该项目投标的投标人提供咨询的。⑬在招标文件以外，招标人或招标代理机构与投标人之间另行约定给予未中标的其他投标人费用补偿的。⑭在评标时对评标委员会进行倾向性引导或无故干扰正常评标秩序的。⑮指使、暗示或强迫要求评标委员会推荐的中标候选人放弃中标。

8. 记名表决

一旦评审出现分歧，则应采用少数服从多数的表决方式，表决时必须署名，但应保密，即不让投标人知道谁投赞成票、谁投反对票。

9. 保密原则

评委必须对投标文件的内容、评审的讨论细节进行保密。

三、评标方法

按照定标所采用的排序依据，评标方法大致可以分为四类，即分值评审法（以分值排序，包括综合评分法、性价比法）、价格评审法（以价格排序，包括最低评标价法、最低投标价法、价分比法等）、综合评议法（以总体优劣排序）、分步评审法［先以技术分（或商务分）为衡量标准确定入围的投标人，再以他们的报价排序］。

1. 综合评分法

综合评分法是指在满足招标文件实质性要求的条件下，依据招标文件中规定的各项因素进行综合评审，以评审总得分最高的投标人作为中标（候选）人的评标方法。

2. 性价比法

性价比法是指在满足招标文件实质性要求的条件下，依据招标文件中规定的除价格以外的各项因素进行综合评审，以所得总分除以该投标人的投标报价，所得商数（评标总得分）最高的投标人为中标（候选）人的评标方法。

3. 价分比法

价分比法是指在满足招标文件实质性要求的条件下，依据招标文件中规定的除价格以外的各项因素进行综合评审，以该投标人的投标报价除以所得总分，所得商数（评标价）最低的投标人为中标（候选）人的评标方法。

4. 综合评议法

综合评议法即确定投标文件能够最大限度地满足招标文件中规定的各项综合评价标准的投标人为中标（候选）人的评标方法。

5. 最低投标价法

最低投标价法是指在满足招标文件实质性要求的条件下，投标报价最低的投标人作为中标（候选）人的评审方法。

6. 经评审的最低投标价法

经评审的最低投标价法是指在满足招标文件实质性要求的条件下，评委先对投标报价以外的价值因素进行量化并折算成相应的价格，再与报价合并计算得到折算投标价，从中确定折算投标价最低的投标人作为中标（候选）人的评审方法。

7. 最低评标价法

最低评标价法是指在满足招标文件实质性要求的条件下，评委对投标报价以外的商务因素、技术因素进行量化并折算成相应的价格，再与报价合并计算得到评标价，从中确定评标价最低的投标人作为中标（候选）人的评审方法。

8. 设备运行年限评标法

设备运行年限评标法是指在满足招标文件实质性要求的条件下，在最低评标价法的基础上考虑运行的年限及其运行与维护费用和贴现率。

9. 固定低价评标法

固定低价评标法是指投标人的报价必须等于招标人发布的合理低价，当投标文件满足招标文件的其他实质性要求时，就进入随机抽取中标人的环节的评标方式。

10. 组合低价评标法

组合低价评标法是组合低价标底法（也称经抽取系数的低价投标价法）中特有的评标方法。该方法基于预先公布的成本预测价，首先通过开标后系数、权数的随机抽取，计算出组合低价，其次以组合低价至其向上浮动至某一点的区间作为合理低价区间，最后对报价属于合理低价区间的投标人进行随机抽取，从而确定中标人。

国际上通用的评标方法有两种：

（1）将投标文件分发给各职能部门征求意见，按期收回，比较评定。

（2）组织一个评标小组联合办公，会审报价书并进行对比评定。

无论采取哪一种评标方法，总经济师都应自始至终地负责组织工作。

如果采取第一种方法，投标文件应分送下列职能部门：

（1）工程技术部门——负责工程技术评价。

（2）施工管理部门——负责施工组织措施评价。

（3）计划调度部门——负责施工进度评价。

（4）财务会计部门——负责价格及支付条款评价。

（5）法律顾问部门——负责合同中的商务及法律条款评价。

（6）总经济师——负责报价及投标书的全部内容及例外条款，进行综合评价。

评价工作的完成期限由总经济师规定，届时上述各部门代表汇集分析评价结果并准备评价报告。

如果采取第二种方法，则从上述各部门挑选一批经验丰富的专家组成一个评价小组。

这些专家通常包括：

（1）评价技术的工程专家。

（2）评价施工管理和施工方法的施工专家。

（3）评价计划安排及施工进度的计划专家。

（4）评价价格、定额、支付条款及其他财务资料的会计、财务及成本管理专家。

（5）评价商务和法律条款的经济管理及法律专家。

评标小组由总经济师领导，并由其指定两名专家助手进行协调，一名为技术评价助手，另一名为商务法律评价助手。

四、评标内容

评标的基本内容包括以下几个方面。

（一）商务法律方面

1. 合同方面的评价内容

（1）条款的例外情况。

（2）保险方面的安排。

（3）对协调程序的合作程度。

（4）法律方面的有关问题。

2. 成本方面

（1）对全部数据的复核。

（2）劳动定额。

（3）二（分）包工程价格。

（4）额外费用。

（5）可比工程的工时估算。

3. 财务方面

（1）投标人的财务实力。

（2）投标人的借款能力。

（3）支付条款。

（4）可指望的审计文件。

（5）外汇兑换率及外汇比例。

（二）技术方面

1. 工程方面

（1）执行设计要求的能力。

（2）数量控制。

（3）质量控制。

2. 施工方面

（1）施工管理方案——预定的建造方法。

（2）物资设施。

（3）运输计划。

（4）类似工程的施工经验。

（5）拟定分包商的资格审查。

3. 计划方面

（1）工程进度。

（2）人力及目前承担任务情况。

（3）关于分包商的人力提供计划。

上述评价内容有一些应列入资格预审表，但在评标时对其重新审核可以进一步证实是否有所变动，以及核对其设施及人力能否与合同要求及计划进度相适应。

评标委员会在对实质上响应招标文件要求的投标进行报价评估时，除招标文件另有约定外，应当按下述原则进行修正：

（1）用数字表示的数额与用文字表示的数额不一致时，以文字数额为准。

（2）单价与工程量的乘积与总价不一致时，以单价为准。若单价有明显的小数点错位，应以总价为准，并修改单价。

（三）比标

对投标人的投标报价进行评价之后，评标小组立即进行比标工作。比标是对各家的报价在统一的基础上进行比较。比标不仅仅是比较各家标价的高低，同时还要考虑以下四个方面的比标依据：

（1）工程竣工期限。

（2）外汇支付比例。

（3）施工方法。

（4）是否与本国公司联合投标。

比标时要绘制单项表格和综合表格，逐项进行评定、登记。为了确保找到理想的承包商，评标时应选定几个得标候选人，分为第一候选人、第二候选人等。得标人一般为评定费用报价即评定价最低者。

五、评标步骤

评标的一般程序包括组建评标委员会、评标准备、初步评审和详细评审并编写评标报告。

（一）组建评标委员会

评标委员会可以设主任一名，必要时可增设副主任一名，负责评标活动的组织协调工作。评标委员会主任在评标前由评标委员会成员通过民主方式推选产生，或由招标人或其代理机构指定（招标人代表不得作为主任人选）。评标委员会主任与评标委员会其他成员享有同等的表决权。若采用电子评标系统，则须选定评标委员会主任，由其操作"开始投票"和"拆封"。

有的招标文件要求对所有投标文件设主审评委、复审评委各一名，主审、复审人选可由招标人或其代理机构在评标前确定，或由评标委员会主任进行分工。

（二）评标准备

（1）了解和熟悉相关内容：①招标目标。②招标项目范围和性质。③招标文件中规定的主要技术要求、标准和商务条款。④招标文件规定的评标标准、评标方法和在评标过程中考虑的相关因素。⑤有的招标文件（主要是工程项目）

发售后进行了数次的书面答疑、修正，因此评委应将其全部汇集装订。

（2）分工、编制表格。根据招标文件的要求或招标内容的评审特点，确定评委分工。招标文件未提供评分表格的，评标委员会应编制相应的表格。此外，若评标标准不够细化时，应先予以细化。

（3）暗标编码。对需要匿名评审的文件进行暗标编码。

（三）初步评审

初步评标工作比较简单，但却是非常重要的一步。初步评标的内容包括投标人资格是否符合要求、投标文件是否完整、是否按规定方式提交投标保证金（未规定投标保证金的除外）、投标文件是否基本上符合招标文件的要求、有无计算上的错误等。如果投标人资格不符合规定，或投标文件未做出实质性的反映，都应作为无效投标处理，不得允许投标人通过修改投标文件或撤销不合要求的部分而使其投标具有响应性。经初步评标，凡是确定为基本上符合要求的投标，下一步要核定投标文件中有没有计算和累计方面的错误。在修改计算错误时，要遵循两条原则：一是如果数字表示的金额与文字表示的金额有出入，以文字表示的金额为准。二是如果单价和数量的乘积与总价不一致，以单价为准。但是，如果招标人认为有明显的小数点错误，此时要以标书的总价为准，并修改单价。如果投标人不接受根据上述修改方法而调整的投标价，可拒绝其投标并没收其投标保证金。

（四）详细评审

在完成初步评标以后，下一步就进入详细评定和比较阶段。只有在初评中确定为基本合格的投标，才有资格进入详细评定和比较阶段。具体的评标方法取决于招标文件中的规定，并按评标价的高低，由低到高，评定出各投标的排列次序。

在评标时，当出现最低评标价远远高于标底或缺乏竞争性等情况时，应废除全部投标。

（五）编写评标报告

评标委员会完成评标后，应当向招标人提交书面评标报告。评标报告应当如实记载以下内容：

（1）评标基本情况和数据表。

（2）开标记录。

（3）评标委员会成员名单。

（4）符合要求的投标一览表。

（5）否决情况说明。

（6）评标标准、评标方法或者评标因素一览表。

（7）经评审的价格或者评分比较一览表。

（8）经评审的投标人排序。

（9）推荐的中标候选人名单与签订合同前要处理的事宜。

（10）澄清、说明、补正事项纪要。

（11）评标过程中发现的问题及其处理结果或者处理建议。

评标报告应当由评标委员会全体成员签字。评标委员会成员对评标结果有不同意见的，应当以书面形式说明其不同意见和理由，拒绝在评标报告上签字又不书面说明其不同意见和理由的，视为同意评标结果，由评标委员会做出书面说明并存档。

评标委员会对投标文件的技术、质量、安全、工期的控制能力等因素提供技术咨询建议，向招标人推荐合格的中标候选人。招标人按照科学、民主决策原则，建立健全内部控制程序和决策约束机制，根据报价情况和技术咨询建议，择优确定中标人。

评标委员会完成评标后，应当向招标人推荐不超过 3 个合格的中标候选人，并对每个中标候选人的优势、风险等评审情况进行说明。除招标文件明确要求排序的外，推荐中标候选人不标明排序。

招标人根据评标委员会提出的书面评标报告和推荐的中标候选人，按照招标文件规定的定标方法，结合对中标候选人合同履行能力和风险进行复核的情况，自收到评标报告之日起 20 日内自主确定中标人。定标方法应当科学、规范、透明，招标人也可以授权评标委员会直接确定中标人。

中标通知书由招标人发出。

第三节　国际工程定标

定标就是决定中标人并授予合同，即签订合同。定标通常以投标评价报告及其推荐意见为依据，如果业主是一家公司，则由公司董事会依据评价报告讨论裁决；如果该工程属于政府部门，则由政府部门首脑根据政府授予他们的权力做出决定；如果是国际银行组织或财团贷款的项目，除借款国有关机构做出决定以外，还要征得贷款的国际银行组织或财团的认可。

依法必须进行招标的项目，招标人应当确定评标委员会推荐的排名第一的中标候选人为中标人。排名第一的中标候选人放弃中标、因不可抗力提出不能履行合同，或者招标文件规定应当提交履约保证金而在规定的期限内未能提交的，招标人可以确定排名第二的中标候选人为中标人。排名第二的中标候选人因前款规定的同样原因不能签订合同的，招标人可以确定排名第三位的中标候选人为中标人。

一、定标流程

（一）定标前的谈判

定标前的议标谈判是国际工程承包项目中不可缺少的重要阶段，虽然招标文件已经对合同文件内容做了明确的规定，但是在双方正式签订合同之前，招标人（业主）和投标人（承包商）都愿意有一个议标谈判阶段。业主愿意进一步议标的主要原因在于投标人报价常常比较接近，而列为第二名或第三名的投标人有其他方面的优势，如在工期、财务力量、信誉等方面可能优于最低报价的投标人，可以要求他们进一步降价或降低其他条件，通过议标，发现投标书中的某些建议是可以采纳的，有些也许是其他投标人的建议，但业主希望中标的承包商也能接受，因此需要同该承包商讨论，并确定由于采纳建议导致的价格变更；通过议标，讨论某些局部的变更，含技术条件的变更、设计的局部变更及合同条件的变更对合同价格的影响等。

承包商愿意在签订合同前进一步议标主要是由于通过议标谈判，可以澄清标书中某些含混不清的条款，表明自己的建议和意见；通过议标，可争取改善合同条件，谋求公正合理的权益，使其权利和义务达到平衡；通过议标，可利用业主的某些修改变更进行讨价还价，争取更有利的合同价格等。

由于双方均以维护自身利益为核心，所以议标谈判常是艰苦、困难、复杂的。

大多数情况下，招标人根据全面评议的结果，先选出 2~3 家得标候选人，然后再分头进行商谈。商谈的过程也就是招标人进行最后一轮评标的过程，也是承包商为最终夺取承包项目而采取各种对策和进行各种辅助活动的竞争过程。在这个过程中，承包商的主要目标是击败竞争对手，吸引招标人，争取最后中标。

在公开开标的情况下，由于投标人已经了解可能影响其夺标的主要对手和主要障碍，所以与招标人的商谈内容通常是在不改变其投标实质（如报价、工期、支付条件）的条件下，对招标人做出种种许诺，如附加优惠条件以及修改施工方案等。一般大型国际招标工程，在商谈期间，得标候选人应特别注意洞察招标人的反应，在不影响根本利益的前提下，见机行事。例如，针对发展中国家的招标人，承包商常常提出施工设备在竣工后赠送给业主，许诺向当地公司分包工程，使用当地劳动力，与当地有关部门进行技术合作，为其免费培训操作技术人员等建议。这些建议颇具吸引力，常常可以使承包商变被动为主动。

商谈的另一类主题就是千方百计地抬高自己，贬低竞争对手。例如，向招标人递交有关资信的补充资料，特别是以对比方式说明自己的优势，或者提出能取胜对方的新施工组织方案和新工艺，或对原投标材料中的某些技术和财务方面的建议借澄清的机会再做修改等。

招标人在报价条件和投标建议差别不大时，只有靠进一步澄清的办法分别同中标候选人商谈，通过研究各家提出的辅助建议，结合原投标报价，排出中标顺序并最终决标。

如果是按照秘密开标程序，则开标后的商谈就显得更为重要。采取秘密开标的最根本原因就是招标人要使自己处于绝对主动地位，达到既能按自己的意图授予合同，又不受外界压力的目的。在这种情况下，招标人同投标人之间的商谈内容同公开招标情况大不一样。

招标人可以在商谈过程中利用投标人夺标心切的心理迫其降价。招标人的手段常常是向投标人承诺在降价达到何种程度时即可授予合同，或者威胁对方"如果不降价即无中标希望"，或者故意向对方透露第一低标的报价，要求对方降至第一低标以下即可中标，授予合同等。对于招标人的这些要求特别是降价于第一低标以下的要求，投标人要特别警惕。因为有时招标人会故意花钱或以某种许诺买通一家或两家承包商故意投出特别低的标价，继而要求中标心切的承包商降价，以达到低价成交的目的。

议标谈判通常由招标单位组织，在谈判前招标委员会应将评价报告中所列举的问题进行分类，确定谈判日程。从确定中标候选人到签订合同要经过一段较长时间（3~6个月），双方澄清各种尚待协商一致的问题。所商谈的问题分为技术、商务和法律方面，谈判时双方由上述三方面有关的技术、经济、法律专家参加。

在谈判时，招标人和投标人彼此就标书及整个工程有关事项提出问题，要求双方做出明确的、肯定的回答。这既是招标人为选择理想投标人而进行的最后一次考查，也是投标人为中标而做出的最后努力。通过答辩讨论，进一步把招标人的目的、技术要求传达给投标人，使双方对合同条款、技术要求、施工方案、程序等方面达到统一，为签订合同做最后的准备。

1. 谈判的主要内容

（1）标书中的技术问题。包括各种程序、方案、设备能力、技术条件、工程计划等是否满足要求，建筑的设计、施工以及中标后的打算和措施等。

（2）标书中的商务问题。如工程内容变更、工程追加或减少对程序、工期、价格的影响，付款条件、保留金、贷款、保险、风险、履行不可能及要求降低标价等。

（3）法律及其他方面的问题。包括合同准据法、审批、仲裁、工程所在国法律的优惠与限制等，其他如为业主服务的设施、生活条件等。

2．谈判的人员组成

（1）领队——项目经理。

（2）成员——技术、商务、法律方面的人员。

3．应注意的问题

首先，双方都应事先做充分的准备，招标人准备提出的问题，投标人考虑对方可能涉及的问题。其次，对合同条款的修改应多设想几种方案。最后，准备修订工程的价格。答辩人员和参加谈判人员都要熟悉相关业务和精通英文。

在谈判中得出的结论要以书面形式予以记载，措辞要完善、准确，以便于直接载入合同文件。只有当某一项内容的谈判结论经双方一致同意后，才可以转入下一项目的谈判，根据谈判中所达成的协议，再对合同文件予以修改。

谈判结束形成最后文件后，双方应各派一名高级代表审阅文件，并在文件的每一页上签字。如果在最后审阅中发现还存在问题，应就此再组织谈判，直到意见完全一致为止。

谈判的时间不宜过长，一般应以招标文件确定的投标有效期为准。如果在投标有效期内仍不能做出授标决定，招标委员会应通知有希望中标的几名投标人，请他们延长投标保函的有效期。假若投标人不愿再延长保函有效期，那么，该投标书就会自动失效。一般来说，投标人希望有中标机会，往往可以接受保函延期的要求，这时，投标人可保留因延期决标而调整合同价格的权利。

在谈判结束后，招标人可以要求投标人第二次（最终）报价，以便最后确定中标人。最终报价以定标前谈判所达成的意见为依据。投标候选人可能在报价中与原报价比有较大的出入，为招标人最终定标创造了条件。

（二）定标和中标通知书

定标前谈判结束后，招标人应尽快地决定中标人，以及中标候选人的先后排列次序。

招标人一般应选择总价最低的投标人为中标人。但如果该投标人的总价低到不合理的、令人不能放心的程度，那么可能会对今后施工产生潜在的危险，招标人可以将项目授给报价较高的投标人而不必做任何解释。

在最后确定中标人后，招标人应立即向中标人发出"中标通知书"（也可用电传发出该通知），其内容应简明扼要，只要告知招标工程项目已由其中标，并确定签约的时间、地点即可。对所有未中标人也应该同时给予通知，只需说明"经过认真评价，××工程已确定××单位中标"即可，并退回投标保证金。

如果中标人因其他理由不能按期签约，或有意拖延议标而拒绝签订合同，并没有事先提出招标委员会能够接受的申请，那么将视为投标人违约，招标委员会可以没收其投标保证金，并给予其他制裁，如永远或暂时取消该承包商在该国投标或承包工程的权力。如果中标人弃约或违约，未能签订合同，招标委员会可根据业主要求，决定重新招标或取消招标，或将项目授给其他合适的投标人。

2019 年我国各地陆续发文，政府采购不得收取投标保证金。

二、定标方法

1. 定标途径

定标途径分为两种：

（1）依据评分、评议结果或评审价格直接产生中标（候选）人。

（2）经评审合格后以随机抽取的方式产生中标（候选）人，如固定低价评标法、组合低价评标法。

2. 定标模式

定标模式分为两种：

（1）经授权、由评标委员会直接确定中标人。

（2）未经授权，评标委员会向招标人推荐中标候选人。

3. 定标的方法

评标委员会推荐的中标候选人为 1~3 人（注：科技项目、科研课题一般只推荐一名中标候选人），且须有排列顺序。对于法定采购项目，招标人应确定排名第一的中标候选人为中标人。若第一中标候选人放弃中标，因不可抗力提出不能履行合同，或招标文件规定应提交履约保证金而未在规定期限内提交的，招标人可以确定第二中标候选人为中标人。第二中标候选人因前述同样原因不能签订合同的，招标人可以确定第三中标候选人为中标人。

无论采用何种定标途径、定标模式、评标方法，对于法定采购项目，招标人都不得在评标委员会依法推荐的中标候选人之外确定中标人，也不得在所有投标被评标委员会否决后自行确定中标人，否则中标无效，招标人还会受到相应处理。对于非法定采购项目，若采用公开招标或邀请招标，那么招标人如果在评标委员会依法推荐的中标候选人之外确定中标人的，也将承担法律责任。

第四节 综合案例分析

一、综合应用案例

在施工项目公开招标中，有 A、B、C、D、E、F、G、H 8 家施工单位报名投标。经资格预审均符合要求，但建设单位以 A 施工单位是外地企业而拒绝其投标。

评标委员会由 5 人组成，其中当地建设行政管理部门的招标投标管理办公室主任 1 人，建设单位代表 1 人，政府提供的专家库中抽取的技术经济专家 3 人。

评标时发现，B 施工单位投标报价明显低于其他投标单位报价，且未能合理说明理由；D 施工单位投标报价大写金额小于小写金额；F 施工单位投标文件提供的检验标准和方法不符合招标文件的要求；H 施工单位投标文件中某分项工程的报价有个别漏项；其他施工单位的投标文件均符合招标文件要求。

问题：

（1）在施工招标资格预审中，建设单位认为 A 施工单位没有资格参加投标是否正确？说明理由。

（2）指出施工招标评标委员会组成的不妥之处，说明理由，并写出正确做法。

（3）判别 B、D、F、H 4 家施工单位的投标是否为有效标？说明理由。

答：（1）建设单位认为 A 施工单位没有资格参加投标不正确。理由：根据《中华人民共和国招标投标法》的规定，招标人不得以不合理的条件限制和排斥潜在投标人，不得对潜在投标人实行歧视待遇，故招标人以投标人是外地企业为理由排斥潜在投标人不合理。

（2）不妥之处：①在评标委员会的组成中，有当地建设行政管理部门的招标投标管理办公室主任参加。理由：评标委员会由招标人的代表和有关技术、经济方面的专家 3 人组成。正确做法：投标管理办公室主任不能成为评标委员会成员。②政府提供的专家库中抽取的技术、经济方面的专家 3 人。理由：评标委员会中的技术、经济等方面的专家人数不得少于成员总数的 2/3。正确做法：至少应有 4 人是技术、经济等方面的专家。

（3）判别结果：①B 施工单位的投标不是有效标。理由：评标委员会发现投标人的报价明显低于其他报价时，应当要求该投标人作出书面说明并提供相关证明材料，投标人不能合理说明的应作废标处理。②D施工单位的投标是有效标。理由：投标报价大写与小写不符属细微偏差，细微偏差修正后仍属有效投标书。③F施工单位的投标不是有效标。理由：检验标准与方法不符合招标文件的要求，属于重大偏差。④H施工单位的投标是有效标。理由：H施工单位投标文件中某分项工程的报价有个别漏项，属于细微偏差。

二、建设工程施工招标评标案例

某省一家企业的综合办公楼工程进行公开招投标。根据该省关于施工招投标评标细则，业主要求投标人将技术标和商务标分别装订报送，并且采用综合评估法评审。经招标领导小组研究确定的评标规定如下。

通过符合性审查和响应性检验，即初步评审投标书，按投标报价、主要材料用量、施工能力、施工方案、企业业绩和信誉等以定量方式综合评定，总分为100分，其中投标报价70分、施工能力5分、施工方案15分、企业信誉和业绩10分。

1. 投标报价70分

投标报价在复合标底-6%~+4%（含-6%、+4%）范围内可参加评标，超出此范围者不得参加评标。复合标底是指开标前由评标委员会负责人当众临时抽签决定的组合值，其设置范围是标底与投标人有效报价算术平均值的比值，分别为：0.2∶0.8、0.3∶0.7、0.4∶0.6、0.5∶0.5、0.6∶0.4、0.7∶0.3。

评标指标是复合标底在开标前由评标委员会负责人以当众随机抽取的方式确定浮动点后重新计算的指标价，其浮动点分别为1%、0.5%、0、-0.5%、-1%、-1.5%、-2%。

评标指标＝复合标底／（1+浮动点绝对值）

投标报价等于评标指标价时得满分。投标报价与评标指标价相比每向上或向下浮动0.5%扣1分（高于0.5%按1%计，低于0.5%按0.5%计）。

2. 施工能力5分

（1）满足工程施工的基本条件者得2分（按工程规模在招标文件中提出要求）。

（2）项目主要管理人员及工程技术人员的配备数量和资历3分。其中：项目配备的项目经理资格高于工程要求者得1分；项目主要技术负责人具有中级以上技术职称者得1分；项目部配备了持证上岗的施工员、质量员、安全员、预算员、机械员者共得1分，其中每一员持证得0.2分。不满足则该项不得分。

3. 施工方案15分

（1）施工方案的可行性2分。主要施工方案科学、合理，能够指导施工，有满足需要的施工程序及施工大纲者得满分。

（2）工程质量保证体系和所采取的技术措施 3 分。投标人质量管理体系健全，自检体系完善；投标书符合招标文件及国家、行业、地方强制性标准规范的要求，并有完善、可行的工程质量保证体系和防止质量通病的措施及满足工程要求的质量检测设备者得满分。

（3）施工进度计划及保证措施 3 分。施工进度安排科学、合理，所报工期符合招标文件的要求，施工分段与所要求的关键日期或进度安排标志一致，有可行的进度安排横道图、网络图，有保证工程进度的具体可行措施者得满分。

（4）施工平面图 0.5 分。有布置合理的施工平面图者得满分。

（5）劳动力计划安排 1 分。有合理的劳动力组织计划安排和用工平衡表，各工种人员的搭配合理者得满分。

（6）机具计划 1 分。有满足施工要求的主要施工机具计划，并注明到场施工机具的产地、规格、完好率及目前所在地处于什么状态、何时能到场，满足要求者得满分。

（7）资金需用计划及主要材料、构配件计划 0.5 分。施工中所需资金计划及分批、分期所用的主要材料、构配件的计划符合进度安排者得满分。

（8）在本工程中拟采用国家、省建设行政主管部门推广的新工艺、新技术、新材料能保证工程质量或节约投资，并有对比方案者得 0.5 分。

（9）在本工程上有可行的合理化建议，并能节约投资，有对比计算数额者得 0.5 分。

（10）文明施工现场措施 1 分。对生活区、生产区的环境有保护与改善措施者得满分。

（11）施工安全措施 1 分。有保证施工安全的技术措施及保证体系并已取得安全认证者得满分。

（12）投标人已经取得 ISO 9000 质量体系认证者得 1 分。

4. 企业业绩和信誉 10 分

（1）投标的项目经理近五年承担过与招标工程同类工程者得 0.75 分。投标人近五年施工过与招标工程同类工程者得 0.25 分。

（2）投标的项目经理近三年每获得一项国家鲁班奖工程者得 1.5 分；投标人近三年每获得一项国家鲁班奖工程者得 1 分。投标的项目经理近两年每获得一项省飞天奖工程者得 1 分；投标人近两年每获得一项飞天奖工程者得 0.75 分。投标的项目经理自上年度以来每获得一项地（州、市）建设行政主管部门颁发或受地（州、市）建设行政主管部门委托的行业协会颁发的在当地设置的相当于优质工程奖项者得 0.5 分；投标人自上年度以来每获得一项上述奖项者得 0.25 分。本项满分 8 分，记满为止。

项目经理所获鲁班奖、飞天奖、其他质量证书的认证以交易中心备案记录为依据。同一工程按最高奖记分，不得重复计算。

（3）投标人自上年度以来在省建设行政主管部门组织或受省建设行政主管部门委托的行业协会组织的质量管理、安全管理、文明施工、建筑市场执法检查中受表彰的，每项（次）加 0.2 分；受到地（州、市）建设行政主管部门或受地（州、市）建设行政主管部门委托的行业级的上述表彰的，每项（次）加 0.1 分。受建设行政主管部门委托的由行业协会组织评选的"三优一文明"获奖者（只记投标人）记分同上。上述各项（次）得分按最高级别计算，同项目不得重复计算。上述表彰获奖者为投标人下属二级单位（分公司、项目部、某工地等的，只有该二级单位是投标的具体实施人时方可记分，投标人内部不得通用）的记分按上述标准减半计算。本项满分 1 分，记满为止。

本次招标活动共有 7 家施工企业投标，项目开标后，投标单位的报价、工期、质量如表 6-1 所示。标底为 3600 万元。

表 6-1　投标单位的报价、工期、质量

投标单位	A	B	C	D	E	F	G
报价（万元）	3500	3620	3740	3800	3550	3650	3680
工期（天）	300	300	300	300	300	300	300
质量	合格	合格	合格	合格	合格	合格	合格

评标过程如下：

（1）现场通过随机方式抽取计算符合标底价的权重值为 0.4∶0.6，复合标底及投标报价的有效范围计算如下：

复合标底为：

$3600×0.4+（3500+3620+3740+3800+3550+3650+3680）÷7×0.6=3629（万元）$

投标报价的有效范围为：

下限：$3629×（1-6\%）=3411（万元）$

上限：$3629×（1+4\%）=3774（万元）$

即投标报价的有效范围为 3411 万 ~3774 万元。

7 家投标单位中，D 单位报价超出有效范围，退出评标，其余单位报价均符合要求。

（2）现场通过随机方式抽取评标指标的浮动点为-0.5%，计算评标指标。

$3629÷（1+｜-0.5\%｜）=3611（万元）$

（3）计算各投标单位报价得分。

A 单位 =（3500−3611）÷3611 = −3.07%，扣 7 分，得 63 分。

同理计算 B、C、E、F、G 单位报价得分，分别为 69 分、63 分、65 分、68 分、67 分，如表 6−2 所示。

表 6−2　各投标单位报价得分

投标单位	A	B	C	E	F	G
得分（分）	63	69	63	65	68	67

（4）施工能力得分。评标委员会通过核对各投标施工单位的投标文件以及职称证、资格证的原始证明文件，分别给出各投标单位的施工能力得分。表 6−3 为 A 投标单位的施工能力的各位专家打分，表 6−4 为各投标单位的施工能力得分汇总。

表 6−3　A 投标单位施工能力得分

评委	1	2	3	4	5	6	7
得分（分）	5	5	5	5	5	5	5
备注	项目经理为一级资质，技术负责人职称为工程师，施工员、质量员、安全员、预算员、机械员证书齐全，满足工程施工的基本条件						

表 6−4　各投标单位施工能力得分

投标单位	A	B	C	E	F	G
得分（分）	5	5	4	5	5	5

（5）施工方案评分。评标委员会的各位专家给每个投标单位的施工方案打分。最后去掉一个最高分和一个最低分后，计算平均数得出各投标单位的施工方案最后得分。如表 6−5 及表 6−6 所示。

表 6−5　A 投标单位施工方案得分

评委	1	2	3	4	5	6	7
得分（分）	12.5	13	11.5	12	12.5	13.5	12
平均得分	12.4						
备注	在 2005 年取得 ISO 9000 质量体系认证						

表6-6　各投标单位施工能力得分

投标单位	A	B	C	E	F	G
得分（分）	12.4	11.8	12.0	12.6	12.8	11.2

（6）企业业绩和信誉得分。通过查看各获奖证书的原件，评标委员会按照评标规则得出各投标单位的企业业绩和信誉得分，如表6-7所示。

表6-7　各投标单位企业业绩和信誉得分

投标单位	A	B	C	E	F	G
得分（分）	3.2	2.8	2.5	2.5	3.5	3.0

各投标单位综合得分为：

A：63+5+12.4+3.2＝83.6（分）

B：69+5+11.8+2.8＝88.6（分）

C：63+4+12.0+2.5＝81.5（分）

E：65+5+12.6+2.5＝85.1（分）

F：68+5+12.8+3.5＝89.3（分）

G：67+5+11.2+3.0＝86.2（分）

各投标单位综合得分从高到低顺序依次是F、B、G、E、A、C。因此，中标候选人依次是F、B、G。

复习与思考

（1）国际工程招标中的评标是关键环节，其技术评审和商务评审分别包括哪些内容？承包商应如何对应？

（2）在定标前的谈判时，业主与承包商分别需要注意哪些问题？

第七章　国际工程承包合同

在国际工程承包的业务活动中，无论对业主还是承包商来说，其核心的工作都是围绕着承包合同进行的，包括合同的准备、签订、执行。双方都需要对合同的基本知识、主要内容及分类有一个全面的了解，才可能减少失误、避免损失，使双方都能获得较好的效益。

中国对外承包工程从亚非市场起步，目前已经拓展到五大洲、180多个国家和地区，市场格局得到进一步优化。2020年，中国对外承包工程完成营业额，在全球地区分布中，亚洲地区占比最高，达57.2%；非洲地区占比达到24.6%。未来几年，无论从整体规模上看，还是从发展结构上看，中国国际工程承包业务的规模和档次都将呈逐步提高趋势，综合实力不断提升，行业内企业经营管理日益规范化、信息化、科学化，为中国国际工程承包行业的进一步发展奠定了良好的基础。

第一节　国际工程承包合同概述

一、国际工程承包合同的概念

1. 合同的含义

合同是民事主体之间设立、变更、终止民事法律关系的协议。它依照法律通过协商达成，对签约方具有法律约束力。合同由合同主体、合同客体、内容三大因素构成。

（1）合同主体：签约双方的当事人，也是合同权利义务的承担者。包括自然人、法人和其他组织。工程总承包单位应当同时具有与工程规模相适应的工程设计资质和施工资质，或者由具有相应资质的设计单位和施工单位组成联合体。工程总承包单位应当具有相应的项目管理体系和项目管理能力、财务和风险承担能力，以及与发包工程相似的设计、施工或者工程总承包业绩。设计单位和施工单位组成联合体的，应当根据项目的特点和复杂程度，合理确定牵头单位，并在联合体协议中明确联合体成员单位的责任和权利。联合体各方应当共同与建设单位签订工程总承包合同，就工程总承包项目承担连带责任。工程总承包单位不得是工程总承包项目的代建单位、项目管理单位、监理单位、造价咨询单位、招标代理单位。

政府投资项目的项目建议书、可行性研究报告、初步设计文件编制单位及其评估单位，一般不得成为该项目的工程总承包单位。政府投资项目招标人公开已经完成的项目建议书、可行性研究报告、初步设计文件的，上述单位可以参与该工程总承包项目的投标，经依法评标、定标，成为工程总承包单位。

此外，工程总承包项目经理应当具备下列条件：①取得相应工程建设类注册执业资格，包括注册建筑师、勘察设计注册工程师、注册建造师或者注册监理工程师等；未实施注册执业资格的，取得高级专业技术职称；②担任过与拟建项目相似的工程总承包项目经理、设计项目负责人、施工项目负责人或者项目总监理工程师；③熟悉工程技术和工程总承包项目管理知识以及相关法律法规、标准规范；④具有较强的组织协调能力和良好的职业道德。工程总承包项目经理不得同时在两个或者两个以上工程项目担任工程总承包项目经理、施工项目负责人。

工程总承包单位、工程总承包项目经理依法承担质量终身责任。

（2）合同客体：合同的标的，是签约人权利义务所指的对象，包括行为、物、财产、智力成果。

（3）内容：合同签约人之间具体的权利和义务。

2. 合同内容

（1）序文。当招标文件中包含合同协议时，其序文部分比较简单。当招标文件不包含协议时，合同序文部分则应载明合同双方的名称、法定地址、联系方法和基本合同的宗旨（签订合同的目的和建设任务）等。

（2）技术条款。如有关工期、进度、质量、标准、规范、检验及工程养护等方面的条款。

（3）经济条款。如货币和支付方式、费用、调值与保值、赔偿、支流等方面的条款，经济条款有时也称为商务条款。

（4）法律条款。如不可抗力、争议与仲裁、适用法律等方面的条款。

国际工程承包合同划分多种多样，大体上分为：勘察设计合同、施工承包合同、供货与安装合同、劳务与技术服务咨询服务合同。

3. 国际工程承包合同

国际工程承包合同是一种涉外合同，是在国际工程承包活动中，为确定业主和承包商之间的权利和义务关系而协商签订的共同遵守的文件。合同一经签订就在双方之间产生了一定的权利义务关系。这种关系受法律制约，如果任何一方不履行或不完全履行合同，就要受到法律的制裁，负赔偿责任。

二、国际工程承包合同的特征

1. 国际性

（1）签约各方分属于不同的国家和地区。国际工程承包合同都是在不同国家的法人之间签订的，是由一个国家的承包商为承担另一个国家的工程项目建设与该项目的业主所签订的合同。

（2）国际工程承包合同常受多国法律的制约。各方签约时，各项条款的内容均不能违反签约各方本国的法律，必要时合同双方还会选择第三国的法律作为合同的适用法律。

（3）国际工程承包合同的付款多样性。一般工程的付款支付多为两种或两种以上的货币付款：一是当地货币；二是国际通用货币。

（4）仲裁地常选择第三国。国际工程承包发生纠纷、争端是常见的事。为保证公正，提交仲裁时常选择第三国作为仲裁地。

2. 多元性

国际工程签约人虽然只有业主和承包人两方，但合同执行中，会涉及多方关系人。如业主方面有咨询公司、咨询工程师；承包商方面有合伙人、分包商、材料供应商等。业主和承包商双方之间还有银行、保险公司一类的担保人。此外，由于有的工程规模很大，技术要求复杂，需要多家承包商独立承包，有时甚至涉及几十家公司，需要签几十项合同。不管哪类合同，只要合同签约方与该项工程的实施有关，承包商就对其承担一定的义务。承包商对各种关系的处理和应承担的义务在合同中均有详细的规定。要使一份国际工程承包合同圆满实施，承包商不但要处理好和业主的关系，而且还要认真处理与工程实施有关的各方面的关系。

3. 标的特殊性

国际工程承包合同的标的是工程项目，任何一个工程项目都是一个不可分割的独立整体，具有不可移动性，合同需要反映各个项目的不同特征。

4. 履约方式的渐进性和连续性

国际承包工程合同的标的物是工程项目本身，只能通过渐进和连续的方式才能完成它。在这一过程中，对工程质量的确认贯穿于施工过程的始终。承包商对工程质量所承担的义务，要受到业主（或其委托人咨询工程师）多次的检查和确认。

5. 履约的周期长、风险大

国际工程承包的项目一般周期都比较长，少则 2~3 年，多则几年，甚至十几年。由于周期长，各种因素随时可能变化，国际工程承包作为一项综合性的输出受多种因素的制约和影响，有政治、经济、自然条件、建设环境、法律及经营管理水平等因素，这些因素的变化决定着承包商的盈亏，加大了承包商的风险。这就要求承包商在签订合同前，对构成风险的因素做认真的调查、预测、分析和研究，并在合同谈判中尽量避免风险性条款。

三、国际工程承包合同的作用

合同在国际工程承包中的作用，主要表现在以下几个方面：

1. 合同是双方当事人的行为准则

合同是业主和承包商的行为准则，贯穿于工程承包工作过程的始终。在国际工程承包过程中，无论业主还是承包商，其一切行为和工作都是以合同为依据的。因为合同的订立，是双方的法律行为。因而双方都受到它的约束，都必须按合同办事。

在资格预审阶段，由业主确定的工程工期和工程范围等，都是承包商制定价格的重要依据，也将是合同条款的主要内容。对资格预审文件有异议的，应当在提交资格预审申请文件截止时间两日前提出。

在投标报价阶段，承包商所提出的各种报价条件，制定价格的依据，都是业主和承包商之间今后拟订合同的基础。在这个阶段，对于承包商而言，其主要任务是制定合理的、有竞争力的单价，算出总价。而对于业主来说主要是对承包商所报的价格进行评比审议并选择接收或拒绝。基于此，双方经过谈判，达成一致意见后形成书面协议——合同。

在合同实施过程中，双方都要按合同的规定，履行各自的义务，对合同中未完成的内容需要承担相应责任，这样合同才能得到履行直至完满终结。在此阶段，承包商的主要义务是在规定的时间内保质保量地完成全部工作内容；业主的主要义务是按规定数额在规定期限内支付给承包商工程款，保质保量完成任务且按时付款后，双方之间权利和义务关系方可结清。双方权利和义务均受到法律的保护和监督，双方都必须履行合同。

2. 合同是解决双方纠纷的依据

在双方执行合同的过程中，由于承包业务的复杂性和人员的多变性，难免会出现很多争端和纠纷。有些争端双方通过友好协商可以得到合理解决，而有些争端无法通过自行协商解决，需要请第三方出面调解或提交仲裁或提交司法诉讼。不论是双方自行协商解决纠纷还是请第三方出面调解或提交仲裁或提交司法诉讼都必须以合同条款为依据，根据事实判断纠纷双方孰对孰错，提出解决纠纷的具体办法。

3. 合同是处罚违约者的准绳

通常合同中订有惩罚条款，任何一方违反合同规定，不履行合同或不完全履行合同规定的义务和条件，都要受到惩罚。违约一方要承担由此而造成的对方的损失，通常合同中对是否违约的判断和违约的处罚力度都有明确的规定。合同的处罚条款，是保证双方都能正确地履行合同。

4. 国际工程承包合同的基本内容

在国际上，所谓工程合同其含义是广泛而复杂的，它不仅包括施工合同而且还包括勘察、设计、安装、材料、设备的采购、工程咨询等方面的内容。目前，由于承发包的需要国际上已经创立了许多合同模式。在这些模式中，合同的基本条款几乎都已标准化，成为国际通用的格式，无论何种工程项目，无论在哪国施工都能适用。

在国际通用的标准格式中其"基本条件"（亦称通用条件）不分所在国别，均可使用，具有国际普遍适用性；而"特定条件"（亦称特殊条件）则是指在某种特定情况下所设置的合同条件。其内容随具体项目的不同而异，但其主旨仍与基本条款相吻合，目前国际上最通用的是世界银行推荐的 FIDIC 土木工程合同条款。

第二节　国际工程承包合同的法律基础

一、合同法律关系

在合同法律关系中，主体间的权利与义务之争总是围绕着一定的对象所展开的，没有一定的对象也就没有权利义务之分，当然也就不会存在法律关系。

合同法律关系的内容，即是合同主要条款所规范的主体的权利和义务。

1. 权利

权利是指权利主体根据法律规定，有权依照自己的意愿做出某种行为，同时还可以要求义务主体做出某种行为或者不得做出某种行为，以实现合法权益。当自己的权利受到侵犯时，法律将予以保护。一方面，权利受到国家保护，如果一个人的权利因他人干涉而无法实现或受到了他人的侵害时，可以请求国家协助实现其权利或保护其权利；另一方面，权利是有行为界限的，超出法律规定，非分的或过分的要求就是不合法的或不被视为合法的权利。权利主体不能以实现自己的权利为目的而侵犯他人的合法权利或侵犯国家和集体的利益。

2. 义务

义务是指义务主体依据法律规定和权利主体的合法要求，必须做出某种行为或不得做出某种行为，以保证权利主体实现其权益，否则要承担法律责任。首先，义务人履行义务是权利人享有权利的保障，所以，法律规范都针对保障权利人的权利规定了具体的法律义务。尤其是对于一些强制性规范，更是侧重对义务的规定，而不是对权利的规定。其次，法律义务对义务人来说是必须履行的，如果不履行，国家就要依法强制执行，因不履行造成后果的，还要追究其法律责任。

中标人应当按照合同约定履行义务，完成中标项目（法律、行政法规规定中标人可以不承担中标项目实施工作的除外）。中标人不得向他人转让中标项目，也不得将中标项目分解后向他人转让。

中标人按照合同约定或者经招标人同意，可以将中标项目的部分工作分包给他人完成。中标项目的主体、关键性工作不得分包，国家对工程总承包项目、PPP 项目等的分包另有规定的，依照其办理。除法律、行政法规另有规定外，中标人可以自主确定分包人。接受分包的人应当具备相应的资格条件，并不得再次分包。

工程总承包单位应当对其承包的全部建设工程质量负责，分包单位对其分包工程的质量负责，工程总承包单位对其承包的全部建设工程所负的质量责任不会因为分包而免除。工程总承包单位、工程总承包项目经理依法承担质量终身责任。

建设单位不得对工程总承包单位提出不符合建设工程安全生产法律、法规和强制性标准规定的要求，不得明示或者暗示工程总承包单位购买、租赁、使用不符合安全施工要求的安全防护用具、机械设备、施工机具及配件、消防设施和器材。

工程总承包单位对承包工程的安全生产负总责。分包单位应当服从工程总承包单位的安全生产管理，分包单位不服从管理导致发生生产安全事故的，由分包单位承担主要责任，分包不免除工程总承包单位的安全责任。

建设单位不得确立不合理工期，不得随意压缩合理工期。工程总承包单位应当对工程工期全面负责，对项目总进度和重要时间节点进行控制管理，确保工程按期竣工。

工程保修书由建设单位与工程总承包单位共同签署，保修期内工程总承包单位应当根据法律法规和合同约定承担保修责任，工程总承包单位不得因工程分包与分包单位划清责任而拒绝履行保修责任。

工程总承包单位和工程总承包项目经理如果在设计、施工活动中有违法分包等违法违规行为或者造成工程质量安全事故的，按照法律法规对设计、施工单位及其项目负责人追究责任。工程总承包单位应当就分包项目向招标人负责，同时接受分包的人就分包项目承担连带责任。

二、合同法律基础

合同法律基础是以合同法的基本原则为主导的。合同法的基本原则为制定和执行合同法提供了指导思想，是合同法的灵魂，同时也是合同法区别其他法律的标志，集中体现了合同法的基本特征。

1. 平等自愿原则

合同法的平等自愿原则是指当事人的民事法律地位平等，在合同订立和履行中，一方不得将自己的意愿强加给另一方。平等原则是民事法律的基本原则，是区别行政法律和刑事法律的重要特征，也是合同法其他原则存在的基础。合同法的自愿原则，表现在两个方面：一是当事人之间，因一方欺诈、胁迫订立的合同无效或者可以撤销；二是合同当事人与其他人之间，任何单位和个人无权私自干预。自愿原则是法律赋予的，但也受到其他法律规定的限制，是在法律规定范围内的"自愿"。法律的限制主要有两个方面：一是实体法的规定。有的法律规定某些物品禁止买卖，比如毒品；合同法明确规定有损社会公共利益的合同无效，对此当事人不能"自愿"认为有效；国家根据需要下达指令性任务或者国家订货任务的，有关法人、其他组织之间应当依照有关法律、行政法规规定的权利和义务订立合同，不能"自愿"不订立。这里所提到的实体法，都是法律的强制性规定，涉及社会公共秩序。二是程序法的规定。有的法律规定当事人签订某类合同需经批准；在转移某类财产主要是不动产时，应当办理登记手续。所以，当事人依照有关法律规定，办理批准、登记等手续，不能"自愿"地不去办理。

2. 公平、诚实信用原则

《中华人民共和国民法典》合同篇规定，当事人应当遵循公平原则确定各方的权利和义务。这里讲的公平，既表现在订立合同时的公平，明显不公平的合同可以撤销；也表现在发生合同纠纷时的公平处理，不仅要保护遵守约定一方的合法利益，而且也不能使违约方因较小的过失承担过重的责任；还表现在一些特殊的情况下，因客观情势发生突变，继续履行合同会使当事人之间的利益发生重大失衡，此时应尽可能地公平地调整当事人之间的利益。诚实信用，主要包括三层含义：一是诚实，要言行一致，因欺诈订立的合同无效或者可以撤销。二是守信，要表里如一，不能反复无常，也不能口惠而实不至。三是从当事人协商合同条款时起，就处于特殊的合作关系中，当事人应当恪守商业道德，履行相互协助、通知、保密等义务。

随着社会的发展，公平诚实信用原则在合同法的适用面越来越宽。除合同履行时应当遵循诚实信用原则以外，诚实信用也同样适用在订立合同阶段（即前契约阶段），也适用合同终止后的特定情况（即后契约阶段）。《中华人民共和国民法典》合同篇规定，当事人在合同订立过程中有下列情形之一，给对方造成损失的，应当承担赔偿责任：

（1）表面上以订立合同为借口，实则恶意进行磋商。

（2）故意隐瞒与订立合同有关的重要事实或者提供虚假信息。

（3）有其他违背诚实信用原则的行为。

《中华人民共和国民法典》合同篇规定，当事人在订立合同过程中，无论合同是否成立，都不得将知悉的商业秘密泄露或者不正当地使用。由于泄露或者不正当地使用商业秘密给对方造成损害的，应当承担损害赔偿责任。这一条规定的是缔约过失责任，承担缔约过失责任的基本依据是违背诚实信用原则。《中华人民共和国民法典》合同篇规定，在合同终止后，当事人仍然要遵循诚实信用原则，履行通知、协助、保密等义务。该条讲的是后契约义务，履行后契约义务的基本依据也是诚实信用原则。

3. 遵守法律、不得损害社会公共利益原则

《中华人民共和国民法典》合同篇规定，当事人在订立、履行合同时，应当遵守法律法规和社会公德，不得扰乱经济发展秩序，损害社会公共利益。这条规定，集中表明了两层含义：一是遵守法律（包括行政法规）；二是不得损害社会公共利益。

遵守法律，主要指的是遵守法律的强制性规定。法律的强制性规定，基本上都是涉及社会公共利益，一般都纳入行政法律或者刑事法律关系。法律的强制性规定，是国家通过强制手段来保障实施的那些规定，如纳税、工商登记，不得破坏竞争秩序等规定。法律的任意性规定，是当事人可以选择适用或者排除适用的规定，基本上涉及的是当事人的个人利益或者团体利益。依照合同法的规定，对

合同的某个问题，当事人有争议，或者发生合同纠纷后，当事人没有约定或者达不成补充协议，又没有交易习惯等可以解决时，最后的武器就是法律的任意性规定。合同法的规定，除有关合同效力的规定以及《中华人民共和国民法典》合同篇有关指令性任务或者国家订货任务等规定外，绝大多数都是任意性规定。

4. 合同具有法律约束力的原则

《中华人民共和国民法典》合同篇规定，依法成立的合同，对当事人具有法律约束力。当事人应当按照约定履行自己的义务，不得擅自变更或者解除合同。

中国在转型时期，对于市场经济缺乏经验，管理水平不高且法律意识不强，经济秩序上有些混乱，导致合同履行率较低。针对这种情况，强调合同具有法律约束力就具有很大的现实意义。合同具有法律约束力，首先是对当事人而言的。当事人订立合同后，应当履行自己的义务，如果违反约定，应当承担违约责任。合同具有法律约束力，也是对行政机关而言的。行政机关不得干涉当事人依法订立的合同，不得违法变更甚至撕毁当事人订立的合同。合同具有法律约束力，同样也是对审判机关而言的。审判机关应当无条件地保护当事人依法订立的合同。合同具有法律约束力的原则，如果在实际生活中得到普遍贯彻，那么，合同这一法律手段，必将强有力地推进中国的现代化建设。

所以说合同法的基本原则是合同法的纲领，它的作用不是表现在某一章节、某一制度，而是贯穿整部合同法。合同法的基本原则有两大作用：一是指导作用，合同法的基本原则指导立法工作者编制各项规定，对审判人员使用合同法也起着指导作用。基本原则是正确理解具体条文的关键；二是补充作用，当法律对合同法的某个问题缺乏具体规定时，当事人可以根据基本原则来确定，审判机关也可以根据基本原则解决纠纷。

5. 鼓励交易原则

《中华人民共和国民法典》合同篇在以下几个方面充分体现了鼓励交易原则：第一，缩小了无效合同的范围；第二，严格区分了无效和可撤销合同；第三，严格区分了无效和效力待定的合同；第四，严格区分了合同成立和合同生效；第五，合同订立制度充分体现鼓励交易原则；第六，合同法将合同的形式作为合同存在的证明标准；第七，合同法明确规定了合同的解释制度；第八，合同法严格限制了违约解除的条件。

6. 合同自由原则

合同自由原则是指合同主体在进行合同活动时意志独立、自由和行为自主，包括两个方面：第一，当事人合法的合同具有法律效力；第二，当事人享有订立合同、确定合同内容和形式、确定违约责任等方面的自由。应当指出的是，我国合同法确定的合同自由是一种相对的自由，而非绝对的自由。首先《中华人民共和国民法典》合同篇强调自愿原则必须依法，其次当事人所享有的合同自由也必须受到法律的必要的限制。

第三节　国际工程承包合同的谈判与签约

一、合同谈判目的

对于招标人而言，定标前谈判主要有两个目的：一是进一步了解和审查候选中标单位的技术方案和保障措施是否合理、先进、可靠，以及准备投入的力量是否足够雄厚，能否确保工程按期保质保量完成；二是进一步审核报价，并在付款条件、付款期限及其他优惠条件等方面与候选中标单位进一步达成一致。对于候选中标单位而言，则是尽最大可能使自己成为中标人，并尽可能以最优惠的条件签订合同。同时，候选中标单位还可以进一步摸清招标人的意图，在不改变投标文件实质性内容下许诺改变某些优惠条件，增强自己的竞争力，争取最后中标。

定标后谈判的目的则是将双方在此前达成的协议具体化、条理化，并对全部合同条款予以法律认证，为签署合同协议完成做最后的准备工作。定标后的谈判一般来说会涉及合同的商务和技术的所有条款。

二、合同谈判内容

对于招标人来说定标前的谈判是通过评标委员会来完成的。定标前的谈判主要涉及两方面的谈判：技术性谈判（也称技术答辩）和经济性谈判（主要是价格问题）。在国际工程招标活动中，有时在定标前的谈判中允许招标人提出压价的要求；但在世界银行贷款项目和我国国内项目的招标活动中，开标后不许压低标价，但在付款条件、付款期限、贷款和利率，以及外汇比率等方面是可以谈判的。

定标后谈判包括但不限于以下内容：

（1）承包内容和范围的确认。

（2）技术要求、技术规范和技术方案。

（3）价格调整条款。

（4）合同款支付方式。

（5）工期和维修期。

（6）争端的解决。

（7）其他有关改善合同条款的问题。

当然，在合同履行过程中，当双方出现分歧或争议时可能产生谈判的局面，但一般来说，这时合同已经形成，要解决的问题往往是局部的或非实质性的，可以通过对合同进行解释或借助第三方力量来解决。

三、合同谈判技巧

合同谈判既是一门学问也是一门艺术，是追求企业效益最大化的关键一环。合同谈判技巧很多，但具体的操作方法因项目和谈判对象的不同而存在差异。谈判过程中最重要的是平衡双方的利益，通过谈判双方都能以最好的方式获得自己想要的东西。在合同谈判时主要有以下几点技巧：

1. 造势

施工企业相对于业主来说处于劣势地位。在合同谈判中如何维护好自己的合法地位是一个重要问题，要"依法造势"。所谓依法造势，就是在合同谈判中，客户与业务经理的地位是平等的，业务经理不必有低人一等的心态，要展现出大度的气势和平等谈判的态势。

合同谈判双方都应以"先小人后君子"的姿态投入谈判，可以配以一些造势环节，如在谈判中途可利用电话或者进货单造势，对谈判对象施加心理压力，对客户的无理要求进行有理有据的反驳，赢得对方的理解。

2. 抓大放小

施工企业在竞争激烈的建筑市场上要实现收益最大化，首先必须把好合同关，合同一旦签订，就必须全面履行，即使亏损，也要不遗余力地履行合同，这样才能为公司树立起讲诚信的品牌形象。因此在合同谈判中，要保证企业效益最大化和合同的全面执行，可以采用"抓大放小"策略。

所谓抓大放小，就是大的原则不能放弃，小的条款可以协商，达到"求大同、存小异"的结果。例如，在××市某一上千万元的工程项目的合同谈判中，业主不同意采用建设部 GF-1999-0201 标准合同文本，拿出了一个简易合同文本进行合同谈判，施工方仔细研究了该合同文本，认为其中有两个问题：一是标准合同文本中应由甲方承担的施工场地噪声费、文物保护费、临建费等小费用要求施工方承担。二是业主实行了固定合同价包干，不因其他因素追加合同款。为此施工方进行了现场考察，因施工场地在郊外，不会产生环保与文物保护费等，因此我方认为第一条在谈判时可以松动，但固定价格包干的条款决不能答应。在此基础上，施工方依据《中华人民共和国民法典》合同篇和建设部颁布的标准合同文本条款，逐条与业主进行沟通，最后达成共识：业主因设计修改、工程量变更、材料和人工工资调价导致增加的工程款由业主承担，且按实结算；施工方承担环保、文物保护费、临建费等小费用。从而实现了预定的抓大放小的目的。最终合同顺利签订，最后的结算价高于中标合同价的30%，施工方求得了效益最大化，业主也节省了部分费用。

3. 针锋相对

合同谈判中对于一些重大原则问题，应采用"求大同、存小异"的办法，但不能无原则地为保证合同成功签订放弃原则。在重大原则问题上，就是要"针锋相对"。所谓针锋相对，并不是讲在谈判桌上与对方争论得面红耳赤，从而影响下一步合同的顺利实施。对于合同某个条款中涉及的重大原则问题，一定要以法律为准绳、以事实为根据说服对方，依法办事。例如，在某公司最近的一次合同谈判中，对方提出所有工程进度款一定要由业主现场工程师对工程进度、质量认可签字后才能支付。施工方不同意，业主一定要坚持，施工方据理力争，提出该条界定不准确，工程进度、质量只要符合设计要求、施工标准和规范就要认可，不要添加人为因素。提出如果业主工程师心情好，不按规范搞，盲目签字，造成工程质量问题责任谁担？结果业主很服气地将该条款改为了"按设计、法规、标准、规范进行施工现场管理"，并对合同执行的依据做了进一步规范。

4. 舍远求近

美国芝加哥大学法学院教授罗纳德·科西，因为研究并解释了合同的拟定与执行对企业成本的影响，而获得了诺贝尔经济学奖。因此在合同谈判中也要非常重视合同执行对企业成本的影响，在这方面，最常用的策略是舍远求近。

所谓舍远求近，具体到工程款的支付条款，就是要体现"迟得不如早得，早得不如现得"。只有工程款早日收回，才能保证施工成本尽早收回，施工利润尽早形成。根据住建部颁布的《建设工程施工合同（示范文本）》GF-2017-0201通用条款第33条有关工程竣工结算的规定："发包人收到竣工结算报告资料后28天内无正当理由不支付工程竣工结算价款，从第29天起按承包人同期向银行贷款利率支付拖欠工程价款利息，并承担违约责任。"以及"发包人收到竣工结算报告以及结算资料28天内不支付工程竣工结算款，承包人可以催告发包人支付结算价款。发包人在收到竣工结算报告及结算资料后56天内仍不支付的，承包人可以与发包人协议将该工程折价，承包人也可以向人民法院申请将该工程依法拍卖，承包人就该工程折价或者拍卖的价款优先受偿"。在合同谈判中，可以把工程结算作为一个关键点来谈，如果依据充分、要求合理，业主一般也能理解，尽可能地使专用条款中结算工程款的内容符合我方尽早结算工程款的要求；

当然，完全达到通用条款的规定，全额支付结算工程款，目前来说还是很困难的，至于具体时间和金额可由双方沟通、商议，总的原则为保本微利，后期拖欠的少量工程款为纯利。另外，保修金一般为5%以内，也可以采取舍远求近的策略，尽量使质保金在一年内付清，如果一年内付不清，最后的底线就是要求在两年内付清80%，留20%待五年防水保修期满后付。这种合同谈判中采用舍远求近的策略，有利于工程成本的尽早回收、工程利润的尽早实现。

此外，谈判中也有拒绝，但拒绝并不意味着宣布谈判破裂，而是一种谈判技巧和手段。一方面，拒绝是否定了对方的进一步要求；另一方面，是对以前的报价或让步的某种承诺。谈判中的拒绝往往不是全面的，相反大多数谈判中的拒绝往往是单一的、有针对性的。所以，在谈判中的拒绝，会给对方留下其他方面讨价还价的可能性。以下则是谈判中常见的几种拒绝技巧：

（1）提问法。所谓提问法，就是面对对方提出的过分要求，通过一连串的问题来提出疑问。这样做的主要目的是使对方明白你不是一个可以随意欺骗的人。无论对方回答或不回答这一连串的问题，也不论对方承认或不承认，都已经使他明白自己所提出的要求太过分了。

例如，某供应商在与一家区域大卖场进行合同谈判时，卖场方面开出了十分苛刻的付款条件。这时，该供应商抓住对方苛刻的条款提出以下问题，终于让卖场方面由单方面的强势变为被动。

卖场该付款条款的依据是什么？

该连锁卖场的其他分店在付款政策上是否也是如此？

卖场对不同供应商付款政策是怎样划分的？

其他同类型的供应商是否也遵照此条款付款？

但需要明白的是，对方有时候提出要求是不经过大脑的，是经不起推敲的，但正是这种强大的气势有时就能达到使人蒙蔽的效果。所以，通过理性的思辨，供应商提出的问题如果在点子上，是能给卖场施加一定的压力的，并能迅速扭转自己在谈判中的被动地位，使得对方不得不在此基础上进行让步。

（2）借口法。在现代社会中，没有一个企业是孤立存在的，它们的生存与外界都有千丝万缕的联系。因此，无论是在谈判中，还是在企业的日常运转中，总会碰到一些企业无法满足的要求。尤其是面对过于强势的大卖场或企业非常要好的伙伴时，如果简单地拒绝，很可能会使企业遭受报复性的打击，或者背上"忘恩负义"的恶名。因此，遇到此类问题时最好的办法是用"借口法"。

例如，首先表明自己的态度，一定想办法大力促成这事。但将相关权限转至上级相关部门，如企业总裁，或是董事会。通过运作程序的复杂来冷却对方，从而让对方主动放弃所提出的条件，因为谈判是有时间限制的，如果对方等不下去了就会自动让步的，并且没有办法怪你，因为不是你的问题是程序的问题。

（3）补偿法。所谓补偿法，顾名思义是在拒绝对方的同时，给予某种补偿。这种补偿往往不是"现货"，即不是可以兑现的金钱、货物、某种利益等，相反，可能是某种未来情况下的允诺，或者提供某种信息（不必是经过核实的、绝对可靠的信息）、某种服务（如产品的售后服务出现损坏或者事故的保险条款等）。这样，再加上一番并非己所不为而乃不能为的苦衷，就能在拒绝了一个朋友的同时，继续保持你和他的友谊。

（4）条件法。直接拒绝对方必然会恶化双方的关系。在拒绝对方前，不妨先要求对方满足你的条件：如对方能满足，则你也可以满足对方的要求；如对方不能满足，那你也无法满足对方的要求。这就是条件拒绝法。条件法的好处在于，在拒绝对方的同时，又避免了对方朝你发火，这就是条件法的威力所在。

（5）幽默法。在谈判中，有时会遇到不好正面拒绝对方，或者对方坚决不肯降低要求或条件，你若不直接加以拒绝，就要全盘接受。然后根据对方的要求或条件推出一些荒谬的、不现实的结论来，从而间接加以否定。这种拒绝法，往往能产生幽默的效果，既拒绝对方又不伤人。

例如，在一些供货时间的条款上，当遇到对方提出一个完全不合理的供货期限时，可以通过先认可对方提出的交货时间，从而来反推下订单、原料采购、物流所需要的时间，从而让对方认识到这是一个十分荒谬的提议，主动放弃单方面对时间的苛刻要求。

四、合同文本确定与签署

谈判结束后需签订合同，签订合同应明确合同主体、标的、数量、质量、报酬、合同订立和履约时间、违约责任及争议解决的方式，还应注意选用合适的合同文本。

1. 核实确认对方当事人的主体资格

（1）合同对方为自然人：核实并复印、保存其身份证件（勿以名片代之），确认其真实身份及行为能力。

（2）合同对方为法人：到当地市场监管部门查询其工商注册资料并实地考察其公司情况，确定其真实性；核实订约人是否经其所在公司授权委托，查验其授权委托书、介绍信、合同书；签订合同必须加盖对方单位公章、合同专用章。

（3）合同对方为"其他组织"。对方当事人为个人合伙或个人独资企业，核对营业执照登记事项与其介绍情况是否一致；由合伙人及独资企业经办人签字盖公章。

　　法人筹备处：确认经办人身份及股东身份，加盖法人筹备处和股东公章。

　　（4）合同对方除加盖公章、私章外，还要亲笔签名。

　　2. 合同形式

　　（1）必须以书面形式签订合同。

　　（2）采用口头、信件、数据电文形式订立合同的，必须签订确认书并盖章签字。

　　（3）倒签合同要标明合同背景。

　　3. 合同的必备条款要具体、明确

　　（1）当事人名称须真实、一致。

　　（2）合同标的、数量、质量、价款、包装方式要具体、明确。

　　（3）验收方法、程序和时间需明确。

　　（4）交货方式、结算方式等履行方式须具体。

　　（5）履行期限须确定某一时间点或时间段。

　　（6）尽量明确本公司所在地为合同履行地。

　　（7）违约责任要量化为违约金或确定违约赔偿金的计算方法。

　　（8）解决争议办法为协商、诉讼，约定由本司所在地法院管辖或仲裁委员会仲裁。

　　4. 订约前的合同义务

　　（1）尽协助、通知义务。

　　（2）订约时获取的对方商业秘密，不得泄露和使用。

　　5. 订购后合同义务

　　（1）对公司开出的授权委托书、介绍信、盖章的合同书等授权性文件要跟踪管理，出具时应标明合同对方名称及授权范围、有效期限，业务结束要及时收回。

　　业务人员离职要及时收回上述文件，无法收回的及时以书面形式通知相关单位并做证据保全。

　　发现业务人员在委托授权期限到期后仍以本司名义签订合同的，及时确定是否追认；不予追认的要以书面形式通知对方并进行证据保全。必要时还可请求警方介入，追究其刑事责任。

　　（2）遇有重大误解、显失公平、受欺诈、胁迫、乘人之危订立的合同，及时收集保全证据，在除斥期间内（即一年）行使撤销权。

　　（3）合同签订后，合同原件须交由公司统一保管。

　　（4）合同内容不得有损社会公共利益、不得恶意串通损害国家、集体和个人的利益，不得含有造成对方人身伤害或因故意及重大过失造成对方财产损失的免责条款。

第四节　国际工程承包合同的履行

一、合同履行技术要求

国际工程技术标准主要包括国际标准化组织（ISO）标准、国际电工委员会（IEC）标准、国际电信联盟（ITU）标准和国际大坝委员会公告。国外标准主要包括：欧洲标准、美国学会/协会标准、英国标准和法国标准等。

在国际工程项目中，中国企业占到了全球 1/4 的市场份额，但在合同履约过程中，大多数国际工程采用国外主流技术标准。近 10 年中国企业承担的 93 项国际工程实际执行情况统计，采用外国标准和国际标准的 21 项，占 23%；采用中国标准的 17 项，占 18%；合同以外国标准为主，实施中同时采用外国标准和中国标准的 55 项，占 59%。

1. 国际技术标准 ISO 与 IEC 的特点

（1）ISO 是世界上最权威、涉及专业面最广的国际标准化专业机构，国际电工委员会（IEC）是最早成立的国际标准化组织机构。两者联系密切且分工明确。IEC 负责电子、电工相关领域标准，ISO 则涉及除电子、电工及军工、石油、船舶制造之外的很多重要领域。IEC 与 ISO 的共同之处在于：它们使用共同的技术工作导则，遵循共同的工作程序；成立了联合技术委员会（JTC1）负责制定信息技术领域中的国际标准；使用相同的情报中心，为各国及国际组织提供标准化信息服务。IEC 与 ISO 最大的区别是工作模式不同：ISO 的工作模式是分散型的，技术工作主要由各国承担的技术委员会秘书处管理，ISO 中央秘书处负责协商；而 IEC 采取集中管理模式，即所有的文件从一开始就由 IEC 中央办公厅负责管理。

（2）ISO 在制定相同领域的标准时通常都会和相关方进行联合协商，避免与其他国际标准体系发生冲突，同时也避免了不同国家在相同领域标准制定的重复工作。ISO 与欧洲标准化委员会有着非常密切的合作关系，两者签订了技术合作协议，避免标准制定重复工作；相互参与标准起草工作，两机构平行审批，草案通过后，国际标准与欧洲标准同时发布。

（3）ISO 标准更加关注职业健康、安全、环境和人文领域。

2. 欧洲标准的特点

（1）欧洲标准制定遵从公开、透明、国家承认和技术一致的原则。欧洲标准委员会与国际标准化组织（ISO）联系紧密，尽可能使欧盟标准成为国际标准。例如，英国、法国、德国承担了大多数 ISO 和 IEC 的秘书处工作，因而很多国际标准都是按这些国家的标准制定的。

（2）欧盟采取技术法规与技术标准相结合的管理制度，对于涉及人民生命安全、身体健康、环境保护等公共利益的技术要求由政府部门用技术法规的形式规定且必须严格贯彻执行。

（3）欧洲建筑和土木工程技术标准体系有以下几个特点：①通用性。欧洲国家对建筑和土木工程的定义比较宽泛，基本覆盖所有的土建工程领域，包括工民建、公路、铁路、水利水电、港口码头等。②理论性。欧洲岩土工程标准由基本原理、使用规则和工程数据构成，强调对基本原理的把握，很少提供标准使用者具体的工程参数取值。标准中没有任何数量关系反映工程参数的取值或者取值范围。③岩土工程勘察与工程设计联系紧密。因此实际工程中勘察与设计工作并不是隔离开来的，一般的工程岩土工程师会根据设计需要提出要求并开展地质调查工作，分析总结地质调查结论并应用于岩土工程设计，这就要求岩土工程师具备土木工程师的能力。④注重试验。欧洲岩土工程特别注重试验，标准主体中以试验为主导的约占全部应用标准的 70%。

（4）欧盟 EN 标准中包括一套"欧洲结构规范"（Eurocodes），是目前土木建筑设计领域最完备的区域性国际标准，涵盖了所有的土木工程，包含了欧洲最新的理论研究和实际应用成果，同时也代表了世界最先进的建筑结构设计理念。这套标准系统性、理论性强，拥有完整配套的工程结构规范体系。

3. 美国标准的特点

美国在工程勘察、设计、施工等方面的研究、开发和应用均处于世界领先水平，在全球范围内的大型工程中得到了广泛应用。

（1）美国标准的制定以自愿性为核心，由各协会、部门、机构等自行组织标准编制活动，吸收众多利益相关方参与。美国政府鼓励："联邦机构尽可能采用美国国内开发的行业标准，以节省政府资源。"各标准化团体以会员的会费以及销售标准文本的收入作为生存依赖，体现了"谁使用、谁受益"的市场经济资源配置原则。

（2）美国行业协会众多，存在专业交叉的现象，可能存在一定的重复情况。但一般情况下，不同标准的侧重点有所不同，比如混凝土标准中，ACI 标准侧重混凝土设计和施工，而 ASTM 标准则侧重混凝土试验方法、材料特性等。美国的众多协（学）会制定标准并不注重自家标准是否成体系，而是对各家标准相互引用。一个行业协会的标准常常需要和其他协会的标准配套使用。

（3）美国规范和标准体系配套。美国工程建设标准化实行技术法规与标准结合的体制，技术法规由政府管理，标准由民间机构制定。标准保证了公众健康和安全的最低要求，技术法规大量引用标准。

二、合同履行注意事项

1. 按约履行合同义务

依法成立的合同受法律保护。签约双方之间订立的合同如果不存在违反法律、行政法规的强制性规定、损害社会公共利益等情况，即为受法律保护的有效合同，双方有义务严格遵守约定，全面履行合同。无论是单位改变名称、企业股权易手，还是法定代表人、负责人、经办人发生变更，都不能成为不履行合同的理由，这也是保证企业商业信誉的重要基础。

2. 积极寻求利益最大化的纠纷解决方法

货物市场价格与经济形势的变化往往密切相关。尽量不要轻易选择主动违约、解除合同或者提起诉讼等方式解决矛盾，而要与客户平等协商、寻找双方都能接受的解决方案，这样做能最大限度减少损失。即便是在诉讼程序之中，接受法院主持下的调解也可能会使企业利益损失降到最低，不主动寻求和解一味等待裁决不一定是最有利的处理方式。

3. 尽量通过银行结算

在付款方式的选择上，无论是付款方还是收款方，除了金额较小的交易外，请尽可能通过银行结算，使用现金支付可能会带来不必要的麻烦。

4. 注意及时验收货物、提出异议

采购物资是企业经营的日常业务，货物进出场后要及时验收，当发现货物不符合合同约定时，请务必在合同约定的期限内尽快以书面方式向对方明确提出异议。不必要的拖延耽搁，将可能导致索赔权丧失。

5. 不要泄露商业秘密

在谈判和履约过程中，经常会无意中接触到交易伙伴的商业信息甚至是商业秘密，需要注意的是，任何时候（包括合同履行完毕后）都不能泄露或者使用这些信息，否则将可能承担相应责任。

6. 适当行使不安抗辩权

在合同履行过程中，如果有明确证据证明对方经营状况严重恶化、转移财产或者携大量资金躲避债务、丧失商业信誉等类似可能丧失履行债务能力的情形发生的，可以及时通知对方中止履行相应义务，等待对方提供相关担保。中止履行相关义务后，如果对方在合理期限内未恢复履行能力并且提供适当担保的，可以解除合同。

7. 按期提出解除合同的异议

当对方通知解除合同而我方对此存在异议，务必在合同中约定的异议期限内向对方提出书面申请。如果超过约定期限后才提出异议并向法院起诉的，法院将不能支持对合同解除的异议；如果合同中没有约定异议期间，也需在收到对方解除合同通知到达之日起 3 个月内向法院起诉，否则法院将无法支持。

8. 注意履行减损义务

如果客户违约，无论是什么理由，都应该及时采取措施，以防止损失扩大，由此产生的合理费用将由违约方承担。如果消极对待、放任损失的扩大，对于扩大的损失法院也将无法予以保护。

9. 注意诉讼时效的相关规定

客户拖欠货款现象在企业经营过程中经常发生，需要注意的是，法律关于诉讼时效的规定，一般向法院请求保护民事权利的诉讼时效期间为两年。也可能出于维系与客户关系等因素不愿意在两年内提起诉讼、仲裁等激烈措施的，为了保护权利不至于因为时间流逝而丧失，可以在诉讼时效期满前以向对方发送信件或者数据电文等方式进行处理，信件中务必要有催请尽快支付拖欠货款的内容。

第五节　国际工程承包合同的解除与争议解决

一、合同解除条件

合同的解除是指合同有效成立后，在一定条件下通过当事人的单方行为或者双方合意终止合同效力或者解除合同关系的行为。

在适用情势变更原则时，合同解除是指履行合同确实困难或继续履行显失公平，法院裁决合同消灭的现象。这种解除与一般意义上的解除不同，在于法院直接基于情势变更原则加以认定，而不是通过当事人的解除行为。

1. 合同的法定解除条件

《中华人民共和国民法典》合同篇规定，有下列情形之一的，当事人可以解除合同：

（1）因不可抗力致使合同目的不能实现，该合同失去意义，应归于消灭。在此情况下，我国合同法允许当事人通过行使解除权的方式消灭合同关系。

（2）在合同履行期满之前，当事人一方明确表示或者以自己的行为表明不履行主要债务。即债务人拒绝履行，也称毁约，包括明示毁约和暗示毁约。作为合同解除条件，一是要求债务人有过错；二是拒绝行为违法（无合法理由）；三是有履行能力。

（3）当事人一方拖延履行主要债务，经催促后在合理期限内仍未履行（此即债务人迟延履行）。根据合同的性质和当事人的意思表示，履行期限在合同的内容中并非特别重要时，即使债务人在履行期满后履行，也不会使得合同目的落空。在此情况下，原则上不允许当事人立即解除合同，而应由债权人向债务人发出履行催告，给予一定的履行宽限期。债务人在该履行宽限期满后仍未履行的，债权人有权解除合同。

（4）当事人一方迟延履行债务或者有其他违约行为致使合同目的不能实现。对某些合同而言，履行期限非常重要，如果债务人不能按期履行，合同目的就无法实现，在这种情形下，债权人有权解除合同。其他违约行为致使合同目的不能实现的，也应如此。

（5）法律规定的其他情形。法律针对某些具体合同规定了特别法定解除条件的，按照规定来办。

2. 合同协议解除的条件

合同协议解除的条件，是双方当事人协商一致解除原合同关系。其实质是在原合同当事人之间重新签订了一个合同，其主要内容为废止双方原合同关系，使原合同规定的债权债务关系归于消灭。

协议解除采取合同（即解除协议）方式，因此应具备合同的有效条件，即当事人具有相应的行为能力；意思表示真实；内容不会有损公众和社会公共利益；采取适当的形式。

二、合同争议解决方案

解决合同争议共有四种方式：一是用协商的方式，自行解决；二是用调解的方式，由有关部门帮助解决；三是用仲裁的方式，由仲裁机关解决；四是用诉讼的方式，即向人民法院提起诉讼以寻求纠纷的解决。

1. 协商

当事人自行协商解决合同纠纷，是指合同纠纷的当事人，在自愿互谅的基础上，按照国家有关法律、法规以及合同的约定，通过给出事实依据、讲道理，以达成和解协议，自行解决合同纠纷的一种方式。在履行合同过程中，可能会产生很多矛盾而容易引发纠纷，在解决纠纷时应当从有利于维护团结、有利于合同履行的角度出发，持相互谅解的态度，争取在较短的时间内，通过协商求得纠纷的解决。尽量不要采用仲裁、诉讼等方法解决合同纠纷，因为这样解决不仅费时、费力、费钱财，而且也不利于团结，不利于以后的合作与往来。用协商的方式解决，既省时又省力，又有利于减轻仲裁和审判机关的压力，节省仲裁、诉讼费用，有效地防止经济损失的进一步扩大。同时也不至于破坏双方之间的关系，有利于巩固和加强双方的协作关系，扩大往来。正因为如此，在涉外经济合同纠纷的处理中，大多数都采用协商方法。

合同双方当事人在自行协商解决纠纷时应当遵守以下原则：一是平等自愿原则。任何一方禁止以行政命令手段强迫对方进行协商，更不能以各种威逼利诱手段（如断绝供应、终止协作）等方式迫使对方。二是合法原则。即双方达成的和解协议，其内容要符合法律和政策规定，不能损害国家利益和社会公共利益。否则，当事人之间为解决纠纷达成的协议宣告无效。

发生合同纠纷的双方当事人在自行协商解决纠纷的过程中应当注意以下问题：第一，分清责任，协商解决。解决纠纷的基础是分清责任是非，矛盾双方不能一味向对方推卸责任，否则将不利于纠纷的解决。因为，如果双方都以为自己有理，互不让步，则很难做到互相谅解达成协议。第二，态度端正，坚持原则。在协商过程中，双方当事人既互相谅解，以诚相待、勇于承担各自的责任，又不能一味迁就对方，进行无原则的和解。尤其是对在纠纷中发现行贿受贿，以及其他损害国家和社会公共利益的违法行为，要及时进行揭发。只要合同中约定的违约责任条款是合法的，就应当追究违约责任，过错方应主动承担违约责任，受害方也应当积极向过错方追究违约责任，决不能以协作为名假公济私。第三，及时解决。如果合同双方在协商过程中僵持不下，争议迟迟得不到解决时，就应该放弃协商解决的办法，否则会使合同纠纷进一步扩大，特别是一方当事人有故意的违法违规行为时，更应当及时采取其他方法解决。

2. 调解

合同纠纷的调解，是指双方当事人自愿在第三者（即调解的人）的主持下，在查明事实、分清是非的基础上，由第三者对纠纷双方当事人进行说明劝导，促使他们互谅互让，达成和解协议，从而解决纠纷的活动。调解有以下三个特征：

（1）调解是在第三方的主持下进行的，这与双方自行和解有明显的不同；

（2）主持调解的第三方在调解中只是说服劝导双方当事人互相谅解、达成调解协议而不是作出裁决，这表明调解和仲裁不同；

（3）调解是依据事实和法律、政策，进行合法调解，而不是不分是非，不顾法律与政策"和稀泥"。发生合同纠纷的双方当事人在通过第三方主持调解解决纠纷时，应当遵守以下原则：

第一，自愿原则。自愿有两方面的含义：一是纠纷发生后，是否采用调解的方式解决由当事人自愿决定。调解不同于审判，如果纠纷当事人双方压根不愿用调解方式解决纠纷，那就不能进行调解。二是指调解协议必须是双方当事人自愿达成。在调解过程中调解人要耐心听取双方当事人相关人的意见，在查明事实的基础上，对双方当事人进行说服教育，耐心劝导，晓之以理，动之以情，促使双方当事人互相谅解，达成协议。调解人既不能代替当事人达成协议，也不能把自己的意愿强加给当事人。如果当事人对协议的内容有意见，则协议不能成立，调解无效。

第二，合法原则。根据合法原则的要求，双方当事人达成协议的内容不得违背法律法规，凡是有法律、法规规定的，按法律、法规的规定办理；法律、法规没有明文规定，应根据党和国家的方针、政策并参照合同规定和条款进行处理。根据国家有关法律和法规的规定，合同纠纷的调解，主要有以下三种类型：

①行政调解，是指根据一方或双方当事人的申请，当事人双方在其上级业务主管部门主持下，通过说服教育，自愿达成协议，从而解决纠纷的一种方式。对于企业单位来说，有关行政领导部门和业务主管部门，是下达国家计划并监督其执行的上级领导机关，它们一般比较熟悉本系统各企业的生产经营和技术业务等情况，更容易在符合国家法律、政策或计划的要求下，具体运用说服教育的方法，说服当事人互相谅解，达成协议；如果当事人属于同一业务主管部门，则解决纠纷是该业务主管部门的一项职责，在这种情况下，当事人双方也容易达成协议；如果当事人双方分属不同的业务主管部门，则可由双方的业务主管部门共同出面进行调解。例如，按照规定，国家根据需要，有权向企业下达指令性计划。企业执行计划，有权要求在政府有关部门的组织下，与需方企业签订合同，或者根据国家规定，要求与政府指定的单位签订国家订货合同。对于这种因执行计划而发生的合同纠纷，由业务主管部门出面调解，说明计划的变更情况等，对方当事人能够比较容易接受，也比较容易达成调解协议。同时应当注意合同纠纷经业务主管部门调解的，当事人双方达成调解协议的，要采用书面形式写成调解书作为解决纠纷的依据。

②仲裁调解，是指合同当事人在发生纠纷时，依照合同中的仲裁条款或者事先达成的仲裁协议，向仲裁机构提出申请，在仲裁机构主持下，根据自愿协商、互谅互让的原则，达成解决合同纠纷的协议。根据我国的有关规定，由仲裁机构主持调解形成的调解协议书、与仲裁机构所作的仲裁裁决书具有同等的法律效力。调解协议书生效后具有法律效力，一方当事人如果不执行，另一方可以向人

民法院提出申请，要求对方执行，对方拒不执行的，人民法院可以依法生效的调解协议书强制其执行。

③法院调解，又称为诉讼中的调解，是指在人民法院的主持下，双方当事人平等协商，达成协议，经人民法院认可后，终结诉讼程序的活动。合同纠纷起诉到人民法院之后，在审理中，法院首先要进行调解。用调解的方式解决合同纠纷，是人民法院处理合同纠纷的重要方法。在人民法院主持下达成调解协议，人民法院据此制作的调解书，与判决书具有同等效力。调解书只要送达双方当事人，便产生法律效力，双方都必须执行，如不执行，另一方当事人可以向人民法院提出申请，要求人民法院强制执行。根据规定，人民法院进行调解也必须坚持自愿、合法的原则，调解达不成协议或调解无效的，应当及时判决，不应久调不决。

3. 仲裁

仲裁也称公断。合同仲裁，即由第三者依据双方当事人在合同中订立的仲裁条款或自愿达成的仲裁协议，按照法律规定对合同争议事项进行居中裁断，以解决合同纠纷的一种方式。仲裁是现代世界各国普遍设立的解决争议的一种法律制度、合同争议的仲裁是各国商贸活动中通行的惯例。根据我国规定，通过仲裁解决的争议事项，一般仅限于在经济、贸易、海事、运输和劳动中产生的纠纷。如果是因人身关系和与人身关系相关联的财产关系而产生的纠纷、则不能通过仲裁解决。而且依法应当由行政机关处理的行政争议，也不能通过仲裁解决。

就一国范围内的经济贸易仲裁来说，大致有以下三种类型：

（1）民间仲裁。是指按照法律规定，经双方当事人约定，在发生经济纠纷地，由双方选择约定的仲裁人进行仲裁，仲裁人的仲裁决定，对当事人来说，同法院的判决具有同等的效力，如果一方当事人遵守约定，对方可以请求法院驳回原告的诉讼，如果一方当事人不履行仲裁决定，对方当事人有权向法院申请强制执行。

（2）社会团体仲裁。即当事人双方约定，对于现在或者将来发生的一定经济纠纷，由社会团体内所设立的仲裁机构进行仲裁，这种仲裁裁决，同样具有法律效力，广义上的民间仲裁，包括这种仲裁在内。

（3）国家行政机关仲裁，即对国家经济组织之间的经济纠纷，由国家行政机关设置一定的仲裁机构进行仲裁，而不由司法机关进行审判。

合同仲裁有以下几个特点：第一，合同仲裁是合同双方当事人自愿选择的一种方法，即合同纠纷发生后，是否通过仲裁解决，完全要根据双方当事人的意愿决定，不得实行强制。如果一方当事人要求仲裁，而另一方当事人不同意，双方又没有达成仲裁协议，则不能进行仲裁；另外，仲裁地点、仲裁机构以及需要仲裁的事项，也都根据双方当事人的意志在仲裁协议中自主选择决定。第二，合同纠纷仲裁中，第三者的裁断具有约束力，能够最终解决争议。虽然合同纠纷的仲裁是由双方当事人自主约定提交的，但是仲裁裁决一经作出，法律即以国家强制力来保证其实施。合同纠纷经仲裁作出裁决后，即发生法律效力，双方当事人都必须执行，如果一方当事人不执行裁决，对方当事人则有权请求法院予以强制执行。第三，合同纠纷的仲裁，具有方便、简单、及时、收费低廉的特点。首先，我国合同仲裁实行一次裁决制度，即仲裁机构作出的一次性裁决，为发生法律效力的裁决，双方当事人对发生法律效力的裁决都必须履行，不得再就同一案件起诉。因为，既然当事人自主、自愿协议选择仲裁来解决合同纠纷，就意味着当事人对于仲裁机构和裁决的信任，就应当服从并积极履行仲裁裁决。其次，仲裁可以简化诉讼活动的一系列复杂程序和阶段，例如起诉、受理、调查取证、调解、开庭审理、双方当事人进行辩论及提起上诉等程序上的规定，这些往往是要花费数月或更长的时间，加重当事人的负担。合同纠纷当事人双方通过仲裁解决纠纷时，应当遵守一定的原则。根据我国的仲裁实践以及我国仲裁法和涉外常设仲裁机构的有关规定。规范仲裁程序的基本原则主要有：

（1）当事人自愿原则。《中华人民共和国仲裁法》（以下简称《仲裁法》）规定："当事人采用仲裁方式解决仲裁纠纷。应当双方自愿、达成仲裁协议，只有一方申请仲裁的，仲裁委员会不予受理。"具体来说，该原则主要表现在以下几个方面：第一，选择冲裁方式解决纠纷是以当事人自愿协议为前提的。任何仲裁机构都不应受理未经自愿协议而提交仲裁的案件。而当事人一旦自愿达成选择以仲裁方式解决纠纷的协议，该协议不但对协议当事人，而且对人民法院也具有程序上的约束力，即当事人自愿达成的仲裁协议可以排斥法院的法定管辖权。第二，当事人要以自愿协议选择仲裁机构和仲裁地点，《仲裁法》第六条规定："仲裁委员会应当由当事人协商选定，仲裁不实行级别管辖和地域管辖。"这也是仲裁在某种意义上优越于诉讼之处，而且仲裁委员会的设立不按行政区域设立，有利于消除当前解决合同纠纷过程中不良的地方保护主义倾向。第三，当事人有权自愿选择审理案件的仲裁员。《仲裁法》第三十一条规定："当事人约定由三名仲裁员组成仲裁庭的，应当各自选定或者各自委托仲裁委员会主任指定一名仲裁员。"被选定的仲裁员行使的仲裁权并非来自国家的司法权力或行政权力，而是来自当事人的自愿委托。因此，更便于很好地解决合同纠纷。第四，当事人有权约定仲裁事项。对于合同纠纷来说，就是双方当事人认为最需要解决的那部分争议。当然，这种需要必须双方认识一致，才能在仲裁协议中约定出仲裁事项。

（2）仲裁的独立性原则。《仲裁法》第八条规定："仲裁依法独立进行，不受行政机关、社会团体和个人的干涉。"从整个仲裁法的精神来看，该原则主要表现为仲裁机构的独立性和仲裁员办案的独立性这两个方面。

（3）仲裁一裁终局的原则。《仲裁法》第九条第一款规定："仲裁实行一裁终局的制度。裁决作出后，当事人就同一纠纷再申请仲裁或者向人民法院起诉的，仲裁委员会或者人民法院不予受理。"这主要是从仲裁裁决的法律约束力来说的。第一，对合同双方当事人来说，仲裁裁决具有既判力。从形式上看，当事人不得对同一合同纠纷基于同一的事实和理由再次申请仲裁或者向法院起诉；从实质上看，当事人对争议的合同事实与法律问题不得再次争执，即合同争执已依仲裁程序法定地给予消除。第二，对仲裁庭来说，仲裁裁决不得擅自变更，一裁即终局。第三，对人民法院来说，对仲裁庭所裁决的合同关系无司法管辖权。

4. 诉讼

合同在履行过程中发生纠纷后，解决争议的方式有四种：即当事人自行协商解决、调解、仲裁和诉讼。其中，仲裁方法由于比较灵活、简便，解决纠纷比较快，费用又比较低，所以很受当事人欢迎。但是，如果当事人一方不愿仲裁，则不能采用仲裁的方式，而只能采用诉讼的方式来解决双方当事人之间的争议。所以，诉讼是解决合同纠纷的最终形式。

所谓合同纠纷诉讼是指人民法院根据合同当事人的请求，在所有诉讼参与人的参加下，审理和解决合同争议的活动，以及由此而产生的一系列法律关系的总和。

合同纠纷诉讼是民事诉讼的重要组成部分，是解决合同纠纷的一种重要方式。与其他解决合同纠纷的方式相比，诉讼是最有效的一种方式，之所以如此，首先是因为诉讼由国家审判机关依法进行审理裁判，最具有权威性；其次，裁判发生法律效力后，以国家强制力保证裁判的执行。

合同纠纷诉讼和其他解决合同纠纷的方式特别是和仲裁方式相比，具有以下几个特点：

（1）诉讼是人民法院基于一方当事人的请求而开始的，当事人不提出要求、人民法院不能依职权主动进行诉讼。当事人不向人民法院提出诉讼请求，而向其他国家机关提出要求保护其合法权益的，不是诉讼，不能适用民事诉讼程序予以保护。

（2）法院是国家的审判机关，它是通过国家赋予的审判权来解决当事人双方之间的争议的。审判人员是国家权力机关任命的，当事人没有选择审判人员的权利，但是享有申请审判人员回避的权利。

（3）人民法院对合同纠纷案件具有法定的管辖权，只要一方当事人向有管辖权的法院起诉，法院就有权依法受理。

（4）诉讼的程序比较严格、完整。例如，民事诉讼法规定审判程序包括第一审程序、第二审程序、审判监督程序等。第一审程序又包括普通程序和简易程序。另外，还规定了撤诉、上诉、反诉等制度，这些都是其他方式所不具备的。

（5）人民法院依法对案件进行审理作出的裁判生效后，不仅对当事人具有约束力，而且对社会具有普遍的约束力。当事人不得就该判决中确认的权利义务关系再行起诉，人民法院也不再对同一案件进行审理。负有义务的一方当事人拒绝履行义务时，权利人有权申请人民法院强制执行，任何公民、法人包括其他组织都要维护人民法院的判决，有义务协助执行的单位或个人应积极负责地协助人民法院执行判决，如果拒不协助执行或者阻碍人民法院判决的执行，行为人将承担相应的法律后果。以国家强制力作后盾来保证裁判的实现，也是诉讼形式区别于其他解决纠纷形式的一个显著的特点。

合同纠纷诉讼虽然属于民事诉讼，但它与其他民事诉讼相比，又有其自己的特征。

（1）合同纠纷诉讼的产生是合同当事人在履行合同的过程中，就权利义务关系发生了纠纷和争议，如果不是因合同的权利义务关系而发生纠纷和争议，就不是合同纠纷诉讼。

（2）合同纠纷诉讼具有广泛性、专业性和技术性。首先，合同纠纷诉讼涉及面广，在社会主义市场经济体制下，社会生产经营活动过程中所发生的绝大部分经济活动都要靠合同来规范和调整，由此而产生的纠纷都可以纳入合同纠纷诉讼的范畴；其次，大量的合同纠纷所涉及的问题具有很强的专业性和技术性，如技术合同纠纷、保险合同纠纷等，在处理这些纠纷过程中必然涉及很多的专业知识和技术知识。

第六节　国际工程承包合同案例分析

国际工程承包合同纠纷

原告：中国建筑公司

被告：美国集团公司

1993 年 3 月 5 日，中国建筑公司通过招投标获得美国集团公司高级商务楼建设工程的设计、施工权。1993 年 4 月 12 日双方在美国签订一份《建筑工程承包合同》。

合同约定：

1. 商务楼建设工程的设计、施工全部由中国建筑公司负责，承包人保证工程质量达到美国建筑工程质量要求。

2. 美国集团公司作为发包人保证按合同约定支付工程款，逾期付款承担每日 10 万美元罚金且工期顺延。

3 发包人承担建筑材料、机器设备的购买，1993 年 5 月 28 日前交于承包人，逾期承担每日 10 万美元的罚金。

4. 建筑施工期为 1993 年 6 月 1 日至 1995 年 5 月 30 日，逾期竣工承担每日罚金 10 万美元。工程总造价为 4100 万美元，1993 年 6 月 1 日前先支付 30% 预付款，1994 年 6 月 30 日前再支付 30%，验收合格后 10 日内付清余下 40%。

5. 争议解决，按诉讼方式在美国法院起诉，适用美国实体法和程序法。合同履行过程中，发包人提供的建筑材料、机器设备未能按期交于承包人，导致承包人无法按期施工，要求追究发包人逾期交货的责任。发包人告知：其在英国某公司购买的建筑材料、机器设备，已收到卖方的装船通知，到港时间为 1993 年 5 月 26 日，价格条件是 CIF（洛杉矶）。提单等单据也寄送至美国集团公司所在地的信用证开出行，现迟迟未收到货物，其也不明原因。

发包人最终收到货物的时间在 1993 年 8 月 14 日，拖延工期 76 天。承包人要求发包人承担逾期提供建筑材料、机器设备的责任并工期予以顺延。发包人不同意，理由是海上运输遭遇大风暴，货物迟到属不可抗力，英国卖方不承担责任，运输方也不承担责任，当然其作为买方也不承担任何责任。最后，承包人虽经努力施工，工期仍拖延 30 天，于 1995 年 6 月 30 日竣工。工期质量得到发包人验收认可，但在结算工程款时发包人要求扣除 30 天逾期罚金 300 万美元。承包人提出异议，双方发生争执。

中国建筑公司依据合同约定诉讼至美国法院，美国法院根据其法律规定判决发包人胜诉，中国建筑公司应支付罚金 300 万美元。

评析：

中国建筑公司在本案败诉的关键，就是《建筑工程施工合同》中未界定美国集团公司供货的不可抗力内容。

首先，中国建筑公司明明迟于合同约定收到美国集团公司的供货，不能按期施工，工期却得不到顺延，最终承担逾期 30 天罚款 300 万美元的赔偿，教训可谓深刻。

不可抗力，是建筑工程合同条款的内容。联系本案不可抗力的免责，应在合同中明确界定当事人的具体行为。发包人供货遭遇不可抗力，承包人也应为此免除相应责任，有权要求工期顺延。

其次，涉外建筑工程承包合同中工程逾期的罚金是重要条款，尽量要求延长准备工期，明确工期计算日期为正式开工之日。

另外，若单项工程较多的建筑工程项目，尽量争取单项工程的竣工验收，并在合同中予以明确，逾期罚金也应扣除单项工程已完工部分内容。

　　还有，涉外合同中争议解决应争取仲裁，尽量选择苏黎世仲裁院或斯德哥尔摩仲裁院，这样裁决的结果比较公正。选择诉讼解决，难免受所在国程序法和实体法的影响，案件的审理对另一方可能遭受不公正待遇。

复习与思考

　　（1）常见的国际工程承包合同分几类？各包括哪些主要内容？

　　（2）按承包所处地位划分的国际工程承包合同有几种？在这些合同中，承包商的地位有哪些差异？

第八章　国际工程承包合同条款

目前国际上最通用的并为世界银行所推荐的是 FIDIC 土木工程合同条款。

第一节　国际咨询工程师联合会合同条件

一、简述

国际咨询工程师联合会（Federation Internationale Des Ingenieurs Conseils，FIDIC）为全球咨询工程师协会的国际联合会。FIDIC 在 1913 年由 3 个欧洲国家的国际咨询工程师协会建立，其目的是共同提高协会和成员的专业影响力，以及给各成员传递感兴趣的资讯。第二次世界大战后，成员数量开始显著增加，我国于 1996 年加入。到 20 世纪末，该联合会已包含遍及世界各地的 67 个成员，是国际上最有权威的被世界银行认可的咨询工程师组织，其有效促进了整个工程咨询服务业的蓬勃发展。

FIDIC 旗下包含两个地区成员协会：FIDIC 亚洲及太平洋地区成员协会（AS-PAC）和 FISIC 非洲成员协会集团（CAMA）。FIDIC 还设有 5 大永久性专业委员会：业主与咨询工程师关系委员会（CCRC）、合同委员会（CC）、风险管理委员会（RMC）、质量管理委员会（QMC）、环境委员会（ENVC）。FIDIC 的各专业委员会均制定了诸多规范性文件，这些文件常成为许多国家、世界银行、亚洲开发银行、国际工程等制定相关招标文件的依据，最常用的有：《土木工程施工合同条件》(红皮书)、《业主/咨询工程师标准服务协议书》（白皮书）、《电气和机械工程合同条件》（黄皮书）、《设计—建造与交钥匙工程合同条件》（橘皮书）及《土木工程施工分包合同条件》。

1999 年，FIDIC 再版了《土木工程施工合同条件》、《生产设备和设计—施工合同条件》、《简明合同格式》、《设计采购施工（EPC）/交钥匙工程合同条件》4 个文件。

二、FIDIC 出版的系列合同条件

1.《土木工程施工合同条件》

《土木工程施工合同条件》（以下简称"新红皮书"）是基础的合同条件。FIDIC 认为，该书适用于由业主方或其委托工程师设计的工程项目。一般而言，这类合同由承包人根据雇主所提出的设计方案进行工程施工。在工程施工过程中，土木、电气、机械、建筑等的若干组成部分可由承包人设计。

土木工程施工的单价合同形式和业主方（或其委托工程师）设计、承包人施工（可能涉及小部分的设计工作）的工程项目适用该合同条件，业主方（根据其委托的监理工程师）对项目的管理投入较多，对项目自始至终均需实施较细致的控制与监察。

此类项目由工程师承担合同管理，合同具体规定工程师所行使的权力和所承担的责任，以保证工程师相对独立的地位；工程师所作出的选择需遵循合同的条款规定，并力求公正。

对工程质量的控制是通过对工程的检验实现的。在缺陷责任期，承包人应自行修复因自身操作错误造成的质量缺陷。

分析在工程施工过程中的经济社会责任与经营风险的一般准则是：通常是由业主负责承受政治风险（如政变、战乱等）、经济风险（如物价变动、汇率利率波动等）、社会风险（如罢工）、法律风险（如法律法规的变更）、外界风险（如自然灾害）等，以及在不可抗力性经营风险发生时给承包人所带来的直接经济损失。价格方式使用了传统的单价合同，并在通用条件中确定调价公式。

该合同条件的第一部分是通用条件，为工程项目一般适用的条款，共计 20 条 163 项。主要内容涉及以下几个部分：一般规定，业主，工程师，承包商，指定分包商，职员和劳工，工程设备、材料和工艺，开工、延误和暂停，竣工检验，业主的接受，缺陷责任，测量和估价，变更和调整，合同价格和支付，业主提出终止，承包商提出暂停和终止，风险和责任，保险，不可抗力，索赔，争端和仲裁。

第二部分为专用条件，用于解释与具体项目相关的特别条款。世界银行、亚洲开发银行与非洲开发银行规定，任何使用其贷款的工程项目均要适用于该合同条件。

2.《生产设备和设计—施工合同条件》

《生产设备和设计—施工合同条件》（以下简称"新黄皮书"）是 FIDIC 推荐用于电气和机械制造装置供货及建筑或工程项目的设计和建造。这种合同的一般情形是，由承包人根据业主需要，设计并供应生产设施或其他工程，也包含土木、机械设备、电气和建筑的组成部分。

该合同条件适用于由承包人进行工程设计和完成施工的总承包工程项目。若采用该种合同方式，业主仅需在"业主的要求"中说明工程的目的、范围和设计等方面的技术标准，由承包人根据该要求进行设计、供应设备和施工建设，其完成的工作只有遵循"业主的要求"才可获得业主认可。业主无须经常参与项目管理，其作用主要是对竣工后的工程项目进行检验。目前此类合同常适用于电气和机械工程类项目。

此类项目由工程师承担合同管理，合同具体规定工程师所行使的权力和所承担的责任，以保证工程师相对独立的地位；工程师所作出的选择需遵循合同的条款规定，并力求公正。

在对施工期间检验的规定上，"新黄皮书"和"新红皮书"一致。但由于承包人承担设计工作，且项目中有很大一部分内容是相关设备的安装和调试，因此对于业主而言，竣工后的工程项目检验十分重要。承包人必须首先完成试车前的测试，才能和工程师共同完成涉及性能检查的竣工检验，以确定工程项目能否满足"业主的要求"和"性能保证表"的规定。同时，"新黄皮书"还把工程项目竣工后的检验作为一项条款纳入通用条件中。

在风险分担方面，承包人承担设计工作，故需负责承受因此带来的相关风险，在其他风险分担上，"新黄皮书"分担风险的原则和"新红皮书"大致相同。

"新黄皮书"实行总价合同方式，但若适用法规改变或工程费用发生增减，合同价格也将相应进行改变。如果工程项目的某些部分必须按照工程量或实际进行的工作来支付，应在专用条件中规定其测量和估价的方法。

"新黄皮书"的第一部分是通用条件，包括一般规定，雇主，工程师，承包商，设计，员工，生产设备、材料和工艺，开工、延误和暂停，竣工试验，雇主的接受，缺陷责任，竣工后的试验，变更和调整，合同价格和付款，由雇主终止，由承包商暂停和终止，风险与职责，保险，不可抗力，索赔，争端和仲裁等二十个方面的主要问题。

"新黄皮书"第二部分为附录，提供争端裁决协议书一般条件和专用条件编写指南。

"新黄皮书"的附件涵盖投标保函、履约保函、预付款保函、保留金保函、雇主支付保函的范例格式及投标函、合同协议书、争端裁决协议书样本。

3.《设计采购施工（EPC）／交钥匙工程合同条件》

《设计采购施工（EPC）／交钥匙工程合同条件》（以下简称"银皮书"）是为满足国际工程项目管理方法的最新发展趋势而推出的，可应用在以交钥匙方式进行加工或动力设备、厂房及相关设备、基建工程项目及其他各类开发项目中。该合同条件适用于总价合同，其特点是：①项目的最终价格和要求的工期拥有更大的确定性。②由承包人负责项目的设计和实施全部职责，业主很少参与。交钥匙工程通常是由承包人完成整个项目设计、采购和施工（EPC），向业主提交一套配置齐全即可运转的工程。

"银皮书"中规定承包人要承担全部的设计、采购和建造工作，在"交钥匙"时，需提供一项设施配备齐全、能够投产运行的项目。因该合同模式出现时间不长，很多管理上的方式方法不统一，业主在项目实施中的投入程度不同，但整体的发展趋势朝着业主仅进行总体控制的方向前进。

在"银皮书"中，不存在具有独立性的工程师，由业主代表主管合同。他代表业主的利益，其享有的权利和所承担的责任均由业主分配。同"红皮书"模式下的工程师相比，业主代表的权利相对较小，相关延期与追加费用方面的问题通常由业主决定。

对质量的控制是基于建设期间的检验、竣工检验和竣工后的检验进行。为证明承包人提供的工程设备的性能及可靠性，"竣工检验"一般需要较长的一段时间。

此类项目的大多数风险由承包人承担，包括"新红皮书"合同模式中的外部风险、经济风险、设计风险和"业主的要求"中说明的其他风险等。这使得承包人在项目报价中所计算的风险费用高昂，他对风险的管理能力也将成为项目最终是否赢利，及其收益多寡的主要因素。在此类项目中，尽管业主所承担的价格一般较高，但可保障工程最终造价的确定性。即该类项目也使用总价合同方式，但与"黄皮书"相比，其最终价格更加固定，仅在一些特定风险（如政治风险、社会风险和法律风险）情况发生时，业主才会支付超出合同价格的金额，这也就是 EPC 合同模式最初产生的根本原因。

"银皮书"第一部分是通用条件，包括有关合同，业主，业主代表，承包商，设计，职员与劳工，工程设备，材料和工艺，开工、延误和暂停，竣工检验，业主的接受，竣工后的检验，缺陷责任，合同价格与支付，变更，承包商的违约，业主的违约，风险和责任，保险，不可抗力，索赔，争端与仲裁等内容。

"银皮书"的第二部分是附录，提供争端裁决协议书一般条件和专用条件编写指南。附件覆盖程序规则，投标保函，履约保函，预付款保函，保留金保函，业主支付保函的范例格式。"银皮书"的最后提供投标函、合同协议书和争端裁决协议书的范例格式。

4.《简明合同格式》

《简明合同格式》（以下简称"绿皮书"）适用于投资数额相对较少的建筑或工程项目。基于工程项目的性质、类型和具体条件，该合同还可以应用于较大价值的项目，尤其是那些结构比较简单、工期短、重复性较好的项目。此类合同一般应由承包人根据业主或其代理人提出的设计和要求进行建造；也可应用于全由承包人设计的土木、机械设备、电气和建筑的工程合同。

该合同条件最为灵活，既可由业主或其代表——工程师进行总体设计，又可由承包人进行局部或整体工程设计。条款数较其他三种合同条件少、内容简单。

"绿皮书"规定可由业主仅派一人从事合同管理工作，或委派一家企业担任业主的代表，来行使某种管理工作职能，也可请有独立性的工程师从事项目管理。"绿皮书"在通用条件中仅对工程施工期间的检验作了简明的规定，若业主打算在接受前开展各种检验，则需在规范中指明。"绿皮书"中将业主的责任概括为十六条，其风险分担原则和"新红皮书"一致，同时业主也能够利用其他的合同文件进一步确定或变更这些安排。

"绿皮书"中并未说明计价的方式，究竟是根据总价方式、单价方式或是其他费用方式，应在附录中说明。另外，"绿皮书"无专用条件内容，仅在备注中给出了在特定情形下可以使用的部分措施。任何需要的附加条款、要求和资料均应在合同的附录中说明。此外，根据项目的实际状况，如需要调整或附加某些条款，用户可自己编写"专用条件"部分。

"绿皮书"包括协议书、通用条件、裁决规则和指南注释。

其中，通用条件有一般规定、雇主、雇主代表、承包商、由承包商设计、雇主责任、竣工时间、接受、修补缺陷、变更和索赔、合同价格和付款、违约、风险和职责、保险、争端的解决。

三、2017版《施工合同条件》简介

FIDIC 于 2017 年 12 月在伦敦举行的国际用户大会上，发布了三本合同条件（1999 版）第二版，依次是：《施工合同条件》（*Conditions of Contract for Construction*）、《生产设备和设计—建造合同条件》（*Conditions of Contract for Plant and Design-Build*）和《设计-采购-施工与交钥匙项目合同条件》（*Conditions of Contract for EPC/Turnkey Projects*）。

2017 版系列合同条件的要求更为清晰、透明和确定，可以有效降低合同各方争议的产生，使项目管理过程更为顺利。2017版系列合同条件强化了管理工具和机制的使用；更加平衡了合同各方的风险和责任分配，并更加注重与合同各方的对等关系；力图体现当今国际工程领域最佳的实践经验；解决了1999版应用过程中产生的问题；借鉴FIDIC于2008年发布的《生产设备与设计-建造-运营合同条件》（Conditions of Contract for Plant and Design-Build-Operation，DBO）（以下简称"金皮书"）的制定理念与经验。和1999版相比，2017版相对应合同条件的具体应用对象与范围，业主与承包人双方的权利、职责与义务，业主和承包人双方的风险分配原则，以及合同价格种类与缴费方法，合同条件的总体架构均基本保持一致。

1. 2017版施工合同条件的篇幅大幅增加

相比于1999版的施工合同条件，2017版最大的改变在于篇幅的显著增加，通用合同条件从1999版的62页变为106页，其字数从1999版的29800左右个单词变为48900左右。在篇幅上，2017版在1999版合同条件的第1条"定义"、第2条"工程师"、第4条"承包商"、第11条"缺陷责任"、第14条"合同价格与支付"、第15条"业主提出的终止"，特别是第20条"索赔、争端与仲裁"篇幅上升较高。而1999版的第19条"不可抗力"则变更为2017版的第18条"例外事件"，篇幅有所减少。其余各条文的篇幅也都有了不同程度的增加。

2. 2017版系列合同条件的通用条件篇幅均大幅增加

和1999版相比，2017版合同条件各部分篇幅都得到增加，其中最大的改变为通用条件篇幅的显著增加。如2017版黄皮书的通用条件从1999版的63页、31263个单词，上升至109页、49441个单词。

FIDIC合同中通用条件的篇幅存在逐步扩大的趋向，这么做的好处就是把更多的内容和细节作为通用条件，即便用户没有运用这些内容，删掉也比用户自己添加相应的内容来得更为方便，但这么做的同时也会让通用要求变得更加复杂，除非是大型复杂的工程项目，用户很可能并不希望使用非常复杂的通用条件。理想的情况是通用条件已经越来越细致，且许多操作性的内容均已融入其中，而未来实际应用中专用条件的篇幅则应适当缩短。

3. 2017版系列合同条件加入了更多项目管理思维

FIDIC了解到工程合同是法律文件，但由于工程合同并不仅是给律师看的，更是给项目管理人员使用的，所以2017版系列合同条件加入了许多项目的管理思维，并且参考了国际工程界对相关项目的优秀实践经验，在通用条件各条款中都添加了许多详尽具体的关于项目管理方面的有关规定，这也是2017版通用条件篇幅上升的主要因素。

工程合同能够完成控制、协调和适应三个职能，分别处理合同当事人的机会主义行为、合同当事人之间协调和未来无法预料的事项。通过对 2017 版国际通用条件的初步研究，我们认为 2017 版较 1999 版所加的篇幅绝大部分都在于项目的协调作用上，即重点落到签约各方怎样开展合理的信息交流和协调合作的内容上，这契合了 FIDIC 合同编制时从纯粹的立法思路向项目管理思想过渡的基本理念。

2017 版对目标规划、进度文件内容的规定更为具体，具体内容大幅度增加，如规定每项目标规划应当包括逻辑关系、浮时以及关键路径，对采用何种版本的进度规划程序的细节也需要在文件中详细规定，对目标执行过程中怎样实现进度规划的修正与微调进行了较为具体的规范；还规定了承包人必须在竣工验收工作进行前 42 日，单独报送一个完整的有关竣工试验工作的时间进度方案；2017 版还总结了 NEC（New Engineering Contract）协议中有关项目管理工作的若干成熟方法，在"项目工期的延误"条款中添加了一个用于处理"共同延误"情况的新规定。

2017 版中规定承包人须准备并执行生产品质管理系统（Quality Management System，QMS）和合规性验证系统（Compliance Verification System，CVS）。另外，还需要承包人对 QMS 作内部审核，对工程师汇报审核结果，并根据工程师要求，提供一个更完善的 CVS 记录。2017 版更加关注健康、安全和环境问题，明确规定承包人必须按照约定在开工日期之后的 21 日内，向工程师提供健康与安全说明书，并对说明书的内容给出了具体规定。

2017 版中介绍了 2008 年 FIDIC 金皮书所采取的"提前通知"（Advance Warning）警示制度，要求合同签约当事人对自己所意识到的严重影响承包人工作能力的、严重影响未来工程性能的、使合同价值增加的或会使工程工期推迟的已知的和可能出现的重大事故或状况，提前通知当事人，以使经济损失减至最少。这个条款旨在使合同签约当事人及时高效地展开沟通，在问题出现之时将其处理，以降低纠纷的产生。

2017 版中还体现了对各方项目管理人员的关注。例如，增加了对于承包人关键人员资格要求的条文，且将对承包人代表的聘用视为一切支付的先决条件；银皮书明文规定除非经项目业主的批准，承包人代表均要常驻于现场（1999 版银皮书未有此项条件），且在"项目业主条件"部分中新增加了对承包人代表的要求；黄皮书与银皮书对设计人员的资格做出了更严格、具体的规定；对工程师（银皮书为业主代表）的资质也做出了更具体的规定。

4. 2017 版系列合同条件提高和扩大了工程师的地位与影响

早期的 FIDIC 工程合同范本基本继承了英国 ICE（Institution of Civil Engineers）合同法的基本理念，在 1987 年 FIDIC（第 4 版）及以前 FIDIC 的其他合同范本中工程师都居于核心（第 3 版在表述工程师时采用了术语"独立的"），工程师是公平公正的第三方，是工程业主与承包人间信息沟通的重要桥梁与枢纽。但由于工程师需要与业主签订合同，工程师与业主之间有利益关联，所以在业内一直对工程师如何切实实现公平公正有较大的争议，而这些质疑也大多源于工程承包人。1995 年，世界银行在其国际招标文件中使用了 1992 年 FIDIC（第 4版）。但同时世界银行提出了"争端审议委员会"（Dispute Review Board，DRB）代替了工程师以准仲裁员形式解决合同争议的职能。

1999 版的 FIDIC 红皮书和黄皮书都对工程师这一角色的定位进行了相当大的调整，并转而明确了工程师是为业主利益而工作的（1999 版银皮书已经删除了工程师这个角色，并使用业主利益代表来替换）。或许是充分考虑到业内仍有很高的呼声，期望工程师能在办理合同事宜中起到更大的影响作用，2017 版红皮书和黄皮书（银皮书依然没有工程师）都尝试在 1999 版的基础上进一步完善和扩大工程师的定位与影响。在 2017 版红皮书和黄皮书的通用条件中，有关工程师的篇幅也明显增多（由 2 页上升至 5 页半），其内容在说明工程师仍代表业主工作的同时，规定了工程师在做出决策时需保持中立，但此处的中立不宜等同于独立或公正，定义为无派别可能比较恰当。因此可以看出，有关工程师的中立性问题，仍将是个被质疑和争论的问题。

2017 版中对工程师的资质有了更高、更细致的要求，唯有高水平、权威且敬业的工程师才有可能是中立的。另外，2017 版还加强了工程师代表的职责，并规定工程师代表常驻于工地上，同时工程师不得任意改变其代表。

2017 版中对工程师作出响应的时机给出了很多约束，使其在整个履约项目管理流程中无法随意延迟响应承包人所发出的请求和通知，重点主要表现在"视为"规定上，如工程师未能在 21 天内响应承包人提出的初步进展规划（修订版的进展规划为 14 天），将视作工程师已经批准了此规划。

2017 版工程师无须经过业主批准就可以按照"商议或决策"的条件作出判断。和 1999 版有所不同，2017 版明确规定工程师在管理合同业务中采用"商议或决策"规定，特别是解决索赔纠纷时需维持中立，并明确此时工程师不被视作代表业主利益工作。2017 版有关"商议或决策"的一条二级子规定有将近 3 页，规定内容十分详尽，拥有较大的操作性。

5. 2017 版系列合同条件将索赔与争端区别对待

索赔和争端是工程项目合同履行过程中的重要"摩擦力"。所以，FIDIC 在制定 2017 版系列合同条件的过程中，把索赔和争端都当作重要话题来思考，尽量用合理、有效的方式处理索赔问题，并尽量避免将索赔上升为争端。

FIDIC 认为索赔只是某方根据合同对自身的权益发出的某种请求，不一定会升级为争端，仅当索赔部分或全部遭到否定时才可能会上升为争端。2017版中对1999版的"索赔、争端与仲裁"条文做出了整合和扩充，分解为2个条款：第20条"业主和承包商的索赔"与第21条"争端和仲裁"。

1999版中，第2.5款与第20.1款分别规定了业主的索赔和承包商的索赔，这2种规定对业主和承包人索赔的权利与义务是不一致的，对承包人索赔权利的规范更为严格与细致。2017版则把这2个二级子条款整合为第20款"业主和承包商的索赔"，规定业主必须与承包人履行一致的索赔程序。第20条的规定较为具体，从1999版第20.1款"承包商的索赔"的2页内容，扩大到了2017版的4页半内容。2017版通用条件在其他地方篇幅的扩大，很多都与索赔和争端的处理相关联。

2017版中对索赔案件的处理方式增加了2条时效限制条款：第一，要求索赔方必须在意识到索赔案件产生后的28天内尽快发出索赔通知；第二，要求索赔方在84天内（与第一条同一起点）提供全面详尽的索赔支持资料和最终索赔通知。超出了以上的任意一种时间限制，索赔方均将没有索赔的权利。2017版中还增加了第三种索赔方式："其他索赔事项"，这类索赔方式由工程师根据"商议或决策"的条件而确定，但这种索赔方式并不适用第20条的索赔程序。2017版规定了因变更所导致的工期延误将自动成立，不必按须遵守第20条索赔规定的程序处理，和1999版有所区别。

2017版对1999版争端处理条款作了很大部分的改动，1999版的"争端裁决委员会"（Dispute Adjudication Board，DAB）变更为"争端避免/裁决委员会"（Dispute Avoidance/Adjudication Board，DAAB），强调DAAB预警机制的地位。2017版DAAB协议书模板和程序规则也从1999版的6页扩大至17页。

2017版规定在项目启动后需尽早设立DAAB，并明确了DAAB必须是个常驻组织（1999版仅红皮书提出DAAB是常驻组织，黄皮书与银皮书无相关要求），还对当事人不能成为DAAB人员的情形作了细化。DAAB须定期和各方见面并开展现场检查。2017版突出DAAB非正式的规避纠纷的功能，即DAAB应按合同当事人的一致目标，非正式地开展与合同当事人之间有关问题或分歧的解决。同时FIDIC期望各方拥有这种积极的态度，尽可能规避和降低重大争端的出现。

6. 2017版系列的合同条件更突出合同双方的对等关系

2017版系列合同条件在1999版的基础上，更注重业主与承包人在风险和责任分担以及各种办理方式上的彼此对等关系。1999版通用条件的第15条"由业主终止"和第16条"由承包商暂停和终止"这2个条款，正是FIDIC期望合同各方权责对等的一个良好佐证。这一理念在2017版的修改过程中继续得到进一步完善，2017版更加明确了FIDIC一贯以来非常重视并倡导的合同各方风险和责任对等准则，主要表现在以下几个方面：

（1）强调业主投资安排须在合同文字中说明，一旦有实质性变动业主应立即告知承包人并提交详尽的支持材料，若业主不能执行此条款，承包人可以解除合同，此项条款与承包人向业主提供履约担保对等。

（2）大部分有关通告的条款对合同当事人的要求是对等的，如业主和承包人均有对已知或未来有概率出现的事件提前向对方（及工程师）提供预警通告的义务。

（3）业主和承包人均应履行同样的保密条款。

（4）业主和承包人均应遵循一切合同适用的法律规定。

（5）业主与承包人均须配合对方取得适当的许可。

（6）对工程师及其代表（银皮书的业主代表）的资质给出了较为明确具体的规定，与对承包人资质的严格、细致规定相对等。

（7）业主和承包人都要对各自负责的设计部分承担相应的责任。

（8）业主和承包人都不得雇用对方的雇员。

（9）当发生工期延误时，业主和承包人需负有相应的责任，并在专用条件的编制说明中提供参考处理方案。

（10）权利保障条例把业主对承包人的保护与承包人对业主的保护区分开来，并添加了交叉责任规定。

（11）把业主的索赔与承包人的索赔列为同一个程序，并规定双方都应履行相同的 DAAB 程序。

（12）在业主和承包人的合同终止条件中增添未遵守工程师最终的具有约束力的决定、未能履行 DAAB 的决定、欺骗与贪污等情况为中止合同的触发条件。

7. 2017 版系列合同条件其他重点修订与调整

与 1999 版相比，2017 版的合同条件除以上的变更外，还对以下几个方面作出了修改：

（1）定义的数量显著提高（如"黄皮书"中定义数量从 58 个提高至 90 个），FIDIC 期望由此增加合同条件的清晰度，被定义的词组或词从以前的分类，变为按字母顺序进行排序。

（2）定义中将一个有经验的承包人"无法预料"（Unforeseeable）的时间点，提前至"基准时间"（Base Date），而并非以前的投标截止时间。

（3）扩大了对于"通知"的定义，不少地区有发布正式书面通知的说明，明确规定进度报告和进度规划中的内容不得作为通知；新增了许多关于通知更加具体的时间限制规定；还新增了许多"视为"规定，只要任何一方不符合时间限制的条件，就产生"视为"规定。

（4）更为明确和强调承包人"满足合同规定的工程预期目的"［Fit For the Purpose（s），FFP］的义务，该义务与保障与保险条款相关联，突出承包人须对因其设计所产生的错误而导致业主的直接损失负责（但受责任限额约束），并要求业主将工程预期目的纳入"业主要求"文件（红皮书无该文件）。

（5）2017版黄皮书和银皮书的变更条款中新增了3项（红皮书略有不同）关于承包人能够拒绝业主所要求的改变条件，分别是：在承包人不能预见的业主要求中涉及的职责范围或工作性质的变更、严重危害健康安全和工作环境的改变、严重妨碍承包人达到FFP条件的改变。

（6）在合同终止条件中添加了若干新的触发条件，如超过误期损失赔偿费的限额、在接到中标函后84天承包人仍未接到开工通知等，针对业主在自便终止合同后的处理添加了若干对承包人有利的规定。

（7）将1999版的"风险与责任"条款改名为"工程照管与保障"，不再使用"业主的风险"一词，并对条文进行了重新编制，其所包含内容基本不变，但把承包人对业主的保障和业主对承包人的保障责任分成了2个二级子条文。

（8）2017版的"例外事件"和1999版"不可抗力"条款的内容基本一致，新增了"海啸"这个例外事件，并把承包人有关的"罢工或停业"视为例外事件。

（9）保险条款内容基本未变，但被再次编制，保险的类型新增了与设计和FFP有关的"职业保障险"（Professional Indemnity Insurance，PI），另外还需要考虑与法规和地方风俗规定有关的其他保险。

（10）2017版"银皮书"中业主承受了1999版未承受的、因业主本身问题而形成的部分风险，与1999版相比，2017版"银皮书"中业主对承包人的管理力度及深度均增强了不少。

（11）2017版新增了"建筑信息模型"（Building Information Modeling，BIM）使用的介绍，并提供项目应用BIM可能需要修改的合同条款清单。

（12）2017版专用条件为A、B两个组成部分，A组成部分是1999版以前的"投标书附录"（Appendix to Tender），在此被定名为"合同数据"（Contract Data）B组成部分为1999版以前的专用条件。

8. FIDIC提出了关于专用条件起草的5项标准黄金准则

FIDIC向来是以公正和合理地在业主与承包人间分摊风险与责任而闻名的（即便是将大部分风险交由承包人负担的银皮书，FIDIC也清楚指出了其不适合的情形），但每一本FIDIC合同条件都有其特殊的适用范围。而且由于FIDIC合同条款在业内的应用日益普遍，产生了部分客户尽管以FIDIC的合同条件为蓝本，却直接或借助专有条件无限度地更改通用条款的内容，而最后产生的合同文本严重背离了 FIDIC 对相应合同条件的制定准则，破坏了业界秩序，也严重伤害了 FIDIC 的商业信誉。面对行业中日益增加的 FIDIC 合同条件被滥用问题，在推出 2017 版系列新合同条款的同时，FIDIC 也首次给出了根据专用条件制定的五个标准黄金准则（FIDIC Golden Principles），以指导使用者在制定专用条件时仔细斟酌。这五个准则为：

（1）合同所有参与方的职能、权利、义务、角色，及其职责一般都在通用条件中默示，同时满足项目的需求；

（2）专用条件的制定应当明确与清晰；

（3）专用条件不可以修改通用条件中风险和收益分配的均衡；

（4）合同中所规定的各参与方承担义务的时间要合理；

（5）对于任何正式的争端，在提交仲裁以前需要提交 DAAB 取得临时性且有约束力的决定。

FIDIC 强调，通用条件给合同各方创造了一个基础，而专用条件的制定以及对通用条件的调整可以视作在特殊情况下经过各方的博弈减少对基础的偏离。FIDIC 所给出的五个黄金准则，力图保证在专用条件制定过程中对通用条件的风险和责任分配及各项规定不出现严重的偏离。

9. 2017 版系列合同条件应用展望

1999 版 FIDIC 红皮书的首席起草人 Peter Boone 曾说过："1999 版红皮书是遵照'便于使用者使用'的方向编写的，此处的'使用者'是指任何订立和管理合同的个体。"2017 版的修改内容仍充分体现了以上编写原则，期望随着最新的修订版可以获得更多用户的青睐，在国际工程市场上应用的广度和深度进一步提高。

2017 版系列合同条件是否实现了 FIDIC 的期望目标，当中的若干问题尚有待在未来的实际使用中考察。例如，对通用条件文本长度的大量扩充是否会提高条款管理的困难程度和管理成本？是否顺利地被合作各方所认可？项目工程师的中立状态必将受到挑战，其地位与功能的提高与扩大是否被合同各方，特别是项目承包人所认可？常设的 DAAB、预警机制和非正式接触必然会提高工程争端处理成本，中小型工程项目的合作各方能否接受？2017 版银皮书业主的风险上升，业主是否会认可？业主加大了对承包人的管理力度是否有悖最初银皮书的制定准则？新修改或新增的部分条文似乎过于注重与合同各方的相互对等关系，如有关业主财务安排的有关条款，会不会引起业主方的激烈抵触？专用条件所起草的五个黄金准则，在实际使用时是不是会被起草方忽视？这些问题均需经过时间的考验。

2017 版系列合同条件在正式出台前后，就已经产生了对该版本的不同争议和呼声，不过人们也必须意识到所有团体或机构都不可能制定出十分完整、放之四海而皆准的合同范本，只有在不断完善中才能够进一步减少签约参与各方的交易成本，保障签约当事人的利益，从而提升项目的实施效率。

第二节　美国建筑师学会合同条件

一、简述

美国建筑师学会（The American Institute of Architects，AIA）拥有约 140 年的历史，在美国建筑界和国际工程界均享有较高的社会声誉。该组织致力于提升建筑师的专业水准，推动其事业的发展，以及改变人们的住房环境。AIA 的会员数量达 5 万人以上，覆盖全美及世界各地。AIA 发行的系列合同条件在美国建筑业及国际建筑工程承包领域，尤其是在美洲地区拥有很高的权威性，且应用十分广泛。

二、几个主要的 AIA 标准合同条件

该学会编制发布的合同条件大多适用于私营的房屋建筑项目，根据不同的建筑工程管理模式和不同的合同形式发布了多种类型的合同条件。

AIA 合同条件共五个系列：A 系列是应用于业主和承包人双方的规范合同文件，不但包含合同条件，还含有承包人的资格申报表、担保要求等；B 系列是应用于业主和建筑师双方的规范合同文件，含有建筑设计、室内装饰工程设计等特殊情形的规范合同文件；C 系列是应用在建筑师和专业设计咨询机构间的规范合同文件；D 系列是建筑师行业内部的规范合同文件；G 系列则是在建筑师企业和项目管理中常用的规范合同文件。

AIA 系列合同条件的核心内容为"通用条件 A201"。AIA 为包含 CM 方式在内的各种工程管理模式专门编写了各种合同格式，在选择了各种类型的工程模式或各种类型的计价方法之后，仅需选择各种类型的"合同格式"和"通用条件"即可。AIA 的合同条件按计价方法分类，一般有总价合同、成本加酬金合同和最高限额定价合同。

三、A201《施工合同通用条件》

AIA 文件 A201 作为施工合同的实质内容，规范了业主、承包商双方的权利、义务和建筑师的职能与权利，该文件一般和其他的 AIA 文件一起使用，所以被叫作"基本文件"。

1987 版的 AIA 文件 A201 中《施工合同通用条件》共有 14 条 68 款，主要内容有：业主、承包人的权利和义务；建筑师和建筑师之间的合作管理；工程索赔和纠纷的处理；建筑工程变更；工期；工程款的给付方式；保险和保函；工程检查和更正等其他规定。

四、A401《总承包商与分包商标准合同文本》

AIA 文件 A401 涉及合同格式和合同条款 16 章 61 条，获得美国总承包商协会和美国分包商协会及联合专业承包商协会的认可。具体内容有分包合同文件、总承包人与分包人双方权益与责任、总承包人、分包人、工程项目变更、调解与仲裁、分包合同的解除、暂停和转让、分包项目内容、投产时间和基本竣工日期、分包合同总价、进度付款、最终付款、保险和保函、临时设施和工作条件、混合条款和分包合同文件名录。

第三节　英国土木工程师学会合同条件

一、简述

英国土木工程师学会（The Institution of Civil Engineers，ICE）是位于英国的国际性机构，拥有专业土木工程教师成员和学生会员 8 万余名，其中 1/5 在英国之外的 140 余个国家与地区。ICE 是依照英国法律规定拥有注册资格的培训、学术研究和资质评估机构。1818 年，由一群年轻工程师创立的 ICE，如今已成为全球认可的学术中心、资质评估机构和专业代表组织。目前，ICE 出版的合同条件已在全球得到了普遍的应用。

二、《ICE 合同条件（土木工程施工）》介绍

英国在工程承包方面已有相当健全的规章制度。ICE 合同条件为定额单价合同格式，十分适合于大型复杂的工程项目。和 FIDIC 合同条件一致，ICE 合同条件按照实际完成的工作量，以及在投标文书中的报价来控制整个工程的总造价。同时 ICE 也为设计一种新的建造模式而专门编写了合同条件。和 ICE 合同条件相匹配的还有一份文件：《ICE 分包合同标准格式》，其规定了在总承包人和分包人之间订立分包合同时使用的规范格式。

《ICE 合同条件（土木工程施工）》（1991 年 1 月第六版）共有 71 条 109 款，主要条款有：工程师及工程师代表；转让与分包；合同文件；承包商的一般义务；保险；工艺与材料质量的检查；开工，延期与暂停；变更、增加与删除；材料及承包商设备的所有权；计量；证书与支付；争端的解决；特殊用途条款；投标书格式。同时，IEC 合同条件也附有投标书格式、投标书格式附件、协议书格式、履约保证等文件。

三、NEC

NEC（New Engineering Contract）由 ICE 制定，用于管理建筑设计与施工工程项目的工程标准合同族和项目法律架构，具有灵活性、高效管理以及语言简洁的特点，适用于大小型工程项目。

NEC 合同强化协作，提倡业主、设计咨询工程师、承包人、项目经理共同协作，推进对工程项目的有效监控与管理工作。

（一）NEC 系列合同的分类

NEC 是适应于业主和承包人间合作形式的合同文本，应用于各类工程中，已在世界一些国家的工程中普遍应用，特别是在英国和英联邦国家中获得了普遍的应用，并得到了业主、承包人和工程咨询公司的广泛赞誉。NEC 合同涵盖了以下各种系列的合同文本。

（1）工程与施工合同：主要用于业主与总承包人双方相互之间的主合同；

（2）工程与施工分包合同：主要用于总承包人和分包人间的合同；

（3）专业服务合同：关于业主和项目管理人、监理人、设计人、测量师、法律顾问、关系咨询师等联系的合同；

（4）裁判者合同：用于确定裁判者处理 NEC 合同项下纠纷的合同。

（二） NEC 施工合同的特点

1. 灵活性

NEC 施工合同可应用于传统领域，包括土木工程、电力、机械和建筑工程等领域；可作为由承包人履行部分、整个工程设计责任或无工程设计责任的工程承包模式。此外，NEC 施工合同还给出了多种不同合同形式的适用方案，包括目标合同、成本支付合同等。NEC 施工合同除应用于英国以外，也应用于其他国家和地区。这类特征是基于这样一些方式来实现的：

（1）合同给出了六种主要计价方法的选择，可帮助业主选定最合适的支付机制。

（2）在具体使用合同中，次要选项和主要选项均可自由组合。

（3）承包人可以设计的程度为 0 到 100%，分包程度同样如此。

（4）可使用合同数据表，形成具体合同的特定数据。

（5）有关特殊领域的特殊规定应从合同条款中剔除，并将其纳入工程信息。

2. 清晰和简洁

虽然 NEC 的施工合同是一种法律文书，但实际上它是用通俗语言写就的。该文件使用了一些常用词语以便于能让那些母语不是英语的使用者更易于掌握，也同时易于被翻译成其他语种。NEC 施工合同的编制和组织结构也便于使用者了解合同内涵，更关键的是能够更准确地界定使用者的行为，这样关于谁做了什么事以及怎样做的问题将很少出现争论。

NEC 施工合同是按照合同中规定的当事人所要遵守的工作程序流程图编制的，这样可以简化合同结构。此外合同的条文数量和正文篇幅远少于诸多规范合同，且无条文内部的互见条目，方便用户查阅。

3. 促进良好的管理

此为 NEC 施工合同最主要的特点。NEC 施工合同存在一种理念：各参加方有远见、相互合作的管理方式能在工程项目内部有效降低风险，其对各道处理程序均有专门设计，使其实施更有利于工程项目的高效管理。主要表现在：

（1）允许业主确定最佳的计价方式。

（2）明确分摊风险。

（3）早期的警告程序，承包人与项目经理有义务彼此警示与合作。

（4）补偿事件的评价程序根据对实际成本和工期的预估结果，以便选取最合理的解决路径。

综上所述，工程施工合同旨在给业主、设计师、承包人以及项目经理提供一个现代化的方式来联合完成工程项目，该合同能够让他们更为合理地达到各自的目的。采用工程施工合同旨在使业主大幅减少成本，降低因工期超过限度和竣工项目执行不良所带来的风险。另外，采用工程施工合同还显著提高了承包人、分包人等获取收益的机会。

（三）NEC 施工合同的内容及结构

NEC 施工合同包括以下几个部分。

1. 核心条款

所有合同共有的条文，包含九个组成部分：总则、承包商的主要责任、工期、测试和缺陷、付款、补偿事件、所有权、风险和保险、争端和合同终止。不管选用哪种计价方法，NEC 施工合同的核心条款都是通用的。

2. 主要选项条款

根据六个不同的计算方法，每个特殊的合同可以选取一个主要选项，这些选取的范围包括了各类工程施工的一般情况。各种选项的风险在于业主与承包人间的分摊不同，给承包人支付的方式也就不相同。对于一项特殊的合同，需使用一个主要选项条款，并与核心条款合在一起形成一个完整的合同，下面是各种主要选项主要特点的简单概括：

（1）选项 A 带有工程量表的标价合同，分项工程量表由承包人提出并对其作出报价，其中各项施工的价款总额也就是承包人所承包全部工程项目的总价款，承包人承担其价格风险与数量风险。

（2）选项 B 带有工程量清单的标价合同，工程量清单包括了工作项目及数量，承包人按照招标文本和相关数据作出报价，价格风险和数量风险分别由承包人和业主承担。

（3）选项 C 和 D 附有分项工程量表和工程量清单的目标合同，按照分项工程项目总价来制定目标总价，业主与承包人按设计图承担价格风险与数量风险。目标合同应用于拟建工程范围不能充分明晰或者预见较高风险的情形。

（4）选项 E 成本偿付合同的承包人将不承担成本风险，所获得的款项来自实际成本和所报价的间接费用。成本偿付合同适用于施工工程的范围界定得不够完全，或者作为目标价格的基础也不完善但又需要尽快施工的情形。

（5）选项 F 合同管理的承包人无须自行施工，所承担的责任和根据其他主要选项工作的承包人所负担的责任相同，分包人和管理承包人订立分包合同，这种合同的价格确定方法仍在持续发展中。

3. 次要选项

选择主要选项后，当事人可根据需要选定部分、全部或者不选择次要选项，确定的次要选项和主要选项都须在合同文件第一部分的首要说明中予以阐述。次要选项有保函担保等十五条规定。

4. 成本组成表

对成本组成项目作出全面界定，以便减少由于计价方法差异、计算方法不同等因素所引起的不确定性。成本组成表的主要意义有两点：一是规范了由于经济补偿活动所导致的成本费用变动所涉及的成本组成事项，适合于选项 A、B、C、D 和 E；二是规范了承包人可直接获得补偿的成本组合项目，适合于选项 C、D 和 E，但成本组合表不适合于选项 F（管理合同）。在应用过程中，业主需针对具体项目加以选用，比如认为表内的任何事项均和特定合同无关时，可将之剔除。

5. 合同资料

合同资料为合同生效时的有效资料，涉及招标文件、投标人文件、双方协商期间的改动和合同执行过程中的变更等。它确定了达成合同约定的细节，使合同更加完备。

第四节　英国合同审定联合会合同范本

一、简述

JCT（Joint Contracts Tribunal）于 1931 年在英国成立（其前身是英国皇家建筑师协会〈RIBA〉），并于 1998 年在英国注册为一家有限公司。该公司拥有 8 个成员单位，公司董事会由该 8 个成员单位各推荐一位人员组成。现今，JCT 已编制多个为全球建筑业所广泛采用的标准合同文本、行业指南及其他文件。

JCT 章程对"标准合同文本"的诠释："任何互相一致的合同文本组合，这些文本共同被使用，当作实施一特定项目所必要的文件。"

其中合同文件分为：顾问合同；发包人与主承包人之间的主合同；主承包人与分包人之间的分包合同；分包人与次分包人之间的次分包合同的标准格式；发包人与专业设计师之间的设计合同；标书格式，用于发包人进行主承包人招标、主承包人进行分包人招标以及分包人进行次分包人招标；货物供应合同格式；保证金和抵押合同格式。JCT 的主要任务就是通过制定这种标准格式的结构，完成工程项目的承接。

二、JCT 合同范本特点

JCT 系列合同范本既适用于总价承包的计价方法，也应用于 EPC/交钥匙式承包合同。JCT 合同体系所具有的主要特点，在于让建筑师担当了建筑合同管理的关键人物。业主与承包人双方在签订合同时会形成一种共识：在合同执行过程中，所有合同项内的问题均将由建筑师来作出客观公正的、没有偏袒的决定。同时，承包人有权认为建筑师的实际权利和其与业主双方施工项目合同的规定是等同的。建筑师在行使其权限中往往会在不同时间段分开扮演 2 个角色。一是业主的代理人，其在履行职责流程中的一切违约行为，都可以被承包人视作业主的法律行为；二是独立的专业人员，业主不承担其行使权限时的缺陷而造成的责任。

JCT 合同中明确了估算师（Quantity Surveyor）的角色，估算师在投资估算、合同规划、招投标管理、合同管理等建设工程的全过程中均担任着关键的角色，它和我国工程中的造价工程师之间存在着相当大的差异。估算师和建筑师体系造就了英联邦成员国和我国香港澳门特区的工程模式与我国现有模式之间的最大差异。此外，虽然 JCT 合同的所有条款都公平合理地规范了业主利益与承包人之间的权利义务关系，但因 JCT 合同具有保障投资人资本安全的内在特性，其实质上更能保障投资者与业主的利益。

三、JCT2005

JCT2005 是由各类合同组成的一整套文件，涉及各类合同十二种，如小型工程施工合同、标准施工合同、建筑设计施工合同、大型工程施工合同等；还涉及四种合同形式和抵押担保。每一类合同中又含有主合同、分包合同和一些其他特殊类别合同中应用到的文件。

现在的 JCT2005 中所包括的所有合同，均使用了以下的排版形式：①定义和解释。②工程实施。③工程监控。④支付。⑤变更。⑥伤害和损失保险。⑦转让、第三方权利和抵押担保。⑧终止。⑨争端的解决。按这种分节的方法编制合同时，其各部分都包含了工程施工的某个方面。这样编制的方法更能体现逻辑性，减少了在合同中为识别确定当事人的义务等情况而来回查阅文件时的烦琐。

JCT 合同文本在国内应用会存在一些局限，主要体现在：英国合同法律处于普通法体系，而我国《民法典》合用编贴近于大陆法系，这对工程项目合同的缔结和执行均会造成影响，这体现了两种法律文化的差异性；JCT 合同文本中的建筑师地位独特，与传统上建筑师参与工程管理相关，但在国内建筑师一般仅限做建筑设计工作；JCT 合同文本适用于建筑师占主要地位的房屋建筑工程项目，对于结构工程师和设备工程师等占主要地位的其他土木工程项目，JCT 合同文本必须进行合理变动。不过，在英国，因为 JCT 合同文本是由建筑业的各主要成员经过了多次商议后，并经他们在 JCT 的代表批准后制定的，所以 JCT 合同文本已尽可能思考了利益关系的协调。当某项工程使用了 JCT 的合同文本时，当事人之间不需再就通用条件商谈，仅需就专用条件展开协商，从而极大地提高了效率；此外在管理合同方面，对于何方违反规定也较为易于明确，有利于及时处理工程违约事宜。总体上，对标的物巨大、施工时限较长、参与方众多以及运作繁复的建筑业项目而言，JCT 合同文本十分关键。

JCT 合同文本最先在英国和英联邦区域应用，随着其不断发展、功能相对完善，使用 JCT 合同文本的国家和地方逐渐增加，如今已是全球知名的建筑业合同文本。

复习与思考

（1）请你用自己的语言叙述在国际工程承包中，当事人的主要权利义务关系。

（2）FIDIC《土木工程施工合同条件》包括哪些主要内容？

（3）2017 版 FIDIC "施工合作条件" 对承包商提出了哪些更严格、更具体的要求？

（4）2017 版 FIDIC "施工合作条件" 对业主（及工程师）提出了哪些新的要求？

第九章　国际工程承包中的争端裁决

第一节　和解

一、和解概述

当争端出现后，缔约各方进行协商，基于解决问题的目的，各方都作出相应的妥协，在双方均能理解和接受的基础上签订和解合同，是处理争端最理想的方式。这样既能够防止破坏业主和承包人间的联系，也能够节约开支和时间，维护良好氛围。故凡是以政府协议为基础或在两国关系良好的条件下进行的承包合同，双方发生争端时，大多通过该方式进行处理。国外经贸活动中，很多争端均是采用友好磋商的方法进行处理。但也应该看到这种方法还不够完善，无是非之分，而达成的协议对双方缺乏约束力，在协商谈判遭到失败或虽然达成新的协议，但得不到贯彻执行时，双方可以规定在谈判未能达成一致时，再采取其他解决争端的方式。

二、和解程序

和解的一般程序是，双方在充分准备的基础上进行多层次的协商，协商的过程要始终本着解决问题的诚意，采用摆事实、讲道理的态度，互相做出适当的让步，在双方均认可接受的基础上达成和解措施，从而使问题得到解决。下面就以索赔争议的协商解决为例，从承包商的角度介绍协商解决这一争议的方法。

首先，承包人要做好充分的准备。这一准备包括：有说服力的索赔文件，详细说明根据哪些条款要求索赔及增加价款、延长工期等。还应提交施工记录、往来信函、图纸照片和监理工程师的证明资料或指示笔录。文件的证明方式和论据需合情合理，要以合同及其设计文件为依据。协商谈判前要准备留出妥协的余地，即使诸项索赔都是合理合法的，也要适时做出一定的让步，以换取对方的让步和保持长期友好合作。同时要准备进行多层次的协商。较好的方式是分层次协商，即由较低层次的讨论，扩展到较高层次的解决。能在工地同监理工程师商定的问题尽量就地协商解决，不能解决的也要争取对方的同情和谅解，争取对方低层次的人员说服上层人员使高层次的谈判协商能较顺利地进行。除低层次外尚有业主代表或有关部门，直到与业主的直接磋商。同时必须做好现场工程师的工作。因为根据国际惯例，对承包工程中的争端应首先提交工程师解决。FIDIC 的合同规定，如果任何一方对现场工程师的决定不满意仍可提交仲裁。所以要在平时就搞好与工程师的关系，取得他们的理解与帮助，这也是协商谈判前的必要准备。其次，谈判过程中始终注意采用"摆事实、讲道理"的态度。使用有充分证据的事实和合同条款为自己辩护，不能采用"得理不饶人"的傲慢态度，力争说服对方，使其意识到通过协商妥善解决争端是公平与互利的。

再者，谈判要有耐心。协商谈判可能会出现三种情况：一是双方各持己见互不相让，这时承包商为达到自己的目的就更要有耐心，可以多提供有说服力的证据或托有关人员做会后劝说工作。二是谈判达成协议，这时要注意各项协议应形成书面文件，双方正式签署，协议中要有明确的处理方案和处理期限。三是协商失败，这时就要为通过其他方式解决争端做准备，准备有说服力的申诉资料，及时递交相关机构。

三、和解协议

和解协议是指当事人各方为责任归属、债务偿还以及避免破产清算而签订的书面协议。和解协议是一种合同，依法成立，各方同意，和解协议形成效力。和解程序开始后，为实现和解协议，债务人需提供和解协议草案，用于债权人审查和双方讨论；债务人认可，交至法院裁定是否认可；法院裁定认可后，发出通知，停止破产程序进行。和解协议自公告之日起产生法律效力。和解协议一般涉及对债务方减免或清偿债务的金额、债务偿还时间、偿还方式、对债务偿还的担保条件等信息。

由债务人提交草案、债权人会议投票通过、法院裁定认可的有关偿还债务问题的和解协议，其草案内容应该包含：偿还欠款的财物来源；清偿债务的方式；双方债务纠纷的情况、数额；债务人确认的债务事实；债务人偿还债务的时限和数额；对债务偿还的优惠；延期支付的法律后果等。

第二节　调解

调解是属于非对抗性的处理争端的方式。与协商解决的不同之处是引入双方都认可的第三者从中调解，促使双方当事人达成和解。调解也可以保持争端双方的良好商业关系，调解人一般并不直接裁决争端，而只是提出公正合理的处理方案供争端双方选择，直至使双方达成满意的解决协议。这是一种友好地解决双方争端的方式，故不少国家很重视合同争议的调解工作，常采取建立常设调解委员会的方法专门解决合同纠纷。该委员会通常在合同生效后的一个月内成立，直至合同完全解除。该委员会由业主与承包商双方派人参加，受理双方中任何一方提交的合同履约中的纠纷，听取双方认可的调解人提出的处理方案，并在最多一个月的时间内提出协商解决的意见。采用这种方式解决争端的主要优点在于解决问题快、费用低并且能保持双方友好合作关系。但选用这种方式时要注意以下问题：

首先，选择恰当的调解人。争端调解能否获得成功，在很大程度上取决于调解人是否公正和双方对调解人的信赖，故采用这种方式解决争端时，选择合适的调解人是关键环节。调解人既可以是由自然人临时成立的调解委员会，也可以是具有较高声誉的社团组织和机构，如工程师协会、商会等。鉴于承包合同复杂性和技术性的特点，工程师协会是比较理想的调解人。

其次，调解的程序。目前虽然还没有统一的国际通用的调解程序，但有些国际组织附设调解管理机构拟定的调解规则可供参考。例如，国际商会在调节规则中规定的调解委员会组织、调解申请及该委员会的调解条件和工作步骤，等等。调解的一般程序是：先建立调解委员会，至少由 3 人组成，由争议双方代表和第三国人员共同组成，并由第三国家人员任主席。双方之间产生的争端可由各方联合申请，也可由一方提出后另一方认可在调解委员会立案，调解委员会在认真审查争端当事人所提出的申请和证明资料的基础上进行实地调研，听取各方对争端的说明，再经委员会进一步调查的基础上给出公正的和解条件及办法，并分别征询各方看法，若同意和解，调解委员会做好和解笔录，并由争端各方和调解委员会一起签名确认，达不到和解可采用其他的处理方法。

最后，要注意调解方式的特点。调解方式解决合同争端由于解决问题快、费用低、能保持双方友好合作关系而被广泛应用于国际承包工程实践中，但是，调解委员会或双方推举的专家意见只是参考性的，他们无权强迫任何一方执行其调解决议，因此无约束力，也无强制性。

一、国际调解中心

中国国际贸易促进委员会商事法律服务中心成立于 20 世纪 50 年代，作为国内开展涉外商事调解业务的先行者、实践者和探索者，2020 年受理调解案件3700 多件，已建立 54 个地方和行业调解中心，与境外 21 个对口机构建立了多双边联合调解机制，选聘有 900 多位中外调解员，是首批纳入最高人民法院"一站式"国际商事纠纷多元化解决机制的调解机构，也是商务部指定的解决香港、澳门投资人与内地一方投资争端的调解机构。

服务中心按照当事人的调解协议进行审理，若无该协议，经一方当事人提出申请，其他当事人认可同意后也可进行审理。服务中心设有调解员名录，以供当事人选择。调解员由中国国际贸易促进委员会聘请在财经、商贸、金融、证券、投资、知识产权、技术转让、房产、工程承包、交通运输、保险等行业里具备一定专业知识或实践经验的、公道正直的人员；总会还颁布了《调解员守则》，确定了调解员的职责、权利，以确保调解的公平、合理、有效。

调解过程中，调解员在认定是非、明确双方职责的基础上，重视合同，按照法规，依照国际惯例，根据公平合理的方式开展调解工作，以促进当事人互谅互让，实现和解，争取最后取得双赢的目标，并保持双方的长期协作与共同利益。通过多年的努力，中国国际贸易促进委员会商事法律服务中心年均受理调解案件3000 件以上，调解成功率超 80%。因调解具有省时、快捷、不伤和气、收费相对较低等优点，目前已在全球范围受到越来越多专家学者的重视，也得到了越来越多当事人的青睐与认可。

为了顺应调解的国际发展趋势，积极传播并推动我国的调解智慧，中国国际贸易促进委员会/中国国际商会调解中心从组建以来，已先后同德国、美国、阿根廷、英国等国家的有关组织签订了合作协议，并不断拓展业务范畴和业务深度，积极促进调解事业发展。

二、国际商会调解规则

1. 调解管理委员会

（1）一切国际性的经贸纠纷，均可以申请由国际商会成立的调解管理委员会调解处理。

各会员国委员会得从其居住在巴黎的本国公民中选出 1~3 人提名为调解管理委员会委员，由国际商会主席任命，任期为二年。

（2）每项纠纷都应由国际商会主席任命的调解委员会处理。

调解委员会应由委员两人和主席一人构成，委员两人应需尽量与申请人和另一方当事人为相同国籍，主席一般从调解管理委员会中和当事人不同国籍的委员内进行选任。

2. 调解的申请

提出调解的当事人，应向国际商会本国委员会或直接向国际商会国际总部提出申请；在向总部提出申请后，国际商会秘书长应将此申请通知有关国委员会。

申请应包含该当事人本人对案情的意见说明，还应附有相关文件和证件的副本及规定的保证金。

3. 调解委员会的活动

（1）国际商会秘书长在接受调解申请及有关文件、证件和保证金后，应直接或经由另一方当事人所在的本国委员会告知其他当事人，并应征询其是否同意调解程序；若其同意调解程序，则该当事人应向调解委员会提供案情书面陈述及有关文件、证件和保证金。

（2）调解委员会应详尽掌握案件，因此需要采取同争议当事人直接联系的方式或通过其本国委员会收集必要的信息，如果可以，应听取当事人陈述。

（3）当事人需当面或委托合法聘请的代理人到场，并可得到辩护人或律师的帮助。

4. 和解条件

（1）调解委员会在审理案件时，在一般情况下经听取当事人说明意见后，应向当事人提供和解程序。

（2）如果进行和解，调解委员会需拟定并签署和解笔录。

所有当事人均未能亲自到案，又无正式委托的代理人代表时，调解委员会应当把和解程序告知有关国委员会主席，并让其尽量说服当事人接受调解委员会所提供的解决方案。

5. 和解不成时当事人的权利

（1）倘若各方未能实现和解，则当事人各方有权就纠纷展开司法诉讼。

（2）在调解委员会审理该案中出现的其他相关事宜，不影响当事人在今后的仲裁以及诉讼过程中的合法权利。

调解委员会中参加调解纠纷的成员不能任命为同一纠纷的仲裁员。

第三节 仲裁

在国际承包工程合同争端中，若出现使用上述和解与调解两类方法后仍不能取得和解，且争端所牵涉的金额巨大或后果严重，各方均不愿意作出太大让步，或合同当事人一方有意毁约，缺乏解决问题的诚意，则应采取其他方式来处理。仲裁是采用较多的一种方式，因为它与司法诉讼相比，更加适合解决合同争端。

仲裁指双方在争端出现前后，签订一个书面合同，当事人各方自愿把争端交由各方均认可的第三方来裁断。由仲裁员或仲裁机构作出裁决，这个裁决对争端各方均有约束力，并有义务来履行裁决。

仲裁程序具备法律手段处理争端的严肃性（有约束力），也具备较大的灵活性，有很多实际问题双方可以自由选择，具体说，有以下几个方面：

（1）仲裁属于法律程序，不同于和解和调解。仲裁基于仲裁组织，根据仲裁和相关法律规定组织仲裁庭审理案件，并对各方纠纷情况进行裁决。仲裁的裁决具有约束力，得到多数国家法律制度的保障。联合国曾通过了《承认及执行外国仲裁裁决公约》，有 70 余个国家正式接受该公约，该公约处理的是外国仲裁裁决的承认和仲裁条款的执行问题。如果争端当事人所属国为公约参加国，某一方不遵守裁决，则另一方可通知其本国相应机构强制执行。一些成员国虽然尚未加入上述公约，但相互之间签署双边或多边条约，也能够保证外国仲裁裁决的强制实施。同时，一旦败诉方未履行裁决，胜诉方有权向法院提出申请，法院能按照胜诉方的要求让败诉方强制执行。这就是仲裁有较强约束力的表现。

（2）仲裁具有较大的灵活性，争端双方有许多选择自由。双方当事人可以挑选仲裁员、仲裁机构、程序和地点及仲裁中使用的语言。绝大多数国家都有仲裁员名单，而且选择的仲裁员不受国籍的影响，合同的适用法律一般也将受到尊重。

（3）仲裁一般不会公开进行，仲裁裁决也不像法院判决那样具有公开性，所以仲裁对当事人各方商业关系的破坏性比司法程序要小。

（4）由于仲裁员一般都是国际承包工程方面的名流或专家，熟悉国际经贸业务，解决问题比较迅速，使仲裁程序效率较高。而司法诉讼程序复杂，涉及申诉、反申诉、立案、开庭、辩护、休庭调查以及多次再审等环节的循环，每一个循环就要用半年乃至一年时间，加之受到制度的限制，不可能加快进程，造成时间很长、费用很多。而仲裁占用时间较少，费用也远比司法诉讼低得多。

（5）仲裁还有一个不同于法院审判的特点：一裁终局。除非败诉方能证明具有民事诉讼法第244条规定的仲裁程序违法等情形，否则，法院收到胜诉方强制执行申请后即可裁定强制执行。

由于仲裁具有以上特点，在国际承包工程争端中被广泛使用。许多国家均有立法规定当事人之间签订的仲裁协议具有法律效力。例如，英国和美国设立仲裁法；法国和德国则在民事诉讼法典中专门规范了仲裁问题，并指出了仲裁合同具有法律效力，从而规范了诉讼程序和方式；瑞典也有单独的仲裁法；我国早在1994年就公布了《仲裁法》。但是，目前国际上并非所有的国家都接受国际仲裁。例如，大部分拉美国家一直拒绝采用国际仲裁解决争端。还有一些国家，如阿尔及利亚是有选择地采用国际仲裁，即凡与石油开发有关的工程承包合同拒绝采用国际仲裁，而其他建设工程可以采用国际仲裁。因此，在签订合同前，要做具体的了解和采取相应的措施。

一、仲裁机构

仲裁机构有常设、临时和专业性仲裁机构之分。

常设仲裁机构有全球性的或区域性的，以及附设在特定行业内的专业性仲裁机构。这些机构都有一套制度和人员，负责组织和管理有关仲裁事务，可为仲裁提供服务。因此，大部分仲裁案件均在常设仲裁机构中办理。知名的常设仲裁机构有国际商会仲裁院（International Chamber of Commerce Court of Arbitration）、英国伦敦仲裁院、美国仲裁协会、巴黎国家商会仲裁委员会、日本国际商事仲裁协会、中国国际经济贸易仲裁委员会、中国海事仲裁委员会等。其中，巴黎国家商会仲裁委员会承认中国台湾为正式会员，故中国承包商缔约时一般拒绝选择该机构作为仲裁机构。

临时仲裁机构是由各方当事人委托仲裁员自行成立的一个仲裁庭，案件解决后即自行解散。

专业性仲裁组织附设于某些行业，主要包括伦教羊毛协会、伦教油籽协会等行业内设立的仲裁机构。

二、仲裁程序

仲裁程序规定怎样实施仲裁的程序，如怎样提交仲裁申请、怎样确定仲裁员，仲裁审理、怎样仲裁裁决的法律效力和仲裁收费标准等。其功能主要是为当事人与仲裁员提供仲裁相关的行为规范。

1. 仲裁适用规则

一般情况下，在哪个国家仲裁就采用哪个国家的仲裁程序。而国外法律上通常规定各方当事人可自行选择他们认为可行的仲裁程序。如在瑞典的斯德哥尔摩商会仲裁院可以采用自己的规则程序，也可以采用联合国国际贸易法委员会公布的国际仲裁程序规则进行仲裁，还可以在不触犯瑞典仲裁法强制性条款的前提下使用其他国家仲裁机构的相关规则进行仲裁。

2. 仲裁员

关于仲裁员的产生办法，各国的做法虽不尽一致，但基本原则差别不大。先由仲裁当事人各方分别选择并指定一人作为仲裁员，然后由被选择的两人一起再选一人来担任首席仲裁员，并由这三位仲裁员构建仲裁庭进行仲裁。另外一种方式是各方仲裁当事人均认可确定同一位仲裁员（称其为独任仲裁员），由其一个人进行仲裁。各方仲裁当事人还可委托仲裁委员会主席代为指定仲裁员。

有些国际组织的常设仲裁机构往往有一个可供借聘的仲裁员名录，名录中的仲裁员一般是在有关行业中具有一定的资质并有专业知识和丰富经验的人员，如果争端一方对他们不熟悉而无法指定，也可以委托常设的仲裁机构主席代为指定。

3. 仲裁申请

申请人在提出仲裁申请时必须填写一份仲裁申请书，它应包括以下内容：

（1）申请人、被申请人的名称和地址。

（2）申请人的要求、整个案子的经过、说明提出要求所依据的事实及证据、选定一个仲裁员或者委托仲裁机构代为指定。仲裁申请书应附上证件的原件或经过证明的证件副本，影印本也可以。

（3）申请仲裁所依据的仲裁协议。

（4）仲裁请求。

（5）索赔额的计算及各项计算数值的说明和依据，仲裁请求所依据的事实和理由。

4. 缴纳仲裁手续费预付金

仲裁费用由败诉一方承担。

5. 仲裁程序的其他规定

仲裁庭开庭时，当事人有权亲自或派代表出庭，仲裁庭有权找证人或聘请专家来鉴定某一专门问题。仲裁裁决书必须是书面的，裁决书要说明理由（多数国家规定）。有些国家规定可以不写理由，如英国，裁决书具有法律效力。一旦败诉方不履行裁决，可由经胜诉方申请的法院强制其履行。

三、仲裁效力

仲裁效力是指裁决对各方当事人有无约束力，是否以国家强制力保障其履行。我国的《仲裁法》执行一裁终局制，即仲裁委员会依法作出的裁决是终局的，一旦裁决即产生效力，对各方当事人均具备司法制约，当事人须无条件地履行仲裁委员会所确定的义务。任何一方当事人不执行的，则另一方当事人有权依据民事诉讼法的相关条款向人民法院申请强制执行。

《仲裁法》第五十七条规定裁决书自作出之日起产生效力。其效力主要表现在：

（1）各方当事人无权对已仲裁的事务再行申请仲裁，也无权就此进行诉讼。

（2）仲裁机构无权随意改变业已生效的仲裁裁决。

（3）其他任何机构或个人均无权改变仲裁裁决。

（4）仲裁裁决具有执行力。

我国已于 1987 年 4 月 22 日正式加入《承认及执行外国仲裁裁决公约》。我国的涉外仲裁机构（目前有 2 家，分别为中国国际经济贸易仲裁委员会、中国海事仲裁委员会）作出的裁决在上述公约签字国内均可得到司法保护。

中国国际经济贸易仲裁委员会所作出的裁决，如需向外国有关机构要求强制执行，要根据不同国家采用不同方法去处理：

对于同我国有条约并规定相互承诺履行仲裁裁决的国家，需根据双边条约的要求，向对方国家的法院执行机构申请强制执行。

对于没有与我国签订有关条约或协定的国家，我方当事人可以通过外交途径或直接要求对方有关政府当局或民间团体，如国际贸易促进会、商会、同业公会等协助执行，也可以凭我国仲裁委员会作出的仲裁裁决，在对方国家的法院提出申请，要求予以强制执行。

第四节　诉讼

诉讼指告诉、申诉、控告意思和行为。讼是法律行为，是指由人民法院裁决的法律行为，即"打官司"。如民事诉讼、行政诉讼、刑事诉讼等。诉讼程序是在诉讼和司法过程中必须遵循的法定顺序、方式和步骤。

一、诉讼程序

诉讼程序属于程序性法律程序中的公力救济型程序。诉讼程序通常可理解为司法机关和案件当事人在其他诉讼参与人的协助下为处理案件而分阶段又相连贯地顺次进行的全部活动及由此形成的诉讼关系的总和。

诉讼程序存在两个方面的规定：一是程序活动的阶段与流程；二是一种体现程序主体之间关系的结构。诉讼程序有广义与狭义之分。

广义上，因诉讼活动包含审判行为、侦查行为、执行行为和仲裁当事人的诉讼行为，所以诉讼程序也就对应地有了审判程序、侦查程序、执行程序以及当事人诉讼行为的程序。

狭义上，诉讼程序指审判权与诉讼权行使的程序。诉讼必然涉及国家司法权力，特别是审判权力，因而有不少人习惯将诉讼程序简称为审判程序。"审判程序"术语阐述了诉讼程序的实质，将居中裁判的法官置于主导地位。然而因此产生的后果将忽视权利主体的诉讼地位，导致诉讼程序结构的失衡。因此审判程序仅是诉讼程序的部分内容。

以诉讼程序方式调节社会关系，是处理社会冲突的需要。诉讼程序所运用的程度，在较大范围上取决于社会冲突对政治秩序的影响程度，危害愈大，就愈有必要运用诉讼程序方式来加以调节。诉讼程序以法律的司法权为基础，是处理社会冲突的最有力也是最终的法律救济方法。而根据处理利益冲突的类型，可将诉讼程序划分为刑事诉讼程序、行政诉讼程序、民事诉讼程序三大类。

刑事诉讼程序是指国家司法机关在诉讼参与人的共同参与下，处理嫌犯或被告有无犯罪行为和是否受刑事处罚以及因此产生的关系。因刑事诉讼以实施国家刑罚权为主要目的，所以刑事诉讼程序更多体现为权利执行的程序，完整的刑事诉讼程序一般涉及立案、侦查、公诉、审判、执行等阶段。

行政诉讼程序是指行政相关人对于政府机关的违法行政活动，或侵犯其权益时，要求国家司法机关进行撤销（救济）的法定程序。行政诉讼通常具有双重目的：一是维护行政相对人的权益；二是确定政府行为的法律有效性。其中，前一目的与民事诉讼相当。

民事诉讼程序是指为解决自然人、法人、其他组织之间因私法关系所出现的纷争，由国家司法机构予以判决的法定程序。民事诉讼的目的存在多重性：维护私权、处理纠纷、维持司法秩序等，其确定了民事诉讼的原理和规则有着最普遍的适应性。因此，在三大诉讼程序中，民事诉讼程序处于更为基础的位置。

二、诉讼注意事项

由于国际工程项目涉及两个或两个以上的国家，所以在诉讼时特别注意诉讼法院和诉讼法律的选择。

对于提交行政法庭裁决的合同争议须符合两个条件：

（1）合同标的不属于司法范畴；

（2）合同有超越普遍法条款（如单方面规定价格，在不履行某些义务情况下可以解除合同等）。

行政法庭对合同条款有解释权，对所有涉及合同实施和工程付款争议有裁决权，对工程转让合同、修改及竞争性报价方面的纠纷有裁决权。对发生合同转让引起的争议，行政法庭只负责裁决业主与新老承包商之间的争议，尤其是判定酬金等事宜，而不审理有关合同转让方式及新老承包商之间的纠纷。因合同转让方式及其引起的承包商之间的纠纷由民事法庭主管。不属于行政法庭管辖的纠纷还有：

（1）承包商违章施工构成刑事犯罪，受害者与承包商之间的纠纷由刑事法庭管辖。

（2）战争摧毁已实施工程，由此而产生的争议由战争损失法庭裁决。

（3）由爆炸事件造成的损失及纠纷。

（4）私营公司与承包商之间产生的纠纷。

（5）承包商在私人场地上堆放工程余土侵犯私人利益引起的争端。

以上第（3）至第（5）类情况均属司法范畴，而不属于行政法庭管辖。

提交行政法庭解决的争议必须是涉及业主的责任（公法合同情况），承包商或分包商与第三者之间的纠纷则属于司法范畴。

若合同未确定对争端作出裁决的法院，将有可能出现两个及以上国家的法院有资格对各方当事人作出裁决，因各国关于争端的法律地位不一致，判决的结果也很可能是不同的，这就会形成判决的不确定性。为避免和减少这种不确定性，一般在合同中订入专属管辖权条款，责成当事人各方将合同争端提交某一指定国家内某一指定地点的某一指定法院。条款宜订明该选定国家的某一法院，而不是只提交该国的主管法院，以避免产生应由哪一个法院就争端做出判决的问题。

在选定法院并赋予该法院专属管辖权前，首先应当弄明白该法院是否有资格判决此类争端，以及该法院所作出的判决在各方当事人国家内是否能得到强制执行。比如，如果合同中指定某国某地某法院的经济法庭判决本合同的争端，按该法院所在国的法律，这一指定专属管辖权条款是有效的，但根据当事人双方或其中某方的本国法律却是无效的，那么，该指定法院的管辖就并非"专属"的了，其判决在当事人双方或某一方国家就可能得不到强制执行。

在国际承包工程中，合同通常是由业主一方拟定的，故绝大多数国家的工程发包人都要求合同争议只能提交其本国某一指定法庭进行判决，该法庭自然会引用其所在国的国际私法规则，确定该国法律作为本合同的适用法律。承包商为取得项目的承包权又不便拒绝。这对承包商来讲就要承担风险，为减少风险，唯一可行的方法是，承包商在搞清该国国际私法规则的基础上，还应搞清该国的各项适用于合同的实体法，并努力争取在实体法中寻求维护自己利益的对策。

在法律的选择方面，合同中规定管辖合同义务的法律规则不仅与司法程序、诉讼判决有密切关系，与仲裁裁决也有密切关系。通常情况下，合同中写明"适用本合同的法律"是指约束合同双方权利和义务的法律。例如，各国制定的合同法、经济合同法、涉外经济合同法等都可作为处理合同争端的适用规则。

选择管辖合同的法律应注意以下问题：

（1）写明适用合同的法律规定，使当事人在履行合同义务过程中遵守有关规定，降低违约争议发生率。签订合同时，经双方讨论认可，在合同中写明何种法律为适应本合同的法律，因有些法律制度是允许合同中选择适合于合同的法律的。但也存在部分法律规定不准许当事人自由选择，而规定了法院须根据其所在国的国际私法规则确定管辖合同的法律。即使如此，合同中写明也是无妨的。双方如果在出现争议后都同意仲裁，则仲裁机构会尊重双方对法律的选择。

（2）双方如果在合同中规定某一国家的某个法院有专属管辖权解决本合同争端，则双方一般会选择该国法律为适用本合同的法律，这样有利于加快司法程序并减少费用。

（3）选择合同适用法律时，还应考虑以下方面：合同各方对该法律的熟悉程度、该法律处理合同争端的能力、该法律的强制性规定与合同争端处理之间的冲突等。

（4）为防止管辖该合同的法律规则变动对该合同的影响，可在合同的法律条款中注明只有合同签订时的现行法律规则才能适合于本合同。如果法律的变更具有强制性的追溯力的话，则这种限制将不起作用。

（5）合同双方愿意用选择的法律解决所有合同争端，或双方希望该被选择的法律限定适合于合同中的某一部分问题时，在合同选择法律条款中必须有明确的表达。对适用合同某一部分问题要列出这些问题的清单，例如表达为："某国于本合同签订日正在实施的法律将管辖［本合同的形成］、［合同的有效性及失效的后果］、［合同的解释］、［权力的时效］、［双方权利和义务］、［合同权利和义务的变更］、［合同权利和义务的中止］、［合同权利和义务的转让和废止］、

［合同的中止］等。（方括号内为限定管辖范围，根据双方共同意愿列举）"

（6）对承包商和分包商已选择同一法律作为主合同和分包合同的适用法律，以利于协调其违约后产生的法律后果。

（7）对工程所在国可能有些公共性质的强制性的法律规则，这些规则的目的是确保国家的经济、社会、财政或外交诸方面的政策得到遵守。如税收法、劳动法、工商企业法、进出口管理法、外汇管制法、出入境管理法、环境保护法、交通运输管理法则，以及卫生标准、安全标准等。这些法规法令，业主和承包商都必须遵守，在当事人各方起草合同时应考虑这些规则。

为减少争端产生的潜在因素，改善自己在解决争端时的法律地位，承包商在签订和执行合同时，必须认真慎重地研究当地的各项法律规定。由于国际承包工程涉及的法律问题很多，任何承包商都难以熟悉所有的法律，为此，可以聘请律师或法律顾问，由他们提供指导咨询，使国际工程承包得以顺利进行。

法院须根据书面起诉进行判决，且不得超越起诉范围。合同双方可以要求法庭派专家进行鉴定以确定各自的责任。鉴定的内容不超过双方要求的范围，但是法院并不一定要遵循鉴定专家的意见，它有权仅采纳符合实际情况的鉴定。

鉴定小组一般由三位专家构成，业主与承包人各选一人，第三人由双方选出的专家共同商定。若双方专家意见不一致，则由法庭指定。一切与争端事件有牵连的人员均不得参加鉴定小组。完成后的鉴定报告正本应交法庭档案室，副本数量与争议事件涉及的单位数一致。被涉及的各方应在收到通知后 15 天内（或通知规定的时间）去审阅鉴定报告并提出自己的意见。

鉴定小组的专家之间如果发生分歧，各人都须注明己见并陈述理由。法庭在做出决定时也应陈述理由，尤其要说明其参考的鉴定报告。法庭不采纳鉴定小组的意见时，无须说明理由。

鉴定费用由败诉方承担。但如果因要求过分而导致鉴定费用过高，则提出要求的一方，即使是胜诉方，也必须承担一部分。

另外，行政法庭的权力是有限的。它不能取代业主决定撤销或暂缓执行已做出的废约或接管工程的决定，也不能取代业主决定重新招标或拒绝使用承包商要求使用的某种材料。行政法庭对业主向承包商采取的措施无权责令撤销，但有权判断业主与承包商之间的契约所产生的条件是否导致业主向承包商索赔，及判定业主对承包商所采取的接管工程或废除合同是否合法。如果法庭认定上述行为不合法，可为承包商减免为业主利益而支付的费用，并可判定业主向承包商支付损害赔偿。

三、诉讼发展趋势

进入 21 世纪以后，随着改革开放的进一步深化、社会日新月异的发展，尤其是经济突飞猛进，国家治理、行政管理的范围与内容也随之急剧扩大。行政机关不再仅仅是"守夜人"般的角色。为了维护社会秩序尤其是社会经济生活的健康、稳定与发展，法律赋予了行政机关在各个领域的管理职能。

从传统的治安行政到最前沿的互联网管理，从最基本的区域治理到每年数以亿元计的对外贸易管理，从行政协议到 PPP 项目，从特许经营到反垄断、反不正当竞争，从日常食品、药品、产品质量到土地、环保、工商、税务等与每个公民、每个企业都息息相关的领域。尤其是近年来出现的共享经济、网络经济、人工智能等领域，都是我们在十年甚至五年前不敢想象的。这些新生事物在发展过程中，必然会经历一个从无序到有序、从自由开拓到依法监管的过程，而在此过程中，必然会出现大量公法上的争议。

除去上述经济发展的直接动因，公法争议在近年的大量出现还有两个不可忽视的因素：一是公民、企业等私主体的权利意识——尤其是公法权利意识的觉醒，老百姓、各类公司企业，不再觉得打官司是一件"丢脸""难以启齿"的事情。同时也逐渐意识到原来政府、行政机关侵犯私权，也是可以成为诉讼的被告的。在一些案件中，案件的原告甚至不乏一些外资企业，这些外企的决策层往往以外国管理者为多，他们通常来自国外一些法治更发达的地区，通过诉讼解决问题经常是这些外企高管的优先选择。二是在依法治国大环境下，公权力的权威形态也发生了一定程度的嬗变。行政机关在依法治国及建设法治国家的要求下，逐渐摆脱了行政诉讼制度实施初期的那种"官威"意识，认识到其在行使管理职权的同时，被老百姓或者企业告上法庭，成为行政诉讼的被告是完全正常和科学的。

行政诉讼案件发展的一个明显的、重要的趋势就是：涉商行政案件，或者说经济类行政案件的数量与日俱增，并且大量的疑难、复杂、重大的行政案件，都涉及经济管理活动中的行政纠纷。这类案件普遍发轫于行政机关对公司、企业日常的商事或经营的监管活动中。公司、企业通常是这些行政案件监管的对象或利害关系人，因行政机关的监管行为而涉及其权利义务。在监管过程中，引发行政争议，遂起行政诉讼。这一类因对公司、企业商业活动的监管而引起的法律纠纷称之为"商事行政争议"，由此类争议引发的诉讼谓之"商事行政诉讼"。

复习与思考

（1）"仲裁"在解决争端中处在什么位置？谈谈其具体内容和你对这种解决方式的认识。

（2）请你对争端裁决委员会处理争端的方式作出评价。

参考文献

［1］张守健，台双良．国际工程招标与投标［M］．北京：科学出版社，2016.

［2］李铮．国际工程承包与海外投资业务融资［M］．北京：中国人民大学出版社，2013.

［3］李铮．国际工程承包与海外投资税收筹划实务与案例［M］．北京：中国人民大学出版社，2017.

［4］路铁军，王岩，黄鹏飞，等．国际工程总承包项目管理及高铁综合案例分析［M］．北京：中国铁道出版社，2017.

［5］张辉．国际工程投标报价实务［M］．北京：中国建筑工业出版社，2016.

［6］刘俊颖，李志永．国际工程风险管理［M］．北京：中国建筑工业出版社，2013.

［7］王春晖．国际招投标及国际商事争端解决机制法律指南［M］．北京：电子工业出版社，2019.

［8］李志生．中华人民共和国招标投标法实施条例解读与案例剖析［M］．北京：中国建筑工业出版社，2012.

［9］张启浩，张鲁婧．招投标法律法规适用研究与实践——投标文件编制要点与技巧［M］．北京：电子工业出版社，2018.

［10］蒋国栋．国际工程投标报价［J］．百度文库，2019.

［11］夏玲．世界银行关于采购需求管理的经验及对我国政府采购制度改革的启示［J］．中国政府采购，2019（4）．

［12］王尚钦，陈建苏．国际工程主流技术标准体系研究［J］．中国工程标准国际化，2019（8）．

［13］肖伟．对当前工程招投标存在突出问题的思考［J］．低碳世界，2020（6）．

［14］张慧勤．建设工程招投标中工程造价的运用及相关问题［J］．居舍，2020（5）．

［15］杨帆．构建工程招投标与合同管理课程教学体系［J］．河南建材，2020（4）．

［16］杨光．关于 EPC 模式招投标管理之探讨［J］．安徽建筑，2020（5）．

［17］潘会祥．建设工程招标投标采用"评定分离"办法的实践——以湖州市大学生创新创业中心招标为例［J］．价值工程，2020（5）．

［18］于静静．建筑工程招标投标管理中存在问题及解决对策［J］．居舍，2020（5）．

［19］孟娟．探讨建设工程的招标投标监督管理［J］．居舍，2020（4）．

［20］陈蕾．浅析建设工程招标投标与合同管理［J］．中国住宅设施，2020（3）．

［21］王慧．建筑工程招投标的发展特点及相关管理研究［J］．居舍，2020（3）．

［22］赵敏，詹姣萱．浅析 BIM 技术在建设工程招投标中的应用［J］．河南建材，2020（2）．

［23］张天．招标代理在建筑工程招投标中的作用研究［J］．绿色环保建材，2020（1）．

［24］赵鑫．新形势下工程招投标与合同管理分析［J］．建材与装饰，2020（4）．

［25］孙美玲．电力工程招投标风险类型及管理措施探讨［J］．环渤海经济瞭望，2020（4）．

［26］黄玲芝．刍议公路工程招投标中的问题与对策［J］．居舍，2020（4）．

［27］黄文林．建筑工程招投标中的问题及解决方法［J］．居舍，2020（4）．

［28］勾文丽．新形势下工程招投标与合同管理存在的问题及措施探讨［J］．住宅与房地产，2020（3）．

［29］袁敏．公路工程招投标活动与造价编制的管理［J］．中国住宅设施，2020（2）．

［30］王杰．工程招投标中控制工程造价的策略［J］．居舍，2020（2）．

［31］梁立斌．建设工程招投标阶段投资控制微探［J］．中国住宅设施，2019（11）．

［32］李达成．工程总承包（EPC）招标模式的研讨［J］．智能建筑，2019（7）．

［33］卢立祥，王吉刚．关于国际工程 EPC 项目设计管理的探讨［J］．天

津化工，2019（11）．

［34］闫勇．招投标在建筑工程经济管理中的重要性分析［J］．中国集体经济，2019（12）．

［35］马红斌，刘珮，吴环，等．建设工程招标投标的电子化发展趋势分析［J］．通讯世界，2019（12）．

［36］陈仕婷．国际工程担保制度探究及风险管控［J］．低碳世界，2020（5）．

［37］陈喆．全流程电子招标系统在国际管道工程项目的应用与推广［J］．交通企业管理，2020（5）．

［38］文强．基于 ISO/TS 22163 国际标准的制造业项目管理对标应用分析［J］．国外铁道车辆，2020（5）．

［39］王菲．国际工程项目 EPC 合同管理难点及针对性对策探讨［J］．国际工程与劳务，2020（5）．

［40］王娟．基于国际工程的风险管理研究［J］．国际工程与劳务，2020（5）．

［41］曹佃卫，史建亚．国际工程投标过程管控措施研究［J］．现代商贸工业，2020（5）．

［42］朱绍全．浅谈国际工程项目的技术标编制流程［J］．石化技术，2020（4）．

［43］张贺飞，陈福．国际 EPC 工程采购全周期管理要点概述［J］．石化技术，2020（4）．

［44］朱鹏飞．国外 EPC 项目投标报价改进的探讨［J］．工程造价管理，2020（4）．

［45］张勇．建设工程招投标管理研究［J］．建筑施工，2020（3）．

［46］赵蔷．境外工程商务风险的预判与实践浅析［J］．财富时代，2020（3）．

［47］陈国梁，李勇．强化合规意识　信守契约精神——高标准监管模式下的国际工程项目管理实践［J］．国际工程与劳务，2020（3）．

［48］南锦林，袁雯琪．国际工程项目中的合规风险解析［J］．国际工程与劳务，2020（3）．

［49］姜涌，庄惟敏，苗志坚，等．建设工程招标投标方法研究兼论建筑师在招标投标中的作用［J］．中国勘察设计，2020（2）．

［50］姜作彬．如何提升海外 EPC 投标报价的水平［J］．当代石油石化，2019（2）．

［51］戴红，王志华，代剑波．建设工程勘察设计施工总承包项目管理实际探讨［J］．工程技术研究，2019（1）．

［52］周勐．国际工程项目中承包商合同管理问题研究［J］．中国商论，

2019（2）.

[53] 傅秀权. 国际工程招投标关键问题的解析 [J]. 工程建设与设计, 2019（4）.

[54] 弭尚宝. 国际工程联合体投标的策划与组织 [J]. 管理观察, 2019（3）.

[55] 辛守龙. 国际 EPC 水电站项目设计及采购管理 [J]. 水电站机电技术, 2019（5）.

[56] 刘政. 国际工程 EPC 项目管理要点及策略 [J]. 四川水利, 2019（4）.

[57] 刘铭. 建筑工程招标投标现状及发展趋势探究 [J]. 产业与科技论坛, 2019（4）.

[58] 宋磊. 国际 EPC 工程项目投标报价要点分析 [J]. 现代经济信息, 2019（5）.

[59] 付友萍, 虞杨波. 国际 EPC 工程投标报价的编制问题探讨 [J]. 价值工程, 2019（7）.

[60] 卫华. 国际总承包工程投标报价的策略与技巧分析 [J]. 河南建材, 2019（8）.

[61] 栗冀. 我国国际招标实践发展与发挥的重要作用 [J]. 招标采购管理, 2019（6）.

[62] 王继军, 王焕妮. 公路工程国际招标中承包商索赔类型和不平衡报价的应对 [J]. 建筑与预算, 2019（7）.

[63] 郭恒文. 吹填工程国际招投标模式分类和策略 [J]. 中国招标, 2019（7）.

[64] 刘东岗, 初基丰, 翟赛图. 工程造价中最低价中标合理性的确定及约束机制探究 [J]. 居业, 2019（7）.

[65] 田丽萍. 国际工程招标文件中与报价相关的几大要素 [J]. 建材与装饰, 2019（8）.

[66] 魏崴. 基于神经网络的国际工程项目投标报价策略研究. [J] 北京建筑大学, 2019（6）.

[67] 孙启亮. 浅谈国际工程投标报价管理思路 [J]. 四川水力发电, 2018（10）.

[68] 毕晓辉. 国内建筑企业国际工程投标报价研究 [J]. 当代经济, 2018（7）.

[69] 李军强. 国际工程施工总承包项目遇到困难的成因和启示 [J]. 中外建筑, 2018（8）.

[70] 郝小影. 浅析国际工程投标的策划和注意事项 [J]. 四川水泥, 2018

（7）.

[71] 易卓敏.招标中的围标串标［J］.中国招标，2018（11）.

[72] 唐静.国际承包 EPC 工程合同模式应用分析［J］.中国招标，2018（11）.

[73] 宣辰.银行保函业务概述及风险防范——以国际工程承包企业为例［J］.现代商业，2018（11）.

[74] 伍美林.浅谈海外 EPC 项目风险管理——以委内瑞拉古里水电站项目为例［J］.成功营销，2018（10）.

[75] 崔建武，马超.EPC 工程总承包的实用性［J］.中国招标，2018（12）.

[76] 张勇.浅谈海外土建工程投标报价的实践与思考［J］.中国建材科技，2018（12）.

[77] 李莉.工程量清单计价中存在的问题与解决对策探析［J］.建筑技术开发，2018（11）.

[78] 刘振利.浅谈国际工程投标阶段的成本核算［J］.建筑与预算，2017（12）.

[79] 徐方.基于工程量清单计价模式下的国际工程投标报价研究［J］.工程建设与设计，2017（12）.

[80] 陶自成，何彦舫.实物法报价体系在国际工程投标报价的应用研究［J］.企业管理，2017（12）.

[81] 郭金利.国际工程投标报价中的风险管理［J］.化工管理，2017（12）.

[82] 孟珂，张鹏翔，赵旭升.我国建筑企业国际工程投标报价存在的问题及对策［J］.建材与装饰，2017（11）.

[83] 王玉明，段胜伟.国际工程投标的特点及常见问题研究［J］.中国国际财经（中英文），2017（11）.

[84] 李玛莉.国际工程投标报价工作探讨［J］.建材与装饰，2017（9）.

[85] 丁义戳.国际工程投标风险识别及应对研究［J］.工程经济，2017（7）.

[86] 宋加希.浅析国际工程投标阶段施工组织设计的重要性［J］.水利水电施工，2017（6）.

附件1：中华人民共和国招标投标法

1999 年 8 月 30 日第九届全国人民代表大会常务委员会第十一次会议通过。根据 2017 年 12 月 27 日第十二届全国人民代表大会常务委员会第三十一次会议《关于修改〈中华人民共和国招标投标法〉、〈中华人民共和国计量法〉的决定》修正。

第一章　总则

第一条　为了规范招标投标活动，保护国家利益、社会公共利益和招标投标活动当事人的合法权益，提高经济效益，保证项目质量，制定本法。

第二条　在中华人民共和国境内进行招标投标活动，适用本法。

第三条　在中华人民共和国境内进行下列工程建设项目包括项目的勘察、设计、施工、监理以及与工程建设有关的重要设备、材料等的采购，必须进行招标：

（一）大型基础设施、公用事业等关系社会公共利益、公众安全的项目；

（二）全部或者部分使用国有资金投资或者国家融资的项目；

（三）使用国际组织或者外国政府贷款、援助资金的项目。

前款所列项目的具体范围和规模标准，由国务院发展计划部门会同国务院有关部门制订，报国务院批准。法律或者国务院对必须进行招标的其他项目的范围有规定的，依照其规定。

第四条　任何单位和个人不得将依法必须进行招标的项目化整为零或者以其他任何方式规避招标。

第五条　招标投标活动应当遵循公开、公平、公正和诚实信用的原则。

第六条　依法必须进行招标的项目，其招标投标活动不受地区或者部门的限制。任何单位和个人不得违法限制或者排斥本地区、本系统以外的法人或者其他组织参加投标，不得以任何方式非法干涉招标投标活动。

第七条　招标投标活动及其当事人应当接受依法实施的监督。有关行政监督部门依法对招标投标活动实施监督，依法查处招标投标活动中的违法行为。对招标投标活动的行政监督及有关部门的具体职权划分，由国务院规定。

第二章　招标

第八条　招标人是依照本法规定提出招标项目、进行招标的法人或者其他组织。

第九条　招标项目按照国家有关规定需要履行项目审批手续的，应当先履行审批手续，取得批准。招标人应当有进行招标项目的相应资金或者资金来源已经落实，并应当在招标文件中如实载明。

第十条　招标分为公开招标和邀请招标。公开招标，是指招标人以招标公告的方式邀请不特定的法人或者其他组织投标。邀请招标，是指招标人以投标邀请书的方式邀请特定的法人或者其他组织投标。

第十一条　国务院发展计划部门确定的国家重点项目和省、自治区、直辖市人民政府确定的地方重点项目不适宜公开招标的，经国务院发展计划部门或者省、自治区、直辖市人民政府批准，可以进行邀请招标。

第十二条　招标人有权自行选择招标代理机构，委托其办理招标事宜。任何单位和个人不得以任何方式为招标人指定招标代理机构。招标人具有编制招标文件和组织评标能力的，可以自行办理招标事宜。任何单位和个人不得强制其委托招标代理机构办理招标事宜。依法必须进行招标的项目，招标人自行办理招标事宜的，应当向有关行政监督部门备案。

第十三条　招标代理机构是依法设立、从事招标代理业务并提供相关服务的社会中介组织。招标代理机构应当具备下列条件：

（一）有从事招标代理业务的营业场所和相应资金；

（二）有能够编制招标文件和组织评标的相应专业力量。

第十四条　招标代理机构与行政机关和其他国家机关不得存在隶属关系或者其他利益关系。

第十五条　招标代理机构应当在招标人委托的范围内办理招标事宜，并遵守本法关于招标人的规定。

第十六条　招标人采用公开招标方式的，应当发布招标公告。依法必须进行招标的项目的招标公告，应当通过国家指定的报刊、信息网络或者其他媒介发布。招标公告应当载明招标人的名称和地址、招标项目的性质、数量、实施地点和时间以及获取招标文件的办法等事项。

第十七条　招标人采用邀请招标方式的，应当向三个以上具备承担招标项目的能力、资信良好的特定的法人或者其他组织发出投标邀请书。投标邀请书应当载明本法第十六条第二款规定的事项。

第十八条　招标人可以根据招标项目本身的要求，在招标公告或者投标邀请书中，要求潜在投标人提供有关资质证明文件和业绩情况，并对潜在投标人进行资格审查；国家对投标人的资格条件有规定的，依照其规定。招标人不得以不合理的条件限制或者排斥潜在投标人，不得对潜在投标人实行歧视待遇。

第十九条　招标人应当根据招标项目的特点和需要编制招标文件。招标文件应当包括招标项目的技术要求、对投标人资格审查的标准、投标报价要求和评标标准等所有实质性要求和条件以及拟签订合同的主要条款。国家对招标项目的技术、标准有规定的，招标人应当按照其规定在招标文件中提出相应要求。招标项目需要划分标段、确定工期的，招标人应当合理划分标段、确定工期，并在招标文件中载明。

第二十条　招标文件不得要求或者标明特定的生产供应者以及含有倾向或者排斥潜在投标人的其他内容。

第二十一条　招标人根据招标项目的具体情况，可以组织潜在投标人踏勘项目现场。

第二十二条　招标人不得向他人透露已获取招标文件的潜在投标人的名称、数量以及可能影响公平竞争的有关招标投标的其他情况。招标人设有标底的，标底必须保密。

第二十三条　招标人对已发出的招标文件进行必要的澄清或者修改的，应当在招标文件要求提交投标文件截止时间至少十五日前，以书面形式通知所有招标文件收受人。该澄清或者修改的内容为招标文件的组成部分。

第二十四条　招标人应当确定投标人编制投标文件所需要的合理时间；但是，依法必须进行招标的项目，自招标文件开始发出之日起至投标人提交投标文件截止之日止，最短不得少于二十日。

第三章　投标

第二十五条　投标人是响应招标、参加投标竞争的法人或者其他组织。依法招标的科研项目允许个人参加投标的，投标的个人适用本法有关投标人的规定。

第二十六条　投标人应当具备承担招标项目的能力；国家有关规定对投标人资格条件或者招标文件对投标人资格条件有规定的，投标人应当具备规定的资格条件。

第二十七条　投标人应当按照招标文件的要求编制投标文件。投标文件应当对招标文件提出的实质性要求和条件作出响应。招标项目属于建设施工的，投标文件的内容应当包括拟派出的项目负责人与主要技术人员的简历、业绩和拟用于完成招标项目的机械设备等。

第二十八条　投标人应当在招标文件要求提交投标文件的截止时间前，将投标文件送达投标地点。招标人收到投标文件后，应当签收保存，不得开启。投标人少于三个的，招标人应当依照本法重新招标。在招标文件要求提交投标文件的截止时间后送达的投标文件，招标人应当拒收。

第二十九条　投标人在招标文件要求提交投标文件的截止时间前，可以补充、修改或者撤回已提交的投标文件，并书面通知招标人。补充、修改的内容为投标文件的组成部分。

第三十条　投标人根据招标文件载明的项目实际情况，拟在中标后将中标项目的部分非主体、非关键性工作进行分包的，应当在投标文件中载明。

第三十一条　两个以上法人或者其他组织可以组成一个联合体，以一个投标人的身份共同投标。联合体各方均应当具备承担招标项目的相应能力；国家有关规定或者招标文件对投标人资格条件有规定的，联合体各方均应当具备规定的相应资格条件。由同一专业的单位组成的联合体，按照资质等级较低的单位确定资质等级。联合体各方应当签订共同投标协议，明确约定各方拟承担的工作和责任，并将共同投标协议连同投标文件一并提交招标人。联合体中标的，联合体各方应当共同与招标人签订合同，就中标项目向招标人承担连带责任。招标人不得强制投标人组成联合体共同投标，不得限制投标人之间的竞争。

第三十二条　投标人不得相互串通投标报价，不得排挤其他投标人的公平竞争，损害招标人或者其他投标人的合法权益。投标人不得与招标人串通投标，损害国家利益、社会公共利益或者他人的合法权益。禁止投标人以向招标人或者评标委员会成员行贿的手段谋取中标。

第三十三条　投标人不得以低于成本的报价竞标，也不得以他人名义投标或者以其他方式弄虚作假，骗取中标。

第四章　开标、评标和中标

第三十四条　开标应当在招标文件确定的提交投标文件截止时间的同一时间公开进行；开标地点应当为招标文件中预先确定的地点。

第三十五条　开标由招标人主持，邀请所有投标人参加。

第三十六条　开标时，由投标人或者其推选的代表检查投标文件的密封情况，也可以由招标人委托的公证机构检查并公证；经确认无误后，由工作人员当众拆封，宣读投标人名称、投标价格和投标文件的其他主要内容。招标人在招标文件要求提交投标文件的截止时间前收到的所有投标文件，开标时都应当当众予以拆封、宣读。开标过程应当记录，并存档备查。

第三十七条　评标由招标人依法组建的评标委员会负责。依法必须进行招标的项目，其评标委员会由招标人的代表和有关技术、经济等方面的专家组成，成员人数为五人以上单数，其中技术、经济等方面的专家不得少于成员总数的三分之二。前款专家应当从事相关领域工作满八年并具有高级职称或者具有同等专业水平，由招标人从国务院有关部门或者省、自治区、直辖市人民政府有关部门提供的专家名册或者招标代理机构的专家库内的相关专业的专家名单中确定；一般招标项目可以采取随机抽取方式，特殊招标项目可以由招标人直接确定。与投标人有利害关系的人不得进入相关项目的评标委员会；已经进入的应当更换。评标委员会成员的名单在中标结果确定前应当保密。

第三十八条　招标人应当采取必要的措施，保证评标在严格保密的情况下进行。任何单位和个人不得非法干预、影响评标的过程和结果。

第三十九条　评标委员会可以要求投标人对投标文件中含义不明确的内容作必要的澄清或者说明，但是澄清或者说明不得超出投标文件的范围或者改变投标文件的实质性内容。

第四十条　评标委员会应当按照招标文件确定的评标标准和方法，对投标文件进行评审和比较；设有标底的，应当参考标底。评标委员会完成评标后，应当向招标人提出书面评标报告，并推荐合格的中标候选人。招标人根据评标委员会提出的书面评标报告和推荐的中标候选人确定中标人。招标人也可以授权评标委员会直接确定中标人。国务院对特定招标项目的评标有特别规定的，从其规定。

第四十一条 中标人的投标应当符合下列条件之一：

（一）能够最大限度地满足招标文件中规定的各项综合评价标准；

（二）能够满足招标文件的实质性要求，并且经评审的投标价格最低；但是投标价格低于成本的除外。

第四十二条 评标委员会经评审，认为所有投标都不符合招标文件要求的，可以否决所有投标。依法必须进行招标的项目的所有投标被否决的，招标人应当依照本法重新招标。

第四十三条 在确定中标人前，招标人不得与投标人就投标价格、投标方案等实质性内容进行谈判。

第四十四条 评标委员会成员应当客观、公正地履行职务，遵守职业道德，对所提出的评审意见承担个人责任。评标委员会成员不得私下接触投标人，不得收受投标人的财物或者其他好处。评标委员会成员和参与评标的有关工作人员不得透露对投标文件的评审和比较、中标候选人的推荐情况以及与评标有关的其他情况。

第四十五条 中标人确定后，招标人应当向中标人发出中标通知书，并同时将中标结果通知所有未中标的投标人。中标通知书对招标人和中标人具有法律效力。中标通知书发出后，招标人改变中标结果的，或者中标人放弃中标项目的，应当依法承担法律责任。

第四十六条 招标人和中标人应当自中标通知书发出之日起三十日内，按照招标文件和中标人的投标文件订立书面合同。招标人和中标人不得再行订立背离合同实质性内容的其他协议。招标文件要求中标人提交履约保证金的，中标人应当提交。

第四十七条 依法必须进行招标的项目，招标人应当自确定中标人之日起十五日内，向有关行政监督部门提交招标投标情况的书面报告。

第四十八条 中标人应当按照合同约定履行义务，完成中标项目。中标人不得向他人转让中标项目，也不得将中标项目肢解后分别向他人转让。中标人按照合同约定或者经招标人同意，可以将中标项目的部分非主体、非关键性工作分包给他人完成。接受分包的人应当具备相应的资格条件，并不得再次分包。中标人应当就分包项目向招标人负责，接受分包的人就分包项目承担连带责任。

第五章　法律责任

第四十九条　违反本法规定，必须进行招标的项目而不招标的，将必须进行招标的项目化整为零或者以其他任何方式规避招标的，责令限期改正，可以处项目合同金额千分之五以上千分之十以下的罚款；对全部或者部分使用国有资金的项目，可以暂停项目执行或者暂停资金拨付；对单位直接负责的主管人员和其他直接责任人员依法给予处分。

第五十条　招标代理机构违反本法规定，泄露应当保密的与招标投标活动有关的情况和资料的，或者与招标人、投标人串通损害国家利益、社会公共利益或者他人合法权益的，处五万元以上二十五万元以下的罚款；对单位直接负责的主管人员和其他直接责任人员处单位罚款数额百分之五以上百分之十以下的罚款；有违法所得的，并处没收违法所得；情节严重的，禁止其一年至二年内代理依法必须进行招标的项目并予以公告，直至由工商行政管理机关吊销营业执照；构成犯罪的，依法追究刑事责任。给他人造成损失的，依法承担赔偿责任。

前款所列行为影响中标结果的，中标无效。

第五十一条　招标人以不合理的条件限制或者排斥潜在投标人的，对潜在投标人实行歧视待遇的，强制要求投标人组成联合体共同投标的，或者限制投标人之间竞争的，责令改正，可以处一万元以上五万元以下的罚款。

第五十二条　依法必须进行招标的项目的招标人向他人透露已获取招标文件的潜在投标人的名称、数量或者可能影响公平竞争的有关招标投标的其他情况的，或者泄露标底的，给予警告，可以并处一万元以上十万元以下的罚款；对单位直接负责的主管人员和其他直接责任人员依法给予处分；构成犯罪的，依法追究刑事责任。前款所列行为影响中标结果的，中标无效。

第五十三条　投标人相互串通投标或者与招标人串通投标的，投标人以向招标人或者评标委员会成员行贿的手段谋取中标的，中标无效，处中标项目金额千分之五以上千分之十以下的罚款，对单位直接负责的主管人员和其他直接责任人员处单位罚款数额百分之五以上百分之十以下的罚款；有违法所得的，并处没收违法所得；情节严重的，取消其一年至二年内参加依法必须进行招标的项目的投标资格并予以公告，直至由工商行政管理机关吊销营业执照；构成犯罪的，依法追究刑事责任。给他人造成损失的，依法承担赔偿责任。

第五十四条　投标人以他人名义投标或者以其他方式弄虚作假，骗取中标的，中标无效，给招标人造成损失的，依法承担赔偿责任；构成犯罪的，依法追究刑事责任。依法必须进行招标的项目的投标人有前款所列行为尚未构成犯罪的，处中标项目金额千分之五以上千分之十以下的罚款，对单位直接负责的主管人员和其他直接责任人员处单位罚款数额百分之五以上百分之十以下的罚款；有违法所得的，并处没收违法所得；情节严重的，取消其一年至三年内参加依法必须进行招标的项目的投标资格并予以公告，直至由工商行政管理机关吊销营业执照。

第五十五条　依法必须进行招标的项目，招标人违反本法规定，与投标人就投标价格、投标方案等实质性内容进行谈判的，给予警告，对单位直接负责的主管人员和其他直接责任人员依法给予处分。前款所列行为影响中标结果的，中标无效。

第五十六条　评标委员会成员收受投标人的财物或者其他好处的，评标委员会成员或者参加评标的有关工作人员向他人透露对投标文件的评审和比较、中标候选人的推荐以及与评标有关的其他情况的，给予警告，没收收受的财物，可以并处三千元以上五万元以下的罚款，对有所列违法行为的评标委员会成员取消担任评标委员会成员的资格，不得再参加任何依法必须进行招标的项目的评标；构成犯罪的，依法追究刑事责任。

第五十七条　招标人在评标委员会依法推荐的中标候选人以外确定中标人的，依法必须进行招标的项目在所有投标被评标委员会否决后自行确定中标人的，中标无效，责令改正，可以处中标项目金额千分之五以上千分之十以下的罚款；对单位直接负责的主管人员和其他直接责任人员依法给予处分。

第五十八条　中标人将中标项目转让给他人的，将中标项目肢解后分别转让给他人的，违反本法规定将中标项目的部分主体、关键性工作分包给他人的，或者分包人再次分包的，转让、分包无效，处转让、分包项目金额千分之五以上千分之十以下的罚款；有违法所得的，并处没收违法所得；可以责令停业整顿；情节严重的，由工商行政管理机关吊销营业执照。

第五十九条　招标人与中标人不按照招标文件和中标人的投标文件订立合同的，或者招标人、中标人订立背离合同实质性内容的协议的，责令改正；可以处中标项目金额千分之五以上千分之十以下的罚款。

第六十条　中标人不履行与招标人订立的合同的，履约保证金不予退还，给招标人造成的损失超过履约保证金数额的，还应当对超过部分予以赔偿；没有提交履约保证金的，应当对招标人的损失承担赔偿责任。中标人不按照与招标人订立的合同履行义务，情节严重的，取消其二年至五年内参加依法必须进行招标的项目的投标资格并予以公告，直至由工商行政管理机关吊销营业执照。因不可抗力不能履行合同的，不适用前两款规定。

第六十一条　本章规定的行政处罚，由国务院规定的有关行政监督部门决定。本法已对实施行政处罚的机关作出规定的除外。

第六十二条　任何单位违反本法规定，限制或者排斥本地区、本系统以外的法人或者其他组织参加投标的，为招标人指定招标代理机构的，强制招标人委托招标代理机构办理招标事宜的，或者以其他方式干涉招标投标活动的，责令改正；对单位直接负责的主管人员和其他直接责任人员依法给予警告、记过、记大过的处分，情节较重的，依法给予降级、撤职、开除的处分。个人利用职权进行前款违法行为的，依照前款规定追究责任。

第六十三条　对招标投标活动依法负有行政监督职责的国家机关工作人员徇私舞弊、滥用职权或者玩忽职守，构成犯罪的，依法追究刑事责任；不构成犯罪的，依法给予行政处分。

第六十四条　依法必须进行招标的项目违反本法规定，中标无效的，应当依照本法规定的中标条件从其余投标人中重新确定中标人或者依照本法重新进行招标。

第六章　附　则

第六十五条　投标人和其他利害关系人认为招标投标活动不符合本法有关规定的有权向招标人提出异议或者依法向有关行政监督部门投诉。

第六十六条　涉及国家安全、国家秘密、抢险救灾或者属于利用扶贫资金实行以工代赈、需要使用农民工等特殊情况，不适宜进行招标的项目，按照国家有关规定可以不进行招标。

第六十七条　使用国际组织或者外国政府贷款、援助资金的项目进行招标，贷款方、资金提供方对招标投标的具体条件和程序有不同规定的，可以适用其规定，但违背中华人民共和国的社会公共利益的除外。

第六十八条　本法自 2000 年 1 月 1 日起施行。

附件 2：中华人民共和国招标投标法实施条例

《中华人民共和国招标投标法实施条例》已经 2011 年 11 月 30 日国务院第 183 次常务会议通过，自 2012 年 2 月 1 日起施行。该《条例》分总则，招标，投标，开标、评标和中标，投诉与处理，法律责任，附则 7 章 84 条。根据 2017 年 3 月 1 日中华人民共和国国务院令第 676 号《国务院关于修改和废止部分行政法规的决定》第一次修订。根据 2018 年 3 月 19 日中华人民共和国国务院令第 698 号令《国务院关于修改和废止部分行政法规的决定》第二次修订。根据 2019 年 3 月 2 日中华人民共和国国务院令第 709 号《国务院关于修改部分行政法规的决定》第三次修订。

第一章　总则

第一条　为了规范招标投标活动，根据《中华人民共和国招标投标法》（以下简称招标投标法），制定本条例。

第二条　招标投标法第三条所称工程建设项目，是指工程以及与工程建设有关的货物、服务。

前款所称工程，是指建设工程，包括建筑物和构筑物的新建、改建、扩建及其相关的装修、拆除、修缮等；所称与工程建设有关的货物，是指构成工程不可分割的组成部分，且为实现工程基本功能所必需的设备、材料等；所称与工程建设有关的服务，是指为完成工程所需的勘察、设计、监理等服务。

第三条　依法必须进行招标的工程建设项目的具体范围和规模标准，由国务院发展改革部门会同国务院有关部门制订，报国务院批准后公布施行。

第四条　国务院发展改革部门指导和协调全国招标投标工作，对国家重大建设项目的工程招标投标活动实施监督检查。国务院工业和信息化、住房城乡建设、交通运输、铁道、水利、商务等部门，按照规定的职责分工对有关招标投标活动实施监督。

县级以上地方人民政府发展改革部门指导和协调本行政区域的招标投标工作。县级以上地方人民政府有关部门按照规定的职责分工，对招标投标活动实施监督，依法查处招标投标活动中的违法行为。县级以上地方人民政府对其所属部门有关招标投标活动的监督职责分工另有规定的，从其规定。

财政部门依法对实行招标投标的政府采购工程建设项目的预算执行情况和政府采购政策执行情况实施监督。

监察机关依法对与招标投标活动有关的监察对象实施监察。

第五条　设区的市级以上地方人民政府可以根据实际需要，建立统一规范的招标投标交易场所，为招标投标活动提供服务。招标投标交易场所不得与行政监督部门存在隶属关系，不得以营利为目的。

国家鼓励利用信息网络进行电子招标投标。

第六条　禁止国家工作人员以任何方式非法干涉招标投标活动。

第二章　招标

第七条　按照国家有关规定需要履行项目审批、核准手续的依法必须进行招标的项目，其招标范围、招标方式、招标组织形式应当报项目审批、核准部门审批、核准。项目审批、核准部门应当及时将审批、核准确定的招标范围、招标方式、招标组织形式通报有关行政监督部门。

第八条　国有资金占控股或者主导地位的依法必须进行招标的项目，应当公开招标；但有下列情形之一的，可以邀请招标：

（一）技术复杂、有特殊要求或者受自然环境限制，只有少量潜在投标人可供选择；

（二）采用公开招标方式的费用占项目合同金额的比例过大。

有前款第二项所列情形，属于本条例第七条规定的项目，由项目审批、核准部门在审批、核准项目时作出认定；其他项目由招标人申请有关行政监督部门作出认定。

第九条　除招标投标法第六十六条规定的可以不进行招标的特殊情况外，有下列情形之一的，可以不进行招标：

（一）需要采用不可替代的专利或者专有技术；

（二）采购人依法能够自行建设、生产或者提供；

（三）已通过招标方式选定的特许经营项目投资人依法能够自行建设、生产或者提供；

（四）需要向原中标人采购工程、货物或者服务，否则将影响施工或者功能配套要求；

（五）国家规定的其他特殊情形。

招标人为适用前款规定弄虚作假的，属于招标投标法第四条规定的规避招标。

第十条　招标投标法第十二条第二款规定的招标人具有编制招标文件和组织评标能力，是指招标人具有与招标项目规模和复杂程度相适应的技术、经济等方面的专业人员。

第十一条　国务院住房城乡建设、商务、发展改革、工业和信息化等部门，按照规定的职责分工对招标代理机构依法实施监督管理。

第十二条　招标代理机构应当拥有一定数量的具备编制招标文件、组织评标等相应能力的专业人员。

第十三条　招标代理机构在招标人委托的范围内开展招标代理业务，任何单位和个人不得非法干涉。

招标代理机构代理招标业务，应当遵守招标投标法和本条例关于招标人的规定。招标代理机构不得在所代理的招标项目中投标或者代理投标，也不得为所代理的招标项目的投标人提供咨询。

第十四条　招标人应当与被委托的招标代理机构签订书面委托合同，合同约定的收费标准应当符合国家有关规定。

第十五条　公开招标的项目，应当依照招标投标法和本条例的规定发布招标公告、编制招标文件。

招标人采用资格预审办法对潜在投标人进行资格审查的，应当发布资格预审公告、编制资格预审文件。

依法必须进行招标的项目的资格预审公告和招标公告，应当在国务院发展改革部门依法指定的媒介发布。在不同媒介发布的同一招标项目的资格预审公告或者招标公告的内容应当一致。指定媒介发布依法必须进行招标的项目的境内资格预审公告、招标公告，不得收取费用。

编制依法必须进行招标的项目的资格预审文件和招标文件，应当使用国务院发展改革部门会同有关行政监督部门制定的标准文本。

第十六条　招标人应当按照资格预审公告、招标公告或者投标邀请书规定的时间、地点发售资格预审文件或者招标文件。资格预审文件或者招标文件的发售期不得少于 5 日。

　　招标人发售资格预审文件、招标文件收取的费用应当限于补偿印刷、邮寄的成本支出，不得以营利为目的。

　　第十七条　招标人应当合理确定提交资格预审申请文件的时间。依法必须进行招标的项目提交资格预审申请文件的时间，自资格预审文件停止发售之日起不得少于 5 日。

　　第十八条　资格预审应当按照资格预审文件载明的标准和方法进行。

　　国有资金占控股或者主导地位的依法必须进行招标的项目，招标人应当组建资格审查委员会审查资格预审申请文件。资格审查委员会及其成员应当遵守招标投标法和本条例有关评标委员会及其成员的规定。

　　第十九条　资格预审结束后，招标人应当及时向资格预审申请人发出资格预审结果通知书。未通过资格预审的申请人不具有投标资格。

　　通过资格预审的申请人少于 3 个的，应当重新招标。

　　第二十条　招标人采用资格后审办法对投标人进行资格审查的，应当在开标后由评标委员会按照招标文件规定的标准和方法对投标人的资格进行审查。

　　第二十一条　招标人可以对已发出的资格预审文件或者招标文件进行必要的澄清或者修改。澄清或者修改的内容可能影响资格预审申请文件或者投标文件编制的，招标人应当在提交资格预审申请文件截止时间至少 3 日前，或者投标截止时间至少 15 日前，以书面形式通知所有获取资格预审文件或者招标文件的潜在投标人；不足 3 日或者 15 日的，招标人应当顺延提交资格预审申请文件或者投标文件的截止时间。

　　第二十二条　潜在投标人或者其他利害关系人对资格预审文件有异议的，应当在提交资格预审申请文件截止时间 2 日前提出；对招标文件有异议的，应当在投标截止时间 10 日前提出。招标人应当自收到异议之日起 3 日内作出答复；作出答复前，应当暂停招标投标活动。

　　第二十三条　招标人编制的资格预审文件、招标文件的内容违反法律、行政法规的强制性规定，违反公开、公平、公正和诚实信用原则，影响资格预审结果或者潜在投标人投标的，依法必须进行招标的项目的招标人应当在修改资格预审文件或者招标文件后重新招标。

　　第二十四条　招标人对招标项目划分标段的，应当遵守招标投标法的有关规定，不得利用划分标段限制或者排斥潜在投标人。依法必须进行招标的项目的招标人不得利用划分标段规避招标。

　　第二十五条　招标人应当在招标文件中载明投标有效期。投标有效期从提交投标文件的截止之日起算。

第二十六条 招标人在招标文件中要求投标人提交投标保证金的，投标保证金不得超过招标项目估算价的 2%。投标保证金有效期应当与投标有效期一致。

依法必须进行招标的项目的境内投标单位，以现金或者支票形式提交的投标保证金应当从其基本账户转出。

招标人不得挪用投标保证金。

第二十七条 招标人可以自行决定是否编制标底。一个招标项目只能有一个标底。标底必须保密。

接受委托编制标底的中介机构不得参加受托编制标底项目的投标，也不得为该项目的投标人编制投标文件或者提供咨询。

招标人设有最高投标限价的，应当在招标文件中明确最高投标限价或者最高投标限价的计算方法。招标人不得规定最低投标限价。

第二十八条 招标人不得组织单个或者部分潜在投标人踏勘项目现场。

第二十九条 招标人可以依法对工程以及与工程建设有关的货物、服务全部或者部分实行总承包招标。以暂估价形式包括在总承包范围内的工程、货物、服务属于依法必须进行招标的项目范围且达到国家规定规模标准的，应当依法进行招标。

前款所称暂估价，是指总承包招标时不能确定价格而由招标人在招标文件中暂时估定的工程、货物、服务的金额。

第三十条 对技术复杂或者无法精确拟定技术规格的项目，招标人可以分两阶段进行招标。

第一阶段，投标人按照招标公告或者投标邀请书的要求提交不带报价的技术建议，招标人根据投标人提交的技术建议确定技术标准和要求，编制招标文件。

第二阶段，招标人向在第一阶段提交技术建议的投标人提供招标文件，投标人按照招标文件的要求提交包括最终技术方案和投标报价的投标文件。

招标人要求投标人提交投标保证金的，应当在第二阶段提出。

第三十一条 招标人终止招标的，应当及时发布公告，或者以书面形式通知被邀请的或者已经获取资格预审文件、招标文件的潜在投标人。已经发售资格预审文件、招标文件或者已经收取投标保证金的，招标人应当及时退还所收取的资格预审文件、招标文件的费用，以及所收取的投标保证金及银行同期存款利息。

第三十二条 招标人不得以不合理的条件限制、排斥潜在投标人或者投标人。

招标人有下列行为之一的，属于以不合理条件限制、排斥潜在投标人或者投标人：

（一）就同一招标项目向潜在投标人或者投标人提供有差别的项目信息；

（二）设定的资格、技术、商务条件与招标项目的具体特点和实际需要不相适应或者与合同履行无关；

（三）依法必须进行招标的项目以特定行政区域或者特定行业的业绩、奖项作为加分条件或者中标条件；

（四）对潜在投标人或者投标人采取不同的资格审查或者评标标准；

（五）限定或者指定特定的专利、商标、品牌、原产地或者供应商；

（六）依法必须进行招标的项目非法限定潜在投标人或者投标人的所有制形式或者组织形式；

（七）以其他不合理条件限制、排斥潜在投标人或者投标人。

第三章　投标

第三十三条　投标人参加依法必须进行招标的项目的投标，不受地区或者部门的限制，任何单位和个人不得非法干涉。

第三十四条　与招标人存在利害关系可能影响招标公正性的法人、其他组织或者个人，不得参加投标。

单位负责人为同一人或者存在控股、管理关系的不同单位，不得参加同一标段投标或者未划分标段的同一招标项目投标。

违反前两款规定的，相关投标均无效。

第三十五条　投标人撤回已提交的投标文件，应当在投标截止时间前书面通知招标人。招标人已收取投标保证金的，应当自收到投标人书面撤回通知之日起5日内退还。

投标截止后投标人撤销投标文件的，招标人可以不退还投标保证金。

第三十六条　未通过资格预审的申请人提交的投标文件，以及逾期送达或者不按照招标文件要求密封的投标文件，招标人应当拒收。

招标人应当如实记载投标文件的送达时间和密封情况，并存档备查。

第三十七条　招标人应当在资格预审公告、招标公告或者投标邀请书中载明是否接受联合体投标。

招标人接受联合体投标并进行资格预审的，联合体应当在提交资格预审申请文件前组成。资格预审后联合体增减、更换成员的，其投标无效。

联合体各方在同一招标项目中以自己名义单独投标或者参加其他联合体投标

的，相关投标均无效。

第三十八条　投标人发生合并、分立、破产等重大变化的，应当及时书面告知招标人。投标人不再具备资格预审文件、招标文件规定的资格条件或者其投标影响招标公正性的，其投标无效。

第三十九条　禁止投标人相互串通投标。

有下列情形之一的，属于投标人相互串通投标：

（一）投标人之间协商投标报价等投标文件的实质性内容；

（二）投标人之间约定中标人；

（三）投标人之间约定部分投标人放弃投标或者中标；

（四）属于同一集团、协会、商会等组织成员的投标人按照该组织要求协同投标；

（五）投标人之间为谋取中标或者排斥特定投标人而采取的其他联合行动。

第四十条　有下列情形之一的，视为投标人相互串通投标：

（一）不同投标人的投标文件由同一单位或者个人编制；

（二）不同投标人委托同一单位或者个人办理投标事宜；

（三）不同投标人的投标文件载明的项目管理成员为同一人；

（四）不同投标人的投标文件异常一致或者投标报价呈规律性差异；

（五）不同投标人的投标文件相互混装；

（六）不同投标人的投标保证金从同一单位或者个人的账户转出。

第四十一条　禁止招标人与投标人串通投标。

有下列情形之一的，属于招标人与投标人串通投标：

（一）招标人在开标前开启投标文件并将有关信息泄露给其他投标人；

（二）招标人直接或者间接向投标人泄露标底、评标委员会成员等信息；

（三）招标人明示或者暗示投标人压低或者抬高投标报价；

（四）招标人授意投标人撤换、修改投标文件；

（五）招标人明示或者暗示投标人为特定投标人中标提供方便；

（六）招标人与投标人为谋求特定投标人中标而采取的其他串通行为。

第四十二条　使用通过受让或者租借等方式获取的资格、资质证书投标的，属于招标投标法第三十三条规定的以他人名义投标。

投标人有下列情形之一的，属于招标投标法第三十三条规定的以其他方式弄虚作假的行为：

（一）使用伪造、变造的许可证件；

（二）提供虚假的财务状况或者业绩；

（三）提供虚假的项目负责人或者主要技术人员简历、劳动关系证明；

（四）提供虚假的信用状况；

（五）其他弄虚作假的行为。

第四十三条　提交资格预审申请文件的申请人应当遵守招标投标法和本条例有关投标人的规定。

第四章　开标、评标和中标

第四十四条　招标人应当按照招标文件规定的时间、地点开标。

投标人少于 3 个的，不得开标；招标人应当重新招标。

投标人对开标有异议的，应当在开标现场提出，招标人应当当场作出答复，并制作记录。

第四十五条　国家实行统一的评标专家专业分类标准和管理办法。具体标准和办法由国务院发展改革部门会同国务院有关部门制定。

省级人民政府和国务院有关部门应当组建综合评标专家库。

第四十六条　除招标投标法第三十七条第三款规定的特殊招标项目外，依法必须进行招标的项目，其评标委员会的专家成员应当从评标专家库内相关专业的专家名单中以随机抽取方式确定。任何单位和个人不得以明示、暗示等任何方式指定或者变相指定参加评标委员会的专家成员。

依法必须进行招标的项目的招标人非因招标投标法和本条例规定的事由，不得更换依法确定的评标委员会成员。更换评标委员会的专家成员应当依照前款规定进行。

评标委员会成员与投标人有利害关系的，应当主动回避。

有关行政监督部门应当按照规定的职责分工，对评标委员会成员的确定方式、评标专家的抽取和评标活动进行监督。行政监督部门的工作人员不得担任本部门负责监督项目的评标委员会成员。

第四十七条　招标投标法第三十七条第三款所称特殊招标项目，是指技术复杂、专业性强或者国家有特殊要求，采取随机抽取方式确定的专家难以保证胜任评标工作的项目。

第四十八条　招标人应当向评标委员会提供评标所必需的信息，但不得明示或者暗示其倾向或者排斥特定投标人。

招标人应当根据项目规模和技术复杂程度等因素合理确定评标时间。超过三分之一的评标委员会成员认为评标时间不够的，招标人应当适当延长。

评标过程中，评标委员会成员有回避事由、擅离职守或者因健康等原因不能继续评标的，应当及时更换。被更换的评标委员会成员作出的评审结论无效，由更换后的评标委员会成员重新进行评审。

第四十九条　评标委员会成员应当依照招标投标法和本条例的规定，按照招标文件规定的评标标准和方法，客观、公正地对投标文件提出评审意见。招标文件没有规定的评标标准和方法不得作为评标的依据。

评标委员会成员不得私下接触投标人，不得收受投标人给予的财物或者其他好处，不得向招标人征询确定中标人的意向，不得接受任何单位或者个人明示或者暗示提出的倾向或者排斥特定投标人的要求，不得有其他不客观、不公正履行职务的行为。

第五十条　招标项目设有标底的，招标人应当在开标时公布。标底只能作为评标的参考，不得以投标报价是否接近标底作为中标条件，也不得以投标报价超过标底上下浮动范围作为否决投标的条件。

第五十一条　有下列情形之一的，评标委员会应当否决其投标：

（一）投标文件未经投标单位盖章和单位负责人签字；

（二）投标联合体没有提交共同投标协议；

（三）投标人不符合国家或者招标文件规定的资格条件；

（四）同一投标人提交两个以上不同的投标文件或者投标报价，但招标文件要求提交备选投标的除外；

（五）投标报价低于成本或者高于招标文件设定的最高投标限价；

（六）投标文件没有对招标文件的实质性要求和条件作出响应；

（七）投标人有串通投标、弄虚作假、行贿等违法行为。

第五十二条　投标文件中有含义不明确的内容、明显文字或者计算错误，评标委员会认为需要投标人作出必要澄清、说明的，应当书面通知该投标人。投标人的澄清、说明应当采用书面形式，并不得超出投标文件的范围或者改变投标文件的实质性内容。

评标委员会不得暗示或者诱导投标人作出澄清、说明，不得接受投标人主动提出的澄清、说明。

第五十三条　评标完成后，评标委员会应当向招标人提交书面评标报告和中标候选人名单。中标候选人应当不超过 3 个，并标明排序。

评标报告应当由评标委员会全体成员签字。对评标结果有不同意见的评标委员会成员应当以书面形式说明其不同意见和理由，评标报告应当注明该不同意见。评标委员会成员拒绝在评标报告上签字又不书面说明其不同意见和理由的，视为同意评标结果。

第五十四条　依法必须进行招标的项目，招标人应当自收到评标报告之日起3日内公示中标候选人，公示期不得少于3日。

投标人或者其他利害关系人对依法必须进行招标的项目的评标结果有异议的，应当在中标候选人公示期间提出。招标人应当自收到异议之日起3日内作出答复；作出答复前，应当暂停招标投标活动。

第五十五条　国有资金占控股或者主导地位的依法必须进行招标的项目，招标人应当确定排名第一的中标候选人为中标人。排名第一的中标候选人放弃中标、因不可抗力不能履行合同、不按照招标文件要求提交履约保证金，或者被查实存在影响中标结果的违法行为等情形，不符合中标条件的，招标人可以按照评标委员会提出的中标候选人名单排序依次确定其他中标候选人为中标人，也可以重新招标。

第五十六条　中标候选人的经营、财务状况发生较大变化或者存在违法行为，招标人认为可能影响其履约能力的，应当在发出中标通知书前由原评标委员会按照招标文件规定的标准和方法审查确认。

第五十七条　招标人和中标人应当依照招标投标法和本条例的规定签订书面合同，合同的标的、价款、质量、履行期限等主要条款应当与招标文件和中标人的投标文件的内容一致。招标人和中标人不得再行订立背离合同实质性内容的其他协议。

招标人最迟应当在书面合同签订后5日内向中标人和未中标的投标人退还投标保证金及银行同期存款利息。

第五十八条　招标文件要求中标人提交履约保证金的，中标人应当按照招标文件的要求提交。履约保证金不得超过中标合同金额的10%。

第五十九条　中标人应当按照合同约定履行义务，完成中标项目。中标人不得向他人转让中标项目，也不得将中标项目肢解后分别向他人转让。

中标人按照合同约定或者经招标人同意，可以将中标项目的部分非主体、非关键性工作分包给他人完成。接受分包的人应当具备相应的资格条件，并不得再次分包。

中标人应当就分包项目向招标人负责，接受分包的人就分包项目承担连带责任。

第五章　投诉与处理

第六十条　投标人或者其他利害关系人认为招标投标活动不符合法律、行政法规规定的，可以自知道或者应当知道之日起 10 日内向有关行政监督部门投诉。投诉应当有明确的请求和必要的证明材料。

就本条例第二十二条、第四十四条、第五十四条规定事项投诉的，应当先向招标人提出异议，异议答复期间不计算在前款规定的期限内。

第六十一条　投诉人就同一事项向两个以上有权受理的行政监督部门投诉的，由最先收到投诉的行政监督部门负责处理。

行政监督部门应当自收到投诉之日起 3 个工作日内决定是否受理投诉，并自受理投诉之日起 30 个工作日内作出书面处理决定；需要检验、检测、鉴定、专家评审的，所需时间不计算在内。

投诉人捏造事实、伪造材料或者以非法手段取得证明材料进行投诉的，行政监督部门应当予以驳回。

第六十二条　行政监督部门处理投诉，有权查阅、复制有关文件、资料，调查有关情况，相关单位和人员应当予以配合。必要时，行政监督部门可以责令暂停招标投标活动。

行政监督部门的工作人员对监督检查过程中知悉的国家秘密、商业秘密，应当依法予以保密。

第六章　法律责任

第六十三条　招标人有下列限制或者排斥潜在投标人行为之一的，由有关行政监督部门依照招标投标法第五十一条的规定处罚：

（一）依法应当公开招标的项目不按照规定在指定媒介发布资格预审公告或者招标公告；

（二）在不同媒介发布的同一招标项目的资格预审公告或者招标公告的内容不一致，影响潜在投标人申请资格预审或者投标。

依法必须进行招标的项目的招标人不按照规定发布资格预审公告或者招标公

告，构成规避招标的，依照招标投标法第四十九条的规定处罚。

第六十四条　招标人有下列情形之一的，由有关行政监督部门责令改正，可以处 10 万元以下的罚款：

（一）依法应当公开招标而采用邀请招标；

（二）招标文件、资格预审文件的发售、澄清、修改的时限，或者确定的提交资格预审申请文件、投标文件的时限不符合招标投标法和本条例规定；

（三）接受未通过资格预审的单位或者个人参加投标；

（四）接受应当拒收的投标文件。

招标人有前款第一项、第三项、第四项所列行为之一的，对单位直接负责的主管人员和其他直接责任人员依法给予处分。

第六十五条　招标代理机构在所代理的招标项目中投标、代理投标或者向该项目投标人提供咨询的，接受委托编制标底的中介机构参加受托编制标底项目的投标或者为该项目的投标人编制投标文件、提供咨询的，依照招标投标法第五十条的规定追究法律责任。

第六十六条　招标人超过本条例规定的比例收取投标保证金、履约保证金或者不按照规定退还投标保证金及银行同期存款利息的，由有关行政监督部门责令改正，可以处 5 万元以下的罚款；给他人造成损失的，依法承担赔偿责任。

第六十七条　投标人相互串通投标或者与招标人串通投标的，投标人向招标人或者评标委员会成员行贿谋取中标的，中标无效；构成犯罪的，依法追究刑事责任；尚不构成犯罪的，依照招标投标法第五十三条的规定处罚。投标人未中标的，对单位的罚款金额按照招标项目合同金额依照招标投标法规定的比例计算。

投标人有下列行为之一的，属于招标投标法第五十三条规定的情节严重行为，由有关行政监督部门取消其 1 年至 2 年内参加依法必须进行招标的项目的投标资格：

（一）以行贿谋取中标；

（二）3 年内 2 次以上串通投标；

（三）串通投标行为损害招标人、其他投标人或者国家、集体、公民的合法利益，造成直接经济损失 30 万元以上；

（四）其他串通投标情节严重的行为。

投标人自本条第二款规定的处罚执行期限届满之日起 3 年内又有该款所列违法行为之一的，或者串通投标、以行贿谋取中标情节特别严重的，由工商行政管理机关吊销营业执照。

法律、行政法规对串通投标报价行为的处罚另有规定的，从其规定。

第六十八条　投标人以他人名义投标或者以其他方式弄虚作假骗取中标的，

中标无效；构成犯罪的，依法追究刑事责任；尚不构成犯罪的，依照招标投标法第五十四条的规定处罚。依法必须进行招标的项目的投标人未中标的，对单位的罚款金额按照招标项目合同金额依照招标投标法规定的比例计算。

投标人有下列行为之一的，属于招标投标法第五十四条规定的情节严重行为，由有关行政监督部门取消其 1 年至 3 年内参加依法必须进行招标的项目的投标资格：

（一）伪造、变造资格、资质证书或者其他许可证件骗取中标；

（二）3 年内 2 次以上使用他人名义投标；

（三）弄虚作假骗取中标给招标人造成直接经济损失 30 万元以上；

（四）其他弄虚作假骗取中标情节严重的行为。

投标人自本条第二款规定的处罚执行期限届满之日起 3 年内又有该款所列违法行为之一的，或者弄虚作假骗取中标情节特别严重的，由工商行政管理机关吊销营业执照。

第六十九条　出让或者出租资格、资质证书供他人投标的，依照法律、行政法规的规定给予行政处罚；构成犯罪的，依法追究刑事责任。

第七十条　依法必须进行招标的项目的招标人不按照规定组建评标委员会，或者确定、更换评标委员会成员违反招标投标法和本条例规定的，由有关行政监督部门责令改正，可以处 10 万元以下的罚款，对单位直接负责的主管人员和其他直接责任人员依法给予处分；违法确定或者更换的评标委员会成员作出的评审结论无效，依法重新进行评审。

国家工作人员以任何方式非法干涉选取评标委员会成员的，依照本条例第八十条的规定追究法律责任。

第七十一条　评标委员会成员有下列行为之一的，由有关行政监督部门责令改正；情节严重的，禁止其在一定期限内参加依法必须进行招标的项目的评标；情节特别严重的，取消其担任评标委员会成员的资格：

（一）应当回避而不回避；

（二）擅离职守；

（三）不按照招标文件规定的评标标准和方法评标；

（四）私下接触投标人；

（五）向招标人征询确定中标人的意向或者接受任何单位或者个人明示或者暗示提出的倾向或者排斥特定投标人的要求；

（六）对依法应当否决的投标不提出否决意见；

（七）暗示或者诱导投标人作出澄清、说明或者接受投标人主动提出的澄清、说明；

（八）其他不客观、不公正履行职务的行为。

第七十二条　评标委员会成员收受投标人的财物或者其他好处的，没收收受的财物，处3000元以上5万元以下的罚款，取消担任评标委员会成员的资格，不得再参加依法必须进行招标的项目的评标；构成犯罪的，依法追究刑事责任。

第七十三条　依法必须进行招标的项目的招标人有下列情形之一的，由有关行政监督部门责令改正，可以处中标项目金额10‰以下的罚款；给他人造成损失的，依法承担赔偿责任；对单位直接负责的主管人员和其他直接责任人员依法给予处分：

（一）无正当理由不发出中标通知书；

（二）不按照规定确定中标人；

（三）中标通知书发出后无正当理由改变中标结果；

（四）无正当理由不与中标人订立合同；

（五）在订立合同时向中标人提出附加条件。

第七十四条　中标人无正当理由不与招标人订立合同，在签订合同时向招标人提出附加条件，或者不按照招标文件要求提交履约保证金的，取消其中标资格，投标保证金不予退还。对依法必须进行招标的项目的中标人，由有关行政监督部门责令改正，可以处中标项目金额10‰以下的罚款。

第七十五条　招标人和中标人不按照招标文件和中标人的投标文件订立合同，合同的主要条款与招标文件、中标人的投标文件的内容不一致，或者招标人、中标人订立背离合同实质性内容的协议的，由有关行政监督部门责令改正，可以处中标项目金额5‰以上10‰以下的罚款。

第七十六条　中标人将中标项目转让给他人的，将中标项目肢解后分别转让给他人的，违反招标投标法和本条例规定将中标项目的部分主体、关键性工作分包给他人的，或者分包人再次分包的，转让、分包无效，处转让、分包项目金额5‰以上10‰以下的罚款；有违法所得的，并处没收违法所得；可以责令停业整顿；情节严重的，由工商行政管理机关吊销营业执照。

第七十七条　投标人或者其他利害关系人捏造事实、伪造材料或者以非法手段取得证明材料进行投诉，给他人造成损失的，依法承担赔偿责任。

招标人不按照规定对异议作出答复，继续进行招标投标活动的，由有关行政监督部门责令改正，拒不改正或者不能改正并影响中标结果的，依照本条例第八十一条的规定处理。

第七十八条　国家建立招标投标信用制度。有关行政监督部门应当依法公告对招标人、招标代理机构、投标人、评标委员会成员等当事人违法行为的行政处理决定。

第七十九条　项目审批、核准部门不依法审批、核准项目招标范围、招标方式、招标组织形式的，对单位直接负责的主管人员和其他直接责任人员依法给予处分。

有关行政监督部门不依法履行职责，对违反招标投标法和本条例规定的行为不依法查处，或者不按照规定处理投诉、不依法公告对招标投标当事人违法行为的行政处理决定的，对直接负责的主管人员和其他直接责任人员依法给予处分。

项目审批、核准部门和有关行政监督部门的工作人员徇私舞弊、滥用职权、玩忽职守，构成犯罪的，依法追究刑事责任。

第八十条　国家工作人员利用职务便利，以直接或者间接、明示或者暗示等任何方式非法干涉招标投标活动，有下列情形之一的，依法给予记过或者记大过处分；情节严重的，依法给予降级或者撤职处分；情节特别严重的，依法给予开除处分；构成犯罪的，依法追究刑事责任：

（一）要求对依法必须进行招标的项目不招标，或者要求对依法应当公开招标的项目不公开招标；

（二）要求评标委员会成员或者招标人以其指定的投标人作为中标候选人或者中标人，或者以其他方式非法干涉评标活动，影响中标结果；

（三）以其他方式非法干涉招标投标活动。

第八十一条　依法必须进行招标的项目的招标投标活动违反招标投标法和本条例的规定，对中标结果造成实质性影响，且不能采取补救措施予以纠正的，招标、投标、中标无效，应当依法重新招标或者评标。

第七章　附则

第八十二条　招标投标协会按照依法制定的章程开展活动，加强行业自律和服务。

第八十三条　政府采购的法律、行政法规对政府采购货物、服务的招标投标另有规定的，从其规定。

第八十四条　本条例自 2012 年 2 月 1 日起施行。

附件 3：房屋建筑和市政基础设施项目工程总承包管理办法

为贯彻落实《中共中央国务院关于进一步加强城市规划建设管理工作的若干意见》和《国务院办公厅关于促进建筑业持续健康发展的意见》（国办发〔2017〕19 号），住房和城乡建设部、国家发展改革委制定了《房屋建筑和市政基础设施项目工程总承包管理办法》。

第一章 总则

第一条 为规范房屋建筑和市政基础设施项目工程总承包活动，提升工程建设质量和效益，根据相关法律法规，制定本办法。

第二条 从事房屋建筑和市政基础设施项目工程总承包活动，实施对房屋建筑和市政基础设施项目工程总承包活动的监督管理，适用本办法。

第三条 本办法所称工程总承包，是指承包单位按照与建设单位签订的合同，对工程设计、采购、施工或者设计、施工等阶段实行总承包，并对工程的质量、安全、工期和造价等全面负责的工程建设组织实施方式。

第四条 工程总承包活动应当遵循合法、公平、诚实守信的原则，合理分担风险，保证工程质量和安全，节约能源，保护生态环境，不得损害社会公共利益和他人的合法权益。

第五条 国务院住房和城乡建设主管部门对全国房屋建筑和市政基础设施项目工程总承包活动实施监督管理。国务院发展改革部门依据固定资产投资建设管理的相关法律法规履行相应的管理职责。

县级以上地方人民政府住房和城乡建设主管部门负责本行政区域内房屋建筑和市政基础设施项目工程总承包（以下简称工程总承包）活动的监督管理。县级以上地方人民政府发展改革部门依据固定资产投资建设管理的相关法律法规在本行政区域内履行相应的管理职责。

第二章　工程总承包项目的发包和承包

第六条　建设单位应当根据项目情况和自身管理能力等，合理选择工程建设组织实施方式。

建设内容明确、技术方案成熟的项目，适宜采用工程总承包方式。

第七条　建设单位应当在发包前完成项目审批、核准或者备案程序。采用工程总承包方式的企业投资项目，应当在核准或者备案后进行工程总承包项目发包。采用工程总承包方式的政府投资项目，原则上应当在初步设计审批完成后进行工程总承包项目发包；其中，按照国家有关规定简化报批文件和审批程序的政府投资项目，应当在完成相应的投资决策审批后进行工程总承包项目发包。

第八条　建设单位依法采用招标或者直接发包等方式选择工程总承包单位。

工程总承包项目范围内的设计、采购或者施工中，有任一项属于依法必须进行招标的项目范围且达到国家规定规模标准的，应当采用招标的方式选择工程总承包单位。

第九条　建设单位应当根据招标项目的特点和需要编制工程总承包项目招标文件，主要包括以下内容：

（一）投标人须知；

（二）评标办法和标准；

（三）拟签订合同的主要条款；

（四）发包人要求，列明项目的目标、范围、设计和其他技术标准，包括对项目的内容、范围、规模、标准、功能、质量、安全、节约能源、生态环境保护、工期、验收等的明确要求；

（五）建设单位提供的资料和条件，包括发包前完成的水文地质、工程地质、地形等勘察资料，以及可行性研究报告、方案设计文件或者初步设计文件等；

（六）投标文件格式；

（七）要求投标人提交的其他材料。

建设单位可以在招标文件中提出对履约担保的要求，依法要求投标文件载明拟分包的内容；对于设有最高投标限价的，应当明确最高投标限价或者最高投标限价的计算方法。

推荐使用由住房和城乡建设部会同有关部门制定的工程总承包合同示范文本。

第十条 工程总承包单位应当同时具有与工程规模相适应的工程设计资质和施工资质，或者由具有相应资质的设计单位和施工单位组成联合体。工程总承包单位应当具有相应的项目管理体系和项目管理能力、财务和风险承担能力，以及与发包工程相类似的设计、施工或者工程总承包业绩。

设计单位和施工单位组成联合体的，应当根据项目的特点和复杂程度，合理确定牵头单位，并在联合体协议中明确联合体成员单位的责任和权利。联合体各方应当共同与建设单位签订工程总承包合同，就工程总承包项目承担连带责任。

第十一条 工程总承包单位不得是工程总承包项目的代建单位、项目管理单位、监理单位、造价咨询单位、招标代理单位。

政府投资项目的项目建议书、可行性研究报告、初步设计文件编制单位及其评估单位，一般不得成为该项目的工程总承包单位。政府投资项目招标人公开已经完成的项目建议书、可行性研究报告、初步设计文件的，上述单位可以参与该工程总承包项目的投标，经依法评标、定标，成为工程总承包单位。

第十二条 鼓励设计单位申请取得施工资质，已取得工程设计综合资质、行业甲级资质、建筑工程专业甲级资质的单位，可以直接申请相应类别施工总承包一级资质。鼓励施工单位申请取得工程设计资质，具有一级及以上施工总承包资质的单位可以直接申请相应类别的工程设计甲级资质。完成的相应规模工程总承包业绩可以作为设计、施工业绩申报。

第十三条 建设单位应当依法确定投标人编制工程总承包项目投标文件所需要的合理时间。

第十四条 评标委员会应当依照法律规定和项目特点，由建设单位代表、具有工程总承包项目管理经验的专家，以及从事设计、施工、造价等方面的专家组成。

第十五条 建设单位和工程总承包单位应当加强风险管理，合理分担风险。

建设单位承担的风险主要包括：

（一）主要工程材料、设备、人工价格与招标时基期价相比，波动幅度超过合同约定幅度的部分；

（二）因国家法律法规政策变化引起的合同价格的变化；

（三）不可预见的地质条件造成的工程费用和工期的变化；

（四）因建设单位原因产生的工程费用和工期的变化；

（五）不可抗力造成的工程费用和工期的变化。具体风险分担内容由双方在合同中约定。鼓励建设单位和工程总承包单位运用保险手段增强防范风险能力。

第十六条 企业投资项目的工程总承包宜采用总价合同，政府投资项目的工程总承包应当合理确定合同价格形式。采用总价合同的，除合同约定可以调整的情形外，合同总价一般不予调整。

建设单位和工程总承包单位可以在合同中约定工程总承包计量规则和计价方法。

依法必须进行招标的项目，合同价格应当在充分竞争的基础上合理确定。

第三章　工程总承包项目实施

第十七条　建设单位根据自身资源和能力，可以自行对工程总承包项目进行管理，也可以委托勘察设计单位、代建单位等项目管理单位，赋予相应权利，依照合同对工程总承包项目进行管理。

第十八条　工程总承包单位应当建立与工程总承包相适应的组织机构和管理制度，形成项目设计、采购、施工、试运行管理以及质量、安全、工期、造价、节约能源和生态环境保护管理等工程总承包综合管理能力。

第十九条　工程总承包单位应当设立项目管理机构，设置项目经理，配备相应管理人员，加强设计、采购与施工的协调，完善和优化设计，改进施工方案，实现对工程总承包项目的有效管理控制。

第二十条　工程总承包项目经理应当具备下列条件：

（一）取得相应工程建设类注册执业资格，包括注册建筑师、勘察设计注册工程师、注册建造师或者注册监理工程师等；未实施注册执业资格的，取得高级专业技术职称；

（二）担任过与拟建项目相类似的工程总承包项目经理、设计项目负责人、施工项目负责人或者项目总监理工程师；

（三）熟悉工程技术和工程总承包项目管理知识以及相关法律法规、标准规范；

（四）具有较强的组织协调能力和良好的职业道德。

工程总承包项目经理不得同时在两个或者两个以上工程项目担任工程总承包项目经理、施工项目负责人。

第二十一条　工程总承包单位可以采用直接发包的方式进行分包。但以暂估价形式包括在总承包范围内的工程、货物、服务分包时，属于依法必须进行招标的项目范围且达到国家规定规模标准的，应当依法招标。

第二十二条　建设单位不得迫使工程总承包单位以低于成本的价格竞标，不得明示或者暗示工程总承包单位违反工程建设强制性标准、降低建设工程质量，不得明示或者暗示工程总承包单位使用不合格的建筑材料、建筑构配件和设备。

工程总承包单位应当对其承包的全部建设工程质量负责，分包单位对其分包工程的质量负责，分包不免除工程总承包单位对其承包的全部建设工程所负的质量责任。

工程总承包单位、工程总承包项目经理依法承担质量终身责任。

第二十三条　建设单位不得对工程总承包单位提出不符合建设工程安全生产法律、法规和强制性标准规定的要求，不得明示或者暗示工程总承包单位购买、租赁、使用不符合安全施工要求的安全防护用具、机械设备、施工机具及配件、消防设施和器材。

工程总承包单位对承包范围内工程的安全生产负总责。分包单位应当服从工程总承包单位的安全生产管理，分包单位不服从管理导致生产安全事故的，由分包单位承担主要责任，分包不免除工程总承包单位的安全责任。

第二十四条　建设单位不得设置不合理工期，不得任意压缩合理工期。

工程总承包单位应当依据合同对工期全面负责，对项目总进度和各阶段的进度进行控制管理，确保工程按期竣工。

第二十五条　工程保修书由建设单位与工程总承包单位签署，保修期内工程总承包单位应当根据法律法规规定以及合同约定承担保修责任，工程总承包单位不得以其与分包单位之间保修责任划分而拒绝履行保修责任。

第二十六条　建设单位和工程总承包单位应当加强设计、施工等环节管理，确保建设地点、建设规模、建设内容等符合项目审批、核准、备案要求。

政府投资项目所需资金应当按照国家有关规定确保落实到位，不得由工程总承包单位或者分包单位垫资建设。政府投资项目建设投资原则上不得超过经核定的投资概算。

第二十七条　工程总承包单位和工程总承包项目经理在设计、施工活动中有转包违法分包等违法违规行为或者造成工程质量安全事故的，按照法律法规对设计、施工单位及其项目负责人相同违法违规行为的规定追究责任。

第四章　附　则

第二十八条　本办法自 2020 年 3 月 1 日起施行。

附件4：中华人民共和国
政府采购法

2002 年 6 月 29 日第九届全国人民代表大会常务委员会第二十八次会议通过。根据 2014 年 8 月 31 日第十二届全国人民代表大会常务委员会第十次会议《关于修改〈中华人民共和国保险法〉等五部法律的决定》修正。

第一章　总则

第一条　为了规范政府采购行为，提高政府采购资金的使用效益，维护国家利益和社会公共利益，保护政府采购当事人的合法权益，促进廉政建设，制定本法。

第二条　在中华人民共和国境内进行的政府采购适用本法。

本法所称政府采购，是指各级国家机关、事业单位和团体组织，使用财政性资金采购依法制定的集中采购目录以内的或者采购限额标准以上的货物、工程和服务的行为。

政府集中采购目录和采购限额标准依照本法规定的权限制定。

本法所称采购，是指以合同方式有偿取得货物、工程和服务的行为，包括购买、租赁、委托、雇用等。

本法所称货物，是指各种形态和种类的物品，包括原材料、燃料、设备、产品等。

本法所称工程，是指建设工程，包括建筑物和构筑物的新建、改建、扩建、装修、拆除、修缮等。

本法所称服务，是指除货物和工程以外的其他政府采购对象。

第三条　政府采购应当遵循公开透明原则、公平竞争原则、公正原则和诚实信用原则。

第四条　政府采购工程进行招标投标的，适用招标投标法。

第五条　任何单位和个人不得采用任何方式，阻挠和限制供应商自由进入本地区和本行业的政府采购市场。

第六条　政府采购应当严格按照批准的预算执行。

第七条　政府采购实行集中采购和分散采购相结合。集中采购的范围由省级以上人民政府公布的集中采购目录确定。

属于中央预算的政府采购项目，其集中采购目录由国务院确定并公布；属于地方预算的政府采购项目，其集中采购目录由省、自治区、直辖市人民政府或者其授权的机构确定并公布。

纳入集中采购目录的政府采购项目，应当实行集中采购。

第八条　政府采购限额标准，属于中央预算的政府采购项目，由国务院确定并公布；属于地方预算的政府采购项目，由省、自治区、直辖市人民政府或者其授权的机构确定并公布。

第九条　政府采购应当有助于实现国家的经济和社会发展政策目标，包括保护环境，扶持不发达地区和少数民族地区，促进中小企业发展等。

第十条　政府采购应当采购本国货物、工程和服务。但有下列情形之一的除外：

（一）需要采购的货物、工程或者服务在中国境内无法获取或者无法以合理的商业条件获取的；

（二）为在中国境外使用而进行采购的；

（三）其他法律、行政法规另有规定的。

前款所称本国货物、工程和服务的界定，依照国务院有关规定执行。

第十一条　政府采购的信息应当在政府采购监督管理部门指定的媒体上及时向社会公开发布，但涉及商业秘密的除外。

第十二条　在政府采购活动中，采购人员及相关人员与供应商有利害关系的，必须回避。供应商认为采购人员及相关人员与其他供应商有利害关系的，可以申请其回避。

前款所称相关人员，包括招标采购中评标委员会的组成人员，竞争性谈判采购中谈判小组的组成人员，询价采购中询价小组的组成人员等。

第十三条　各级人民政府财政部门是负责政府采购监督管理的部门，依法履行对政府采购活动的监督管理职责。

各级人民政府其他有关部门依法履行与政府采购活动有关的监督管理职责。

第二章 政府采购当事人

第十四条 政府采购当事人是指在政府采购活动中享有权利和承担义务的各类主体，包括采购人、供应商和采购代理机构等。

第十五条 采购人是指依法进行政府采购的国家机关、事业单位、团体组织。

第十六条 集中采购机构为采购代理机构。设区的市、自治州以上人民政府根据本级政府采购项目组织集中采购的需要设立集中采购机构。

集中采购机构是非营利事业法人，根据采购人的委托办理采购事宜。

第十七条 集中采购机构进行政府采购活动，应当符合采购价格低于市场平均价格、采购效率更高、采购质量优良和服务良好的要求。

第十八条 采购人采购纳入集中采购目录的政府采购项目，必须委托集中采购机构代理采购；采购未纳入集中采购目录的政府采购项目，可以自行采购，也可以委托集中采购机构在委托的范围内代理采购。

纳入集中采购目录属于通用的政府采购项目的，应当委托集中采购机构代理采购；属于本部门、本系统有特殊要求的项目，应当实行部门集中采购；属于本单位有特殊要求的项目，经省级以上人民政府批准，可以自行采购。

第十九条 采购人可以委托集中采购机构以外的采购代理机构，在委托的范围内办理政府采购事宜。

采购人有权自行选择采购代理机构，任何单位和个人不得以任何方式为采购人指定采购代理机构。

第二十条 采购人依法委托采购代理机构办理采购事宜的，应当由采购人与采购代理机构签订委托代理协议，依法确定委托代理的事项，约定双方的权利义务。

第二十一条 供应商是指向采购人提供货物、工程或者服务的法人、其他组织或者自然人。

第二十二条 供应商参加政府采购活动应当具备下列条件：

（一）具有独立承担民事责任的能力；

（二）具有良好的商业信誉和健全的财务会计制度；

（三）具有履行合同所必需的设备和专业技术能力；

（四）有依法缴纳税收和社会保障资金的良好记录；

（五）参加政府采购活动前三年内，在经营活动中没有重大违法记录；

（六）法律、行政法规规定的其他条件。

采购人可以根据采购项目的特殊要求，规定供应商的特定条件，但不得以不合理的条件对供应商实行差别待遇或者歧视待遇。

第二十三条　采购人可以要求参加政府采购的供应商提供有关资质证明文件和业绩情况，并根据本法规定的供应商条件和采购项目对供应商的特定要求，对供应商的资格进行审查。

第二十四条　两个以上的自然人、法人或者其他组织可以组成一个联合体，以一个供应商的身份共同参加政府采购。

以联合体形式进行政府采购的，参加联合体的供应商均应当具备本法第二十二条规定的条件，并应当向采购人提交联合协议，载明联合体各方承担的工作和义务。联合体各方应当共同与采购人签订采购合同，就采购合同约定的事项对采购人承担连带责任。

第二十五条　政府采购当事人不得相互串通损害国家利益、社会公共利益和其他当事人的合法权益；不得以任何手段排斥其他供应商参与竞争。

供应商不得以向采购人、采购代理机构、评标委员会的组成人员、竞争性谈判小组的组成人员、询价小组的组成人员行贿或者采取其他不正当手段谋取中标或者成交。

采购代理机构不得以向采购人行贿或者采取其他不正当手段谋取非法利益。

第三章　政府采购方式

第二十六条　政府采购采用以下方式：

（一）公开招标；

（二）邀请招标；

（三）竞争性谈判；

（四）单一来源采购；

（五）询价；

（六）国务院政府采购监督管理部门认定的其他采购方式。

公开招标应作为政府采购的主要采购方式。

第二十七条　采购人采购货物或者服务应当采用公开招标方式的，其具体数额标准，属于中央预算的政府采购项目，由国务院规定；属于地方预算的政府采购项目，由省、自治区、直辖市人民政府规定；因特殊情况需要采用公开招标以外的采购方式的，应当在采购活动开始前获得设区的市、自治州以上人民政府采购监督管理部门的批准。

第二十八条　采购人不得将应当以公开招标方式采购的货物或者服务化整为零或者以其他任何方式规避公开招标采购。

第二十九条　符合下列情形之一的货物或者服务，可以依照本法采用邀请招标方式采购：

（一）具有特殊性，只能从有限范围的供应商处采购的；

（二）采用公开招标方式的费用占政府采购项目总价值的比例过大的。

第三十条　符合下列情形之一的货物或者服务，可以依照本法采用竞争性谈判方式采购：

（一）招标后没有供应商投标或者没有合格标的或者重新招标未能成立的；

（二）技术复杂或者性质特殊，不能确定详细规格或者具体要求的；

（三）采用招标所需时间不能满足用户紧急需要的；

（四）不能事先计算出价格总额的。

第三十一条　符合下列情形之一的货物或者服务，可以依照本法采用单一来源方式采购：

（一）只能从唯一供应商处采购的；

（二）发生了不可预见的紧急情况不能从其他供应商处采购的；

（三）必须保证原有采购项目一致性或者服务配套的要求，需要继续从原供应商处添购，且添购资金总额不超过原合同采购金额百分之十的。

第三十二条　采购的货物规格、标准统一、现货货源充足且价格变化幅度小的政府采购项目，可以依照本法采用询价方式采购。

第四章　政府采购程序

第三十三条　负有编制部门预算职责的部门在编制下一财政年度部门预算时，应当将该财政年度政府采购的项目及资金预算列出，报本级财政部门汇总。部门预算的审批，按预算管理权限和程序进行。

第三十四条　货物或者服务项目采取邀请招标方式采购的，采购人应当从符合相应资格条件的供应商中，通过随机方式选择三家以上的供应商，并向其发出投标邀请书。

第三十五条　货物和服务项目实行招标方式采购的，自招标文件开始发出之日起至投标人提交投标文件截止之日止，不得少于二十日。

第三十六条　在招标采购中，出现下列情形之一的，应予废标：

（一）符合专业条件的供应商或者对招标文件作实质响应的供应商不足三家的；

（二）出现影响采购公正的违法、违规行为的；

（三）投标人的报价均超过了采购预算，采购人不能支付的；

（四）因重大变故，采购任务取消的。

废标后，采购人应当将废标理由通知所有投标人。

第三十七条　废标后，除采购任务取消情形外，应当重新组织招标；需要采取其他方式采购的，应当在采购活动开始前获得设区的市、自治州以上人民政府采购监督管理部门或者政府有关部门批准。

第三十八条　采用竞争性谈判方式采购的，应当遵循下列程序：

（一）成立谈判小组。谈判小组由采购人的代表和有关专家共三人以上的单数组成，其中专家的人数不得少于成员总数的三分之二。

（二）制定谈判文件。谈判文件应当明确谈判程序、谈判内容、合同草案的条款以及评定成交的标准等事项。

（三）确定邀请参加谈判的供应商名单。谈判小组从符合相应资格条件的供应商名单中确定不少于三家的供应商参加谈判，并向其提供谈判文件。

（四）谈判。谈判小组所有成员集中与单一供应商分别进行谈判。在谈判中，谈判的任何一方不得透露与谈判有关的其他供应商的技术资料、价格和其他信息。谈判文件有实质性变动的，谈判小组应当以书面形式通知所有参加谈判的供应商。

（五）确定成交供应商。谈判结束后，谈判小组应当要求所有参加谈判的供应商在规定时间内进行最后报价，采购人从谈判小组提出的成交候选人中根据符合采购需求、质量和服务相等且报价最低的原则确定成交供应商，并将结果通知所有参加谈判的未成交的供应商。

第三十九条　采取单一来源方式采购的，采购人与供应商应当遵循本法规定的原则，在保证采购项目质量和双方商定合理价格的基础上进行采购。

第四十条　采取询价方式采购的，应当遵循下列程序：

（一）成立询价小组。询价小组由采购人的代表和有关专家共三人以上的单数组成，其中专家的人数不得少于成员总数的三分之二。询价小组应当对采购项目的价格构成和评定成交的标准等事项作出规定。

（二）确定被询价的供应商名单。询价小组根据采购需求，从符合相应资格条件的供应商名单中确定不少于三家的供应商，并向其发出询价通知书让其报价。

（三）询价。询价小组要求被询价的供应商一次报出不得更改的价格。

（四）确定成交供应商。采购人根据符合采购需求、质量和服务相等且报价最低的原则确定成交供应商，并将结果通知所有被询价的未成交的供应商。

第四十一条　采购人或者其委托的采购代理机构应当组织对供应商履约的验收。大型或者复杂的政府采购项目，应当邀请国家认可的质量检测机构参加验收工作。验收方成员应当在验收书上签字，并承担相应的法律责任。

第四十二条　采购人、采购代理机构对政府采购项目每项采购活动的采购文件应当妥善保存，不得伪造、变造、隐匿或者销毁。采购文件的保存期限为从采购结束之日起至少保存十五年。

采购文件包括采购活动记录、采购预算、招标文件、投标文件、评标标准、评估报告、定标文件、合同文本、验收证明、质疑答复、投诉处理决定及其他有关文件、资料。

采购活动记录至少应当包括下列内容：

（一）采购项目类别、名称；

（二）采购项目预算、资金构成和合同价格；

（三）采购方式，采用公开招标以外的采购方式的，应当载明原因；

（四）邀请和选择供应商的条件及原因；

（五）评标标准及确定中标人的原因；

（六）废标的原因；

（七）采用招标以外采购方式的相应记载。

第五章　政府采购合同

第四十三条　政府采购合同适用合同法。采购人和供应商之间的权利和义务，应当按照平等、自愿的原则以合同方式约定。

采购人可以委托采购代理机构代表其与供应商签订政府采购合同。由采购代理机构以采购人名义签订合同的，应当提交采购人的授权委托书，作为合同附件。

第四十四条　政府采购合同应当采用书面形式。

第四十五条　国务院政府采购监督管理部门应当会同国务院有关部门，规定政府采购合同必须具备的条款。

第四十六条　采购人与中标、成交供应商应当在中标、成交通知书发出之日起三十日内，按照采购文件确定的事项签订政府采购合同。

中标、成交通知书对采购人和中标、成交供应商均具有法律效力。中标、成交通知书发出后，采购人改变中标、成交结果的，或者中标、成交供应商放弃中标、成交项目的，应当依法承担法律责任。

第四十七条　政府采购项目的采购合同自签订之日起七个工作日内，采购人应当将合同副本报同级政府采购监督管理部门和有关部门备案。

第四十八条　经采购人同意，中标、成交供应商可以依法采取分包方式履行合同。

政府采购合同分包履行的，中标、成交供应商就采购项目和分包项目向采购人负责，分包供应商就分包项目承担责任。

第四十九条　政府采购合同履行中，采购人需追加与合同标的相同的货物、工程或者服务的，在不改变合同其他条款的前提下，可以与供应商协商签订补充合同，但所有补充合同的采购金额不得超过原合同采购金额的百分之十。

第五十条　政府采购合同的双方当事人不得擅自变更、中止或者终止合同。

政府采购合同继续履行将损害国家利益和社会公共利益的，双方当事人应当变更、中止或者终止合同。有过错的一方应当承担赔偿责任，双方都有过错的，各自承担相应的责任。

第六章　质疑与投诉

第五十一条　供应商对政府采购活动事项有疑问的，可以向采购人提出询问，采购人应当及时作出答复，但答复的内容不得涉及商业秘密。

第五十二条　供应商认为采购文件、采购过程和中标、成交结果使自己的权益受到损害的，可以在知道或者应知其权益受到损害之日起七个工作日内，以书面形式向采购人提出质疑。

第五十三条　采购人应当在收到供应商的书面质疑后七个工作日内作出答复，并以书面形式通知质疑供应商和其他有关供应商，但答复的内容不得涉及商业秘密。

第五十四条　采购人委托采购代理机构采购的，供应商可以向采购代理机构提出询问或者质疑，采购代理机构应当依照本法第五十一条、第五十三条的规定就采购人委托授权范围内的事项作出答复。

第五十五条　质疑供应商对采购人、采购代理机构的答复不满意或者采购人、采购代理机构未在规定的时间内作出答复的，可以在答复期满后十五个工作日内向同级政府采购监督管理部门投诉。

第五十六条　政府采购监督管理部门应当在收到投诉后三十个工作日内，对投诉事项作出处理决定，并以书面形式通知投诉人和与投诉事项有关的当事人。

第五十七条　政府采购监督管理部门在处理投诉事项期间，可以视具体情况书面通知采购人暂停采购活动，但暂停时间最长不得超过三十日。

第五十八条　投诉人对政府采购监督管理部门的投诉处理决定不服或者政府采购监督管理部门逾期未作处理的，可以依法申请行政复议或者向人民法院提起行政诉讼。

第七章　监督检查

第五十九条　政府采购监督管理部门应当加强对政府采购活动及集中采购机构的监督检查。

监督检查的主要内容是：

（一）有关政府采购的法律、行政法规和规章的执行情况；

（二）采购范围、采购方式和采购程序的执行情况；

（三）政府采购人员的职业素质和专业技能。

第六十条　政府采购监督管理部门不得设置集中采购机构，不得参与政府采购项目的采购活动。

采购代理机构与行政机关不得存在隶属关系或者其他利益关系。

第六十一条　集中采购机构应当建立健全内部监督管理制度。采购活动的决策和执行程序应当明确，并相互监督、相互制约。经办采购的人员与负责采购合同审核、验收人员的职责权限应当明确，并相互分离。

第六十二条　集中采购机构的采购人员应当具有相关职业素质和专业技能，符合政府采购监督管理部门规定的专业岗位任职要求。

集中采购机构对其工作人员应当加强教育和培训；对采购人员的专业水平、工作实绩和职业道德状况定期进行考核。采购人员经考核不合格的，不得继续任职。

第六十三条　政府采购项目的采购标准应当公开。

采用本法规定的采购方式的，采购人在采购活动完成后，应当将采购结果予以公布。

第六十四条　采购人必须按照本法规定的采购方式和采购程序进行采购。

任何单位和个人不得违反本法规定，要求采购人或者采购工作人员向其指定的供应商进行采购。

第六十五条　政府采购监督管理部门应当对政府采购项目的采购活动进行检查，政府采购当事人应当如实反映情况，提供有关材料。

第六十六条　政府采购监督管理部门应当对集中采购机构的采购价格、节约资金效果、服务质量、信誉状况、有无违法行为等事项进行考核，并定期如实公布考核结果。

第六十七条　依照法律、行政法规的规定对政府采购负有行政监督职责的政府有关部门，应当按照其职责分工，加强对政府采购活动的监督。

第六十八条　审计机关应当对政府采购进行审计监督。政府采购监督管理部门、政府采购各当事人有关政府采购活动，应当接受审计机关的审计监督。

第六十九条　监察机关应当加强对参与政府采购活动的国家机关、国家公务员和国家行政机关任命的其他人员实施监察。

第七十条　任何单位和个人对政府采购活动中的违法行为，有权控告和检举，有关部门、机关应当依照各自职责及时处理。

第八章　法律责任

第七十一条　采购人、采购代理机构有下列情形之一的，责令限期改正，给予警告，可以并处罚款，对直接负责的主管人员和其他直接责任人员，由其行政主管部门或者有关机关给予处分，并予通报：

（一）应当采用公开招标方式而擅自采用其他方式采购的；

（二）擅自提高采购标准的；

（三）以不合理的条件对供应商实行差别待遇或者歧视待遇的；

（四）在招标采购过程中与投标人进行协商谈判的；

（五）中标、成交通知书发出后不与中标、成交供应商签订采购合同的；

（六）拒绝有关部门依法实施监督检查的。

第七十二条　采购人、采购代理机构及其工作人员有下列情形之一，构成犯罪的，依法追究刑事责任；尚不构成犯罪的，处以罚款，有违法所得的，并处没收违法所得，属于国家机关工作人员的，依法给予行政处分：

（一）与供应商或者采购代理机构恶意串通的；

（二）在采购过程中接受贿赂或者获取其他不正当利益的；

（三）在有关部门依法实施的监督检查中提供虚假情况的；

（四）开标前泄露标底的。

第七十三条　有前两条违法行为之一影响中标、成交结果或者可能影响中标、成交结果的，按下列情况分别处理：

（一）未确定中标、成交供应商的，终止采购活动；

（二）中标、成交供应商已经确定但采购合同尚未履行的，撤销合同，从合格的中标、成交候选人中另行确定中标、成交供应商；

（三）采购合同已经履行的，给采购人、供应商造成损失的，由责任人承担赔偿责任。

第七十四条　采购人对应当实行集中采购的政府采购项目，不委托集中采购机构实行集中采购的，由政府采购监督管理部门责令改正；拒不改正的，停止按预算向其支付资金，由其上级行政主管部门或者有关机关依法给予其直接负责的主管人员和其他直接责任人员处分。

第七十五条　采购人未依法公布政府采购项目的采购标准和采购结果的，责令改正，对直接负责的主管人员依法给予处分。

第七十六条　采购人、采购代理机构违反本法规定隐匿、销毁应当保存的采购文件或者伪造、变造采购文件的，由政府采购监督管理部门处以二万元以上十万元以下的罚款，对其直接负责的主管人员和其他直接责任人员依法给予处分；构成犯罪的，依法追究刑事责任。

第七十七条　供应商有下列情形之一的，处以采购金额千分之五以上千分之十以下的罚款，列入不良行为记录名单，在一至三年内禁止参加政府采购活动，有违法所得的，并处没收违法所得，情节严重的，由工商行政管理机关吊销营业执照；构成犯罪的，依法追究刑事责任：

（一）提供虚假材料谋取中标、成交的；

（二）采取不正当手段诋毁、排挤其他供应商的；

（三）与采购人、其他供应商或者采购代理机构恶意串通的；

（四）向采购人、采购代理机构行贿或者提供其他不正当利益的；

（五）在招标采购过程中与采购人进行协商谈判的；

（六）拒绝有关部门监督检查或者提供虚假情况的。

供应商有前款第（一）至（五）项情形之一的，中标、成交无效。

第七十八条　采购代理机构在代理政府采购业务中有违法行为的，按照有关法律规定处以罚款，可以在一至三年内禁止其代理政府采购业务，构成犯罪的，依法追究刑事责任。

第七十九条　政府采购当事人有本法第七十一条、第七十二条、第七十七条违法行为之一，给他人造成损失的，并应依照有关民事法律规定承担民事责任。

第八十条　政府采购监督管理部门的工作人员在实施监督检查中违反本法规定滥用职权，玩忽职守，徇私舞弊的，依法给予行政处分；构成犯罪的，依法追究刑事责任。

第八十一条　政府采购监督管理部门对供应商的投诉逾期未作处理的，给予直接负责的主管人员和其他直接责任人员行政处分。

第八十二条　政府采购监督管理部门对集中采购机构业绩的考核，有虚假陈述，隐瞒真实情况的，或者不作定期考核和公布考核结果的，应当及时纠正，由其上级机关或者监察机关对其负责人进行通报，并对直接负责的人员依法给予行政处分。

集中采购机构在政府采购监督管理部门考核中，虚报业绩，隐瞒真实情况的，处以二万元以上二十万元以下的罚款，并予以通报；情节严重的，取消其代理采购的资格。

第八十三条　任何单位或者个人阻挠和限制供应商进入本地区或者本行业政府采购市场的，责令限期改正；拒不改正的，由该单位、个人的上级行政主管部门或者有关机关给予单位责任人或者个人处分。

第九章　附　则

第八十四条　使用国际组织和外国政府贷款进行的政府采购，贷款方、资金提供方与中方达成的协议对采购的具体条件另有规定的，可以适用其规定，但不得损害国家利益和社会公共利益。

第八十五条　对因严重自然灾害和其他不可抗力事件所实施的紧急采购和涉及国家安全和秘密的采购，不适用本法。

第八十六条　军事采购法规由中央军事委员会另行制定。

第八十七条　本法实施的具体步骤和办法由国务院规定。

第八十八条　本法自 2003 年 1 月 1 日起施行。

附件 5：中华人民共和国政府采购法实施条例

第一章 总则

第一条 根据《中华人民共和国政府采购法》（以下简称政府采购法），制定本条例。

第二条 政府采购法第二条所称财政性资金是指纳入预算管理的资金。

以财政性资金作为还款来源的借贷资金，视同财政性资金。

国家机关、事业单位和团体组织的采购项目既使用财政性资金又使用非财政性资金的，使用财政性资金采购的部分，适用政府采购法及本条例；财政性资金与非财政性资金无法分割采购的，统一适用政府采购法及本条例。

政府采购法第二条所称服务，包括政府自身需要的服务和政府向社会公众提供的公共服务。

第三条 集中采购目录包括集中采购机构采购项目和部门集中采购项目。

技术、服务等标准统一，采购人普遍使用的项目，列为集中采购机构采购项目；采购人本部门、本系统基于业务需要有特殊要求，可以统一采购的项目，列为部门集中采购项目。

第四条 政府采购法所称集中采购，是指采购人将列入集中采购目录的项目委托集中采购机构代理采购或者进行部门集中采购的行为；所称分散采购，是指采购人将采购限额标准以上的未列入集中采购目录的项目自行采购或者委托采购代理机构代理采购的行为。

第五条 省、自治区、直辖市人民政府或者其授权的机构根据实际情况，可以确定分别适用于本行政区域省级、设区的市级、县级的集中采购目录和采购限额标准。

第六条 国务院财政部门应当根据国家的经济和社会发展政策，会同国务院有关部门制定政府采购政策，通过制定采购需求标准、预留采购份额、价格评审优惠、优先采购等措施，实现节约能源、保护环境、扶持不发达地区和少数民族地区、促进中小企业发展等目标。

第七条 政府采购工程以及与工程建设有关的货物、服务，采用招标方式采购的，适用《中华人民共和国招标投标法》及其实施条例；采用其他方式采购的，适用政府采购法及本条例。

前款所称工程，是指建设工程，包括建筑物和构筑物的新建、改建、扩建及其相关的装修、拆除、修缮等；所称与工程建设有关的货物，是指构成工程不可分割的组成部分，且为实现工程基本功能所必需的设备、材料等；所称与工程建设有关的服务，是指为完成工程所需的勘察、设计、监理等服务。

政府采购工程以及与工程建设有关的货物、服务，应当执行政府采购政策。

第八条 政府采购项目信息应当在省级以上人民政府财政部门指定的媒体上发布。采购项目预算金额达到国务院财政部门规定标准的，政府采购项目信息应当在国务院财政部门指定的媒体上发布。

第九条 在政府采购活动中，采购人员及相关人员与供应商有下列利害关系之一的，应当回避：

（一）参加采购活动前 3 年内与供应商存在劳动关系；

（二）参加采购活动前 3 年内担任供应商的董事、监事；

（三）参加采购活动前 3 年内是供应商的控股股东或者实际控制人；

（四）与供应商的法定代表人或者负责人有夫妻、直系血亲、三代以内旁系血亲或者近姻亲关系；

（五）与供应商有其他可能影响政府采购活动公平、公正进行的关系。

供应商认为采购人员及相关人员与其他供应商有利害关系的，可以向采购人或者采购代理机构书面提出回避申请，并说明理由。采购人或者采购代理机构应当及时询问被申请回避人员，有利害关系的被申请回避人员应当回避。

第十条 国家实行统一的政府采购电子交易平台建设标准，推动利用信息网络进行电子化政府采购活动。

第二章　政府采购当事人

第十一条　采购人在政府采购活动中应当维护国家利益和社会公共利益，公正廉洁，诚实守信，执行政府采购政策，建立政府采购内部管理制度，厉行节约，科学合理确定采购需求。

采购人不得向供应商索要或者接受其给予的赠品、回扣或者与采购无关的其他商品、服务。

第十二条　政府采购法所称采购代理机构，是指集中采购机构和集中采购机构以外的采购代理机构。

集中采购机构是设区的市级以上人民政府依法设立的非营利事业法人，是代理集中采购项目的执行机构。集中采购机构应当根据采购人委托制定集中采购项目的实施方案，明确采购规程，组织政府采购活动，不得将集中采购项目转委托。集中采购机构以外的采购代理机构，是从事采购代理业务的社会中介机构。

第十三条　采购代理机构应当建立完善的政府采购内部监督管理制度，具备开展政府采购业务所需的评审条件和设施。

采购代理机构应当提高确定采购需求，编制招标文件、谈判文件、询价通知书，拟订合同文本和优化采购程序的专业化服务水平，根据采购人委托在规定的时间内及时组织采购人与中标或者成交供应商签订政府采购合同，及时协助采购人对采购项目进行验收。

第十四条　采购代理机构不得以不正当手段获取政府采购代理业务，不得与采购人、供应商恶意串通操纵政府采购活动。

采购代理机构工作人员不得接受采购人或者供应商组织的宴请、旅游、娱乐，不得收受礼品、现金、有价证券等，不得向采购人或者供应商报销应当由个人承担的费用。

第十五条　采购人、采购代理机构应当根据政府采购政策、采购预算、采购需求编制采购文件。

采购需求应当符合法律法规以及政府采购政策规定的技术、服务、安全等要求。政府向社会公众提供的公共服务项目，应当就确定采购需求征求社会公众的意见。除因技术复杂或者性质特殊，不能确定详细规格或者具体要求外，采购需求应当完整、明确。必要时，应当就确定采购需求征求相关供应商、专家的意见。

第十六条　政府采购法第二十条规定的委托代理协议，应当明确代理采购的范围、权限和期限等具体事项。

采购人和采购代理机构应当按照委托代理协议履行各自义务，采购代理机构不得超越代理权限。

第十七条　参加政府采购活动的供应商应当具备政府采购法第二十二条第一款规定的条件，提供下列材料：

（一）法人或者其他组织的营业执照等证明文件，自然人的身份证明；

（二）财务状况报告，依法缴纳税收和社会保障资金的相关材料；

（三）具备履行合同所必需的设备和专业技术能力的证明材料；

（四）参加政府采购活动前3年内在经营活动中没有重大违法记录的书面声明；

（五）具备法律、行政法规规定的其他条件的证明材料。

采购项目有特殊要求的，供应商还应当提供其符合特殊要求的证明材料或者情况说明。

第十八条　单位负责人为同一人或者存在直接控股、管理关系的不同供应商，不得参加同一合同项下的政府采购活动。

除单一来源采购项目外，为采购项目提供整体设计、规范编制或者项目管理、监理、检测等服务的供应商，不得再参加该采购项目的其他采购活动。

第十九条　政府采购法第二十二条第一款第五项所称重大违法记录，是指供应商因违法经营受到刑事处罚或者责令停产停业、吊销许可证或者执照、较大数额罚款等行政处罚。

供应商在参加政府采购活动前3年内因违法经营被禁止在一定期限内参加政府采购活动，期限届满的，可以参加政府采购活动。

第二十条　采购人或者采购代理机构有下列情形之一的，属于以不合理的条件对供应商实行差别待遇或者歧视待遇：

（一）就同一采购项目向供应商提供有差别的项目信息；

（二）设定的资格、技术、商务条件与采购项目的具体特点和实际需要不相适应或者与合同履行无关；

（三）采购需求中的技术、服务等要求指向特定供应商、特定产品；

（四）以特定行政区域或者特定行业的业绩、奖项作为加分条件或者中标、成交条件；

（五）对供应商采取不同的资格审查或者评审标准；

（六）限定或者指定特定的专利、商标、品牌或者供应商；

（七）非法限定供应商的所有制形式、组织形式或者所在地；

（八）以其他不合理条件限制或者排斥潜在供应商。

第二十一条 采购人或者采购代理机构对供应商进行资格预审的，资格预审公告应当在省级以上人民政府财政部门指定的媒体上发布。已进行资格预审的，评审阶段可以不再对供应商资格进行审查。资格预审合格的供应商在评审阶段资格发生变化的，应当通知采购人和采购代理机构。

资格预审公告应当包括采购人和采购项目名称、采购需求、对供应商的资格要求以及供应商提交资格预审申请文件的时间和地点。提交资格预审申请文件的时间自公告发布之日起不得少于 5 个工作日。

第二十二条 联合体中有同类资质的供应商按照联合体分工承担相同工作的，应当按照资质等级较低的供应商确定资质等级。

以联合体形式参加政府采购活动的，联合体各方不得再单独参加或者与其他供应商另外组成联合体参加同一合同项下的政府采购活动。

第三章 政府采购方式

第二十三条 采购人采购公开招标数额标准以上的货物或者服务，符合政府采购法第二十九条、第三十条、第三十一条、第三十二条规定情形或者有需要执行政府采购政策等特殊情况的，经设区的市级以上人民政府财政部门批准，可以依法采用公开招标以外的采购方式。

第二十四条 列入集中采购目录的项目，适合实行批量集中采购的，应当实行批量集中采购，但紧急的小额零星货物项目和有特殊要求的服务、工程项目除外。

第二十五条 政府采购工程依法不进行招标的，应当依照政府采购法和本条例规定的竞争性谈判或者单一来源采购方式采购。

第二十六条 政府采购法第三十条第三项规定的情形，应当是采购人不可预见的或者非因采购人拖延导致的；第四项规定的情形，是指因采购艺术品或者因专利、专有技术或者因服务的时间、数量事先不能确定等导致不能事先计算出价格总额。

第二十七条 政府采购法第三十一条第一项规定的情形，是指因货物或者服务使用不可替代的专利、专有技术，或者公共服务项目具有特殊要求，导致只能从某一特定供应商处采购。

第二十八条 在一个财政年度内，采购人将一个预算项目下的同一品目或者类别的货物、服务采用公开招标以外的方式多次采购，累计资金数额超过公开招标数额标准的，属于以化整为零方式规避公开招标，但项目预算调整或者经批准采用公开招标以外方式采购除外。

第四章　政府采购程序

第二十九条　采购人应当根据集中采购目录、采购限额标准和已批复的部门预算编制政府采购实施计划，报本级人民政府财政部门备案。

第三十条　采购人或者采购代理机构应当在招标文件、谈判文件、询价通知书中公开采购项目预算金额。

第三十一条　招标文件的提供期限自招标文件开始发出之日起不得少于 5 个工作日。

采购人或者采购代理机构可以对已发出的招标文件进行必要的澄清或者修改。澄清或者修改的内容可能影响投标文件编制的，采购人或者采购代理机构应当在投标截止时间至少 15 日前，以书面形式通知所有获取招标文件的潜在投标人；不足 15 日的，采购人或者采购代理机构应当顺延提交投标文件的截止时间。

第三十二条　采购人或者采购代理机构应当按照国务院财政部门制定的招标文件标准文本编制招标文件。

招标文件应当包括采购项目的商务条件、采购需求、投标人的资格条件、投标报价要求、评标方法、评标标准以及拟签订的合同文本等。

第三十三条　招标文件要求投标人提交投标保证金的，投标保证金不得超过采购项目预算金额的 2%。投标保证金应当以支票、汇票、本票或者金融机构、担保机构出具的保函等非现金形式提交。投标人未按照招标文件要求提交投标保证金的，投标无效。

采购人或者采购代理机构应当自中标通知书发出之日起 5 个工作日内退还未中标供应商的投标保证金，自政府采购合同签订之日起 5 个工作日内退还中标供应商的投标保证金。

竞争性谈判或者询价采购中要求参加谈判或者询价的供应商提交保证金的，参照前两款的规定执行。

第三十四条　政府采购招标评标方法分为最低评标价法和综合评分法。

最低评标价法，是指投标文件满足招标文件全部实质性要求且投标报价最低的供应商为中标候选人的评标方法。综合评分法，是指投标文件满足招标文件全部实质性要求且按照评审因素的量化指标评审得分最高的供应商为中标候选人的评标方法。

技术、服务等标准统一的货物和服务项目，应当采用最低评标价法。

采用综合评分法的，评审标准中的分值设置应当与评审因素的量化指标相对应。

招标文件中没有规定的评标标准不得作为评审的依据。

第三十五条　谈判文件不能完整、明确列明采购需求，需要由供应商提供最终设计方案或者解决方案的，在谈判结束后，谈判小组应当按照少数服从多数的原则投票推荐 3 家以上供应商的设计方案或者解决方案，并要求其在规定时间内提交最后报价。

第三十六条　询价通知书应当根据采购需求确定政府采购合同条款。在询价过程中，询价小组不得改变询价通知书所确定的政府采购合同条款。

第三十七条　政府采购法第三十八条第五项、第四十条第四项所称质量和服务相等，是指供应商提供的产品质量和服务均能满足采购文件规定的实质性要求。

第三十八条　达到公开招标数额标准，符合政府采购法第三十一条第一项规定情形，只能从唯一供应商处采购的，采购人应当将采购项目信息和唯一供应商名称在省级以上人民政府财政部门指定的媒体上公示，公示期不得少于 5 个工作日。

第三十九条　除国务院财政部门规定的情形外，采购人或者采购代理机构应当从政府采购评审专家库中随机抽取评审专家。

第四十条　政府采购评审专家应当遵守评审工作纪律，不得泄露评审文件、评审情况和评审中获悉的商业秘密。

评标委员会、竞争性谈判小组或者询价小组在评审过程中发现供应商有行贿、提供虚假材料或者串通等违法行为的，应当及时向财政部门报告。

政府采购评审专家在评审过程中受到非法干预的，应当及时向财政、监察等部门举报。

第四十一条　评标委员会、竞争性谈判小组或者询价小组成员应当按照客观、公正、审慎的原则，根据采购文件规定的评审程序、评审方法和评审标准进行独立评审。采购文件内容违反国家有关强制性规定的，评标委员会、竞争性谈判小组或者询价小组应当停止评审并向采购人或者采购代理机构说明情况。

评标委员会、竞争性谈判小组或者询价小组成员应当在评审报告上签字，对自己的评审意见承担法律责任。对评审报告有异议的，应当在评审报告上签署不同意见，并说明理由，否则视为同意评审报告。

第四十二条 采购人、采购代理机构不得向评标委员会、竞争性谈判小组或者询价小组的评审专家作倾向性、误导性的解释或者说明。

第四十三条 采购代理机构应当自评审结束之日起 2 个工作日内将评审报告送交采购人。采购人应当自收到评审报告之日起 5 个工作日内在评审报告推荐的中标或者成交候选人中按顺序确定中标或者成交供应商。

采购人或者采购代理机构应当自中标、成交供应商确定之日起 2 个工作日内，发出中标、成交通知书，并在省级以上人民政府财政部门指定的媒体上公告中标、成交结果，招标文件、竞争性谈判文件、询价通知书随中标、成交结果同时公告。

中标、成交结果公告内容应当包括采购人和采购代理机构的名称、地址、联系方式，项目名称和项目编号，中标或者成交供应商名称、地址和中标或者成交金额，主要中标或者成交标的的名称、规格型号、数量、单价、服务要求以及评审专家名单。

第四十四条 除国务院财政部门规定的情形外，采购人、采购代理机构不得以任何理由组织重新评审。采购人、采购代理机构按照国务院财政部门的规定组织重新评审的，应当书面报告本级人民政府财政部门。

采购人或者采购代理机构不得通过对样品进行检测、对供应商进行考察等方式改变评审结果。

第四十五条 采购人或者采购代理机构应当按照政府采购合同规定的技术、服务、安全标准组织对供应商履约情况进行验收，并出具验收书。验收书应当包括每一项技术、服务、安全标准的履约情况。

政府向社会公众提供的公共服务项目，验收时应当邀请服务对象参与并出具意见，验收结果应当向社会公告。

第四十六条 政府采购法第四十二条规定的采购文件，可以用电子档案方式保存。

第五章　政府采购合同

第四十七条 国务院财政部门应当会同国务院有关部门制定政府采购合同标准文本。

第四十八条 采购文件要求中标或者成交供应商提交履约保证金的，供应商应当以支票、汇票、本票或者金融机构、担保机构出具的保函等非现金形式提交。履约保证金的数额不得超过政府采购合同金额的 10%。

第四十九条　中标或者成交供应商拒绝与采购人签订合同的，采购人可以按照评审报告推荐的中标或者成交候选人名单排序，确定下一候选人为中标或者成交供应商，也可以重新开展政府采购活动。

第五十条　采购人应当自政府采购合同签订之日起 2 个工作日内，将政府采购合同在省级以上人民政府财政部门指定的媒体上公告，但政府采购合同中涉及国家秘密、商业秘密的内容除外。

第五十一条　采购人应当按照政府采购合同规定，及时向中标或者成交供应商支付采购资金。

政府采购项目资金支付程序，按照国家有关财政资金支付管理的规定执行。

第六章　质疑与投诉

第五十二条　采购人或者采购代理机构应当在 3 个工作日内对供应商依法提出的询问作出答复。

供应商提出的询问或者质疑超出采购人对采购代理机构委托授权范围的，采购代理机构应当告知供应商向采购人提出。

政府采购评审专家应当配合采购人或者采购代理机构答复供应商的询问和质疑。

第五十三条　政府采购法第五十二条规定的供应商应知其权益受到损害之日，是指：

（一）对可以质疑的采购文件提出质疑的，为收到采购文件之日或者采购文件公告期限届满之日；

（二）对采购过程提出质疑的，为各采购程序环节结束之日；

（三）对中标或者成交结果提出质疑的，为中标或者成交结果公告期限届满之日。

第五十四条　询问或者质疑事项可能影响中标、成交结果的，采购人应当暂停签订合同，已经签订合同的，应当中止履行合同。

第五十五条　供应商质疑、投诉应当有明确的请求和必要的证明材料。供应商投诉的事项不得超出已质疑事项的范围。

第五十六条　财政部门处理投诉事项采用书面审查的方式，必要时可以进行调查取证或者组织质证。

对财政部门依法进行的调查取证，投诉人和与投诉事项有关的当事人应当如实反映情况，并提供相关材料。

第五十七条 投诉人捏造事实、提供虚假材料或者以非法手段取得证明材料进行投诉的，财政部门应当予以驳回。

财政部门受理投诉后，投诉人书面申请撤回投诉的，财政部门应当终止投诉处理程序。

第五十八条 财政部门处理投诉事项，需要检验、检测、鉴定、专家评审以及需要投诉人补正材料的，所需时间不计算在投诉处理期限内。

财政部门对投诉事项作出的处理决定，应当在省级以上人民政府财政部门指定的媒体上公告。

第七章 监督检查

第五十九条 政府采购法第六十三条所称政府采购项目的采购标准，是指项目采购所依据的经费预算标准、资产配置标准和技术、服务标准等。

第六十条 除政府采购法第六十六条规定的考核事项外，财政部门对集中采购机构的考核事项还包括：

（一）政府采购政策的执行情况；

（二）采购文件编制水平；

（三）采购方式和采购程序的执行情况；

（四）询问、质疑答复情况；

（五）内部监督管理制度建设及执行情况；

（六）省级以上人民政府财政部门规定的其他事项。

财政部门应当制订考核计划，定期对集中采购机构进行考核，考核结果有重要情况的，应当向本级人民政府报告。

第六十一条 采购人发现采购代理机构有违法行为的，应当要求其改正。采购代理机构拒不改正的，采购人应当向本级人民政府财政部门报告，财政部门应当依法处理。

采购代理机构发现采购人的采购需求存在以不合理条件对供应商实行差别待遇、歧视待遇或者其他不符合法律、法规和政府采购政策规定内容，或者发现采购人有其他违法行为的，应当建议其改正。采购人拒不改正的，采购代理机构应当向采购人的本级人民政府财政部门报告，财政部门应当依法处理。

第六十二条　省级以上人民政府财政部门应当对政府采购评审专家库实行动态管理，具体管理办法由国务院财政部门制定。

采购人或者采购代理机构应当对评审专家在政府采购活动中的职责履行情况予以记录，并及时向财政部门报告。

第六十三条　各级人民政府财政部门和其他有关部门应当加强对参加政府采购活动的供应商、采购代理机构、评审专家的监督管理，对其不良行为予以记录，并纳入统一的信用信息平台。

第六十四条　各级人民政府财政部门对政府采购活动进行监督检查，有权查阅、复制有关文件、资料，相关单位和人员应当予以配合。

第六十五条　审计机关、监察机关以及其他有关部门依法对政府采购活动实施监督，发现采购当事人有违法行为的，应当及时通报财政部门。

第八章　法律责任

第六十六条　政府采购法第七十一条规定的罚款，数额为 10 万元以下。

政府采购法第七十二条规定的罚款，数额为 5 万元以上 25 万元以下。

第六十七条　采购人有下列情形之一的，由财政部门责令限期改正，给予警告，对直接负责的主管人员和其他直接责任人员依法给予处分，并予以通报：

（一）未按照规定编制政府采购实施计划或者未按照规定将政府采购实施计划报本级人民政府财政部门备案；

（二）将应当进行公开招标的项目化整为零或者以其他任何方式规避公开招标；

（三）未按照规定在评标委员会、竞争性谈判小组或者询价小组推荐的中标或者成交候选人中确定中标或者成交供应商；

（四）未按照采购文件确定的事项签订政府采购合同；

（五）政府采购合同履行中追加与合同标的相同的货物、工程或者服务的采购金额超过原合同采购金额 10%；

（六）擅自变更、中止或者终止政府采购合同；

（七）未按照规定公告政府采购合同；

（八）未按照规定时间将政府采购合同副本报本级人民政府财政部门和有关部门备案。

第六十八条　采购人、采购代理机构有下列情形之一的，依照政府采购法第七十一条、第七十八条的规定追究法律责任：

（一）未依照政府采购法和本条例规定的方式实施采购；

（二）未依法在指定的媒体上发布政府采购项目信息；

（三）未按照规定执行政府采购政策；

（四）违反本条例第十五条的规定导致无法组织对供应商履约情况进行验收或者国家财产遭受损失；

（五）未依法从政府采购评审专家库中抽取评审专家；

（六）非法干预采购评审活动；

（七）采用综合评分法时评审标准中的分值设置未与评审因素的量化指标相对应；

（八）对供应商的询问、质疑逾期未作处理；

（九）通过对样品进行检测、对供应商进行考察等方式改变评审结果；

（十）未按照规定组织对供应商履约情况进行验收。

第六十九条　集中采购机构有下列情形之一的，由财政部门责令限期改正，给予警告，有违法所得的，并处没收违法所得，对直接负责的主管人员和其他直接责任人员依法给予处分，并予以通报：

（一）内部监督管理制度不健全，对依法应当分设、分离的岗位、人员未分设、分离；

（二）将集中采购项目委托其他采购代理机构采购；

（三）从事营利活动。

第七十条　采购人员与供应商有利害关系而不依法回避的，由财政部门给予警告，并处 2000 元以上 2 万元以下的罚款。

第七十一条　有政府采购法第七十一条、第七十二条规定的违法行为之一，影响或者可能影响中标、成交结果的，依照下列规定处理：

（一）未确定中标或者成交供应商的，终止本次政府采购活动，重新开展政府采购活动。

（二）已确定中标或者成交供应商但尚未签订政府采购合同的，中标或者成交结果无效，从合格的中标或者成交候选人中另行确定中标或者成交供应商；没有合格的中标或者成交候选人的，重新开展政府采购活动。

（三）政府采购合同已签订但尚未履行的，撤销合同，从合格的中标或者成交候选人中另行确定中标或者成交供应商；没有合格的中标或者成交候选人的，重新开展政府采购活动。

（四）政府采购合同已经履行，给采购人、供应商造成损失的，由责任人承担赔偿责任。

政府采购当事人有其他违反政府采购法或者本条例规定的行为，经改正后仍然影响或者可能影响中标、成交结果或者依法被认定为中标、成交无效的，依照前款规定处理。

第七十二条　供应商有下列情形之一的，依照政府采购法第七十七条第一款的规定追究法律责任：

（一）向评标委员会、竞争性谈判小组或者询价小组成员行贿或者提供其他不正当利益；

（二）中标或者成交后无正当理由拒不与采购人签订政府采购合同；

（三）未按照采购文件确定的事项签订政府采购合同；

（四）将政府采购合同转包；

（五）提供假冒伪劣产品；

（六）擅自变更、中止或者终止政府采购合同。

供应商有前款第一项规定情形的，中标、成交无效。评审阶段资格发生变化，供应商未依照本条例第二十一条的规定通知采购人和采购代理机构的，处以采购金额 5‰的罚款，列入不良行为记录名单，中标、成交无效。

第七十三条　供应商捏造事实、提供虚假材料或者以非法手段取得证明材料进行投诉的，由财政部门列入不良行为记录名单，禁止其 1 至 3 年内参加政府采购活动。

第七十四条　有下列情形之一的，属于恶意串通，对供应商依照政府采购法第七十七条第一款的规定追究法律责任，对采购人、采购代理机构及其工作人员依照政府采购法第七十二条的规定追究法律责任：

（一）供应商直接或者间接从采购人或者采购代理机构处获得其他供应商的相关情况并修改其投标文件或者响应文件；

（二）供应商按照采购人或者采购代理机构的授意撤换、修改投标文件或者响应文件；

（三）供应商之间协商报价、技术方案等投标文件或者响应文件的实质性内容；

（四）属于同一集团、协会、商会等组织成员的供应商按照该组织要求协同参加政府采购活动；

（五）供应商之间事先约定由某一特定供应商中标、成交；

（六）供应商之间商定部分供应商放弃参加政府采购活动或者放弃中标、成交；

（七）供应商与采购人或者采购代理机构之间、供应商相互之间，为谋求特定供应商中标、成交或者排斥其他供应商的其他串通行为。

第七十五条　政府采购评审专家未按照采购文件规定的评审程序、评审方法和评审标准进行独立评审或者泄露评审文件、评审情况的，由财政部门给予警告，并处 2000 元以上 2 万元以下的罚款；影响中标、成交结果的，处 2 万元以上 5 万元以下的罚款，禁止其参加政府采购评审活动。

政府采购评审专家与供应商存在利害关系未回避的，处 2 万元以上 5 万元以下的罚款，禁止其参加政府采购评审活动。

政府采购评审专家收受采购人、采购代理机构、供应商贿赂或者获取其他不正当利益，构成犯罪的，依法追究刑事责任；尚不构成犯罪的，处 2 万元以上 5 万元以下的罚款，禁止其参加政府采购评审活动。

政府采购评审专家有上述违法行为的，其评审意见无效，不得获取评审费；有违法所得的，没收违法所得；给他人造成损失的，依法承担民事责任。

第七十六条　政府采购当事人违反政府采购法和本条例规定，给他人造成损失的，依法承担民事责任。

第七十七条　财政部门在履行政府采购监督管理职责中违反政府采购法和本条例规定，滥用职权、玩忽职守、徇私舞弊的，对直接负责的主管人员和其他直接责任人员依法给予处分；直接负责的主管人员和其他直接责任人员构成犯罪的，依法追究刑事责任。

第九章　附　则

第七十八条　财政管理实行省直接管理的县级人民政府可以根据需要并报经省级人民政府批准，行使政府采购法和本条例规定的设区的市级人民政府批准变更采购方式的职权。

第七十九条　本条例自 2015 年 3 月 1 日起施行。

附件6：《土木工程施工合同条件》
（FIDIC 条款）

《土木工程施工合同条件》（*Conditions of Contract for Works of Civil Engineering Construction*）简称《FIDIC 合同条件》，又称《FIDIC 条款》，中文称《菲迪克合同条件》，是国际咨询工程师联合会（International Federation of Consulting Engineers，FIDIC）和欧洲国际建筑工程师联合会（FIEC）编订的示范合同文本，并得到美国总承包商协会（Associated General Contractors of America，AGCA）、中美洲建筑工程师联合会（FIIC）与亚洲及西太平洋承包商协会国际联合会批准，也得到世界银行的推荐。FIDIC 在 1957 年出版了《土木工程施工合同条件》（又称"红皮书"）第 1 版，1963 年出版了第 2 版，1977 年出版了第 3 版，1987 年出版了第 4 版。《FIDIC 合同条件》前 4 次的更新和修改，其基本框架未变，直到 1999 年，FIDIC 做了大幅度改动，出版了新版《施工合同条件》（*Conditions of Contract for Construction*），即 1999 年第 1 版，又称"新红皮书"，并从原来的 72 条合并、浓缩为 20 条。从 2003 年开始，所有工程项目将采用 FIDIC 1999 年第 1 版合同条件。由于篇幅有限，只展示相关目录条款。如读者需要全文，可参考全文网址：https://wenku. baidu. com/view/01f24204de80d4d8d1 5a4fac. html。

1　一般规定

1.1　定义

1.2　解释

1.3　通信联络

1.4　法律和语言

1.5　文件的优先次序

1.6　合同协议书

1.7　转让

1.8　文件的保管和提供

1.9　拖延的图纸或指示

后　记

　　《国际工程招投标与合同管理》为长沙理工大学 2021 年校级优秀立项建设教材（长理工大教〔2021〕10 号，序号 15）。

　　本书是在周正祥教授近三十年《国际工程招投标与合同管理》教学讲稿的基础上修改完善而成的。

　　参加修改和完善的同仁有：

　　第一章　绪论：周正祥、刘燕、查嫣媛；

　　第二章　国际工程市场环境调查与风险：陈艳、蔡燕、张成全；

　　第三章　国际工程招标：张成全、刘明栋、查嫣媛；

　　第四章　国际工程投标：周严、柯玲娟、王科；

　　第五章　国际工程投标报价：符俊、王科、杨钰卓；

　　第六章　国际工程开标、评标和定标：徐永新、顾德银、杨钰卓；

　　第七章　国际工程承包合同：苏成林、周正祥、尹国君、周严；

　　第八章　国际工程承包合同条款：甘应龙、袁浩、柯玲娟；

　　第九章　国际工程承包中的争端裁决：周正祥、王娟、陈艳。

　　由于水平所限，书中错误之处在所难免，敬请广大读者批评指正。

周正祥

2023 年 1 月 22 日于柳月湾